高职高专规划教材
物流管理系列

物流配送管理实务

主　编　蒋宗明　王兴伟　周　爽
副主编　桂树国　李萍萍

北京师范大学出版集团
BEIJING NORMAL UNIVERSITY PUBLISHING GROUP
安徽大学出版社

图书在版编目(CIP)数据

物流配送管理实务/蒋宗明,王兴伟,周爽主编. —合肥:安徽大学出版社,2022.4
高职高专规划教材.物流管理系列
ISBN 978-7-5664-2382-5

Ⅰ.①物… Ⅱ.①蒋… ②王… ③周… Ⅲ.①物资配送－物资管理－高等职业教育－教材 Ⅳ.①F252.14

中国版本图书馆 CIP 数据核字(2022)第 001902 号

物流配送管理实务 蒋宗明 王兴伟 周 爽 主编

出版发行:	北京师范大学出版集团
	安 徽 大 学 出 版 社
	(安徽省合肥市肥西路 3 号 邮编 230039)
	www.bnupg.com.cn
	www.ahupress.com.cn
印　　刷:	合肥创新印务有限公司
经　　销:	全国新华书店
开　　本:	184mm×260mm
印　　张:	15.75
字　　数:	389 千字
版　　次:	2022 年 4 月第 1 版
印　　次:	2022 年 4 月第 1 次印刷
定　　价:	49.00 元

ISBN 978-7-5664-2382-5

策划编辑:邱 昱 方 青　　　　装帧设计:李 军　孟献辉
责任编辑:方 青 邱 昱　　　　美术编辑:李 军
责任校对:姚 宁　　　　　　　　责任印制:陈 如　孟献辉

版权所有　侵权必究

反盗版、侵权举报电话:0551-65106311
外埠邮购电话:0551-65107716
本书如有印装质量问题,请与印制管理部联系调换。
印制管理部电话:0551-65106311

总 序

自20世纪70年代末引入"物流"概念以来,我国物流业有了较快的发展。物流业已成为我国国民经济的重要组成部分,对国民经济的拉动作用越来越明显;而且,为促进物流业健康快速发展,国家层面不断出台支持政策,推动着物流行业发展走在量质齐升的道路上。

当前,我国物流业市场规模持续扩大、需求稳中向好,与民生、绿色经济等相关的物流规模保持快速增长。今后一段时期,我国物流业仍将处于重要的战略机遇期,特别是呈现出智慧物流、绿色物流和开放共享上的发展趋势。但是,我国物流业的理论研究却与实践运作现状还存在一定的差距,这就造成了部分高等职业学校在物流人才培养时存在着一定相对滞后,以致现代物流技术技能型人才匮乏,不能完全满足物流业发展需求。

"职教物流类系列教材"(项目编号:2017ghjc400)是2017年安徽省教育厅省级质量工程项目立项的规划教材,编写本系列教材的原因主要有以下几点。

第一,当前世界经济领域发生深刻的变化,国际经济合作正从过去较为单一走向全面合作,各国经济联系愈益深入,无论是相互投资、技术服务合作以及其他形式的合作都呈现出蓬勃发展之势。经济全球化发展需要物流业的支持,也对现代物流业的发展不断提出新的要求。习近平总书记提出的"一带一路"倡议更是高瞻远瞩,对我国的扩大开放和对世界经济的发展都具有重大的意义和影响。编写本系列教材的目的就是努力体现习近平新时代中国特色社会主义思想在经济发展中的重要成就,努力反映和探求当今世界形势最新的变化,以在教学中体现"与时俱进",凸显教学内容的新变化。

第二,努力适应新的教学要求。高等职业教育应当始终紧跟时代发展形势,面向未来、面向现代化建设。国家鼓励和支持高等职业学校专业教材的建设,鼓励和支持编写出具有各专业特色的、适合各地高等职业学校不同学生要求的高质量教材,以培养出能够适应新时代发展的既具有前瞻性眼光,又具有实践操作能力的技术技能型人才。《普通高等学校高等职业教育(专科)专业目录(2015年)》中把物流类细分为七个专业,不仅反映了我国物流业的发展现状,也积极指导了各地高等职业学校物流类专业的建设,为此,相应的物流类专业教材建设也在积极推进。

本系列教材编写团队是由一批多年从事高等职业教育教学且科研水平较高的专业教师组成,他们满怀热情、扎实肯干。但是,本系列教材编写缺点、不足依然不免存在,恳请各位读者、专家赐教。

本系列教材在编写中参考了国内外大量的文献资料,引用了一些专家学者的研究成果,在此对这些文献作者表示诚挚的谢意!

最后,衷心地希望本系列教材,能够为高等职业教育物流类专业建设和人才培养起到积极重要的推动和引导作用!

中国物流与采购联合会教育培训部主任　郭肇明
全国物流职业教育教学指导委员会秘书长

2019 年 8 月

目　录

项目一　配送认知 ··· 1
　　任务一　配送概述 ··· 1
　　任务二　配送的模式与流程 ··· 9
　　任务三　配送的类型 ··· 17
　　任务四　配送合理化 ··· 25

项目二　配送中心认知 ··· 31
　　任务一　配送中心概述 ··· 31
　　任务二　配送中心选址与规划 ·· 38
　　任务三　配送中心组织结构与岗位设置 ································ 45
　　任务四　配送中心的设施设备 ·· 53

项目三　订单管理 ·· 61
　　任务一　订单处理作业 ··· 61
　　任务二　订单作业管理 ··· 75

项目四　拣货作业管理 ··· 85
　　任务一　拣货作业认识 ··· 85
　　任务二　拣货管理 ··· 93
　　任务三　拣货技术 ·· 106

项目五　流通加工与包装组织 ·· 119
　　任务一　流通加工 ·· 119
　　任务二　包装组织 ·· 129

项目六　送货作业管理 ………………………………………………… 143
任务一　送货作业计划与调度 …………………………………… 143
任务二　配送路线优化 …………………………………………… 158
任务三　车辆配载 ………………………………………………… 170

项目七　补货与退货作业管理 …………………………………… 180
任务一　补货作业管理 …………………………………………… 180
任务二　退货作业管理 …………………………………………… 184

项目八　配送中心运营管理 ……………………………………… 200
任务一　配送中心管理信息系统 ………………………………… 200
任务二　配送中心库存管理 ……………………………………… 207
任务三　配送中心成本管理 ……………………………………… 212
任务四　配送中心作业绩效评价 ………………………………… 219

项目九　配送技术及业务发展趋势 ……………………………… 229
任务一　配送技术新发展 ………………………………………… 229
任务二　城市配送 ………………………………………………… 236

后记 ………………………………………………………………… 246

项目一
配送认知

学习目标

知识目标

1. 了解和掌握配送的概念及基本特征;
2. 熟悉配送与物流的关系,了解配送管理的内容;
3. 掌握配送的模式,了解配送的作业流程;
4. 理解配送的类型,熟悉各类型配送的特点;
5. 掌握配送合理化。

技能目标

1. 学会根据实际情况选择合适的配送模式;
2. 学会判断不合理配送,并能给出解决措施。

任务一 配送概述

案例导入

"北有吐鲁番,南有闽福安"。2019年,福建省福安市的象环葡萄迎来丰收季。为保障葡萄新鲜、快速、无损地送达消费者手中,丹鸟提供了一站式生鲜物流解决方案,包括"现场下单＋产地直采＋干线冷链＋极速配送"等全链路服务,预计2019年夏天将累计发送象环葡萄近千吨。

从福安市象环村出发,丹鸟在全国6省70个城市可以实现当天采摘的葡萄24小时内送达。果农的发货综合成本平均下降40%,中途破损率较行业平均水平下降近80%。

宁德福安被称为"南国葡萄之乡",但位于武夷山脉深处,物流运输是当地葡萄外销的难题。"以往,许多果农都是在村里等客商来收购。有的果农还把葡萄一件件运到赛岐、福安等车站,再通过客车寄给客户,很麻烦。"当地果农说。

今年丹鸟为象环葡萄打造了生鲜物流解决方案,采用产地直发物流配送模式,通过系统下单、产品揽收、冷链运输、分拨配送全链路高效协同,实现从产地最前一公里到消费者最后一公里的全程服务。

在产地最前一公里,丹鸟配备了专属物流专家,在葡萄园里为果农提供全程的管家式服务,包括提供订单下单软件,在产地仓进行导单、打单、贴单,协助包装等工作。

在运输途中,丹鸟联动社会化资源,搭建灵活的冷链专线。冷链车内温度保持在15℃～18℃,温度实时显示避免出现高温坏果现象。

在最后一公里末端配送环节,丹鸟除了送货上门、派前电联,还提供快速理赔、坏果包赔、丢件必赔的便捷理赔服务。客户如果发现有坏果情况,可以直接联系配送员或者丹鸟客服,在3个工作日内即可获得赔偿结果。

因为全程分拨中转环节少,最多只分拨2次,配送员送件时轻拿轻放,所以丹鸟配送可支持象环葡萄在原产地的简易环保包装。据对比,传统物流的葡萄运输途中,掉果率达20%,丹鸟的冷链运输则使掉果率保持在5%以下。

2019年夏天以来,"水果自由"成为民生热点。丹鸟通过订单、揽收、运输、中转分拨、配送全链路协同,减少了中转环节,降低了交易成本,提升了配送时效。

除福安象环葡萄外,丹鸟将陆续展开合肥大圩葡萄、奉化水蜜桃、炎陵黄桃等农产品的上行运输。

任务目标

通过本项目的学习,掌握配送的概念、了解配送的特征等基本知识,熟悉配送与物流的关系,了解配送管理的内容。

任务学习

一、配送的概念

在现代商品流通中,流通经济活动既包含商品所有权转移的商流活动,又包含商品实体物理性转移的物流活动。物流活动以物为主体,以运输和储存两大功能为框架,适当辅以包装、装卸搬运、流通加工、配送和相应的信息处理功能,实现商品使用价值的转移。在物流过程中,人们通常把面向城市内和区域范围内需要者的运输称为"配送",也就是"少批量货物的末端运输"。这是一种广义上的配送的概念,是相对于城市之间和物流据点之间的运输而言的。随着经济的发展、市场的变化,人们对配送的理解与认识也在发生变化,因此,配送的内涵也在不断发生变化。

追溯历史,"配送"的概念最早见于日本,它是英文单词"delivery"的意译,本义是运送、输送和交货,强调将货送达。日本工业标准(JIS)将配送定义为"把货物从物流据点送交到收货人处",是"从配送中心到顾客之间物品的空间移动"。用最通俗的话来说,就是既配又送。"配"包括了货物的分拣和配货活动;而"送"则包括各种送货方式和送货行为。对于配送,日本1991年版《物流手册》是这样表述的:"与城市之间和物流据点之间的运输相对而言,将面向城市内和区域范围内需要者的运输。""生产厂到配送中心之间的物品空间移动叫运输,从配送中心到顾客之间的物品空间移动叫配送。"

美国《物流管理供应链过程的一体化》则指出,实物配送这一领域涉及特制成品交给顾客的运输。实物配送过程,可以使顾客服务的时间和空间的需求成为营销的一个整体组成部分。

我国发布的国家标准《物流术语》中关于配送的解释为:在经济合理区域范围内,根据用户订货的要求,对物品进行拣选、加工、包装、分割、组配等作业,并按时送达指定地点的物流活动。

一般来说,配送在整个物流过程中一种包含集货、储存、拣货、配货、送货等一系列作业的狭义的物流活动,也是一种包括输送、送达、验货等以送货上门为目的的商业活动。它是商流与物流紧密结合的特殊的综合性供应链环节,也是物流过程中的关键环节。由于配送直接面对消费者,直观反映供应链的服务水平,所以,配送"在恰当的时间、地点,将恰当的商品提供给恰当的消费者"的同时,也应将优质的服务传递给客户。配送作为供应链的末端环节和市场营销的辅助手段,日益受到重视。

二、配送的基本特征

(一)配送不同于一般送货

配送是从发货、送货等业务活动发展而来的,它根据客户订货要求的时间计划,在物流节点(仓库、商店、货运站、物流中心等)进行分拣、加工和配货等作业后,将配好的货物送交收货人,因此它不同于一般意义上的送货。配送的实质虽然是送货,但和一般送货又有区别,具体区别如表 1-1 所示。

表 1-1 配送与一般送货业务的区别

项目	配送活动	送货活动
目的	是社会化大生产、专业化分工的产物,是物流领域内物流专业化分工的反映,是物流社会化的必然趋势,目的在于提升企业竞争力,增加更多的利润空间	只是企业的一种推销手段,通过送货上门服务达到提高销售量的目的
内容	根据客户需求将所需物品分类、配组、分装、整理等	仅需要送货,无须进行分类、配组等理货工作
组织管理	是流通企业的专职,要求有现代化的技术装备做保证,要有完善的信息系统,有将分货、配货、送货等活动有机结合起来的配送中心	由生产企业承担,中转仓库的送货只是一项附带业务
基础设施	必须有完善的现代的交通运输网络和管理水平作为基础,同时还要和订货系统紧密联系,必须依赖现代信息技术的作用,使配送系统得以建立起来	没有具体要求
时间要求	送货时间准确,计划性强	时间不一定准确,计划性相对差

续表

项目	配送活动	送货活动
工作效率	充分利用运力,考虑车辆的货物配载。重视运输路线优化,强调最短距离,并且一辆货车向多处运送	不考虑车辆配载,没有科学的运输规划,货车一次向一地运送
技术装备	全过程有现代化物流技术和装备的保证,在规模、水平、效率、速度、质量等各方面占优	技术装备简单
行为性质	面向特定用户的增值服务	企业销售活动中的短期促销行为,具有偶然性

(二)配送是短距离的末端运输

货物运输分为干线部分的运输和支线部分的配送。从工厂仓库到配送中心之间的批量货物的空间位移称为运输;从配送中心到最终用户之间的多品种、小批量货物的空间位移称为配送。配送承担的是支线的、末端的运输,是面对客户的一种短距离的送达服务。配送不是单纯的运输或输送,而是运输与其他活动共同构成的组合体。配送所包含的运输,在整个运送过程中处于二次运输、支线运输、末端运输的位置。配送与运输的区别如表1-2所示。

表1-2 配送与运输的区别

内容	运输	配送
运输性质	干线运输	支线运输、区域内运输、末端运输
货物性质	少品种、大批量	多品种、小批量
运输工具	大型货车或铁路运输、水路运输	小型货车
管理重点	效率优先	服务优先
附属功能	装卸、捆包	装卸、保管、包装、分拣、流通加工、订单处理等

(三)配送是各种物流活动的有机结合

配送不单纯是短距离的运输,除运输之外还包括其他物流作业,是以配为重点的物流活动组合体,是备货、储存、分拣、配货、配载、包装、装卸等物流作业在小范围内的整合。配送活动利用有效的分拣、配货等理货工作,使送货达到一定的规模,以利用规模优势取得较低的送货成本。如果不进行分拣、配货,有一件运一件,需要一点送一点,那就会大大增加动力消耗。所以,要追求整个配送的优势,分拣、配货等项工作必不可少,由此配送也有"小物流"之称。

(四)配送必须有现代化技术和设备的支撑

配送是多种活动的有机结合体,各项活动的协调工作难度较大,加之各客户的要求和产品性质往往大相径庭,这就要求采用现代化的技术和装备。现代化技术和装备的使用也是区别"配送"与传统送货的重要特征。

在实践中,配送企业大都在自身能力范围内,尽量采用现代化的技术和装备,如电子配送平台、传输设备及识码、拣选、包装以及加工等设备,从而提高配送的规模、水平、效率、速度及质量,增强服务能力,提高竞争力。

(五)配送使企业实现"零库存"成为可能

企业为保证生产持续进行,依靠库存(经常库存和安全库存)向企业内部的各生产单位供应物品。如果社会供应系统既能承担生产企业的外部供应业务,又能实现上述内部物资供应,那么企业的"零库存"就成为可能。理想的配送恰恰具有这种功能,由配送企业进行集中库存,取代原来分散在各个企业的库存,就是配送的最高境界。这一点在物流发达国家和我国一些地区的实践中已得到证明。

三、配送与物流的关系

配送是由集货、配货和送货三大部分有机结合而成的。每个物流过程都要经过一系列的准备过程,将物品和服务通过"配送"送达需求者。正是通过提供令人满意的配送服务,漫长的物流过程最终体现了其自身价值,物流需求者如愿以偿,物流业务经营者因此获得了利润。从实质上说,配送是一种物流,但"物流"与"配送"之间存在着区别与联系。

(一)配送是物流的基本功能要素之一

2001年4月正式颁布的国家标准《物流术语》(GB/18354—2001)对物流的定义是:"物流(Logistics)是指物品从供应地向接收地的实体流动过程。根据实际需要,将运输、储存、装卸搬运、包装、流通加工、配送、信息处理等基本功能实施有机结合。"从这一定义我们可以看出,配送是物流的基本功能要素之一,是物流活动的作业环节之一。

(二)配送是物流活动在小范围内的整合与集成

配送是物流的功能之一,既是大物流系统的一个组成部分,也是物流活动在小范围内的整合。就大的物流系统来说,在经过了一系列的运输、储存、包装、装卸搬运和流通加工环节之后,最终到达配送环节,面向客户。因此,配送只是物流系统的终端,占着很小的部分。然而,一次配送活动,从接受并处理订单之后,也要经过集货、配货和送货等作业,这使之又相对处于一个独立的物流过程。物流的装卸、包装、保管、运输、流通加工、物流信息等功能要素都能在配送活动中得以体现,并通过这一系列的物流活动实现货物快速、安全、可靠、准确、低费送达客户的目的。因此,配送的实质是一个局部物流,是大物流在小范围内的缩影,是物流活动在小范围内的体现。

(三)配送是物流过程的成果体现

配送是末端运输,是物流活动在小范围内的整合,是大物流的缩影,同时它也有自己的特点。相对于整个物流系统而言,配送是物流系统的终端,是直接面对服务对象的物流活动。配送质量好坏及其达到的服务水平高低,体现了物流系统对需求的满足程度。

在社会经济生活中,物流涉及社会生产与人们生活的方方面面。从战略高度来看,物流是国民经济的命脉与支柱,是连接生产与消费的桥梁和纽带;从我们平时的日常生活来看,或大或小、或简或繁的物流过程,每时每刻都在我们身边延续,正是它们维持着社会生产与生活的正常运转,并将各种可能和便利送到每个人的面前。不管物流对社会生产与消费是多么重要,整个物流系统的意义和价值的体现,最终还是完全依赖于其终端——配送来实现。也就是说,无论多么庞大、复杂的物流过程,最终与服务对象(或者物流服务需求者)"见面"的也就是那一小段配送。物流服务对象对物流服务满意与否,即对整个物流过程认同与否,只是通过对配送服务的直观感受表现出来的。

(四)配送是一种具有自己特色功能的综合物流活动

首先,从物流活动来讲,配送几乎包括了所有的物流功能要素,是物流的一个缩影或在某个小范围中物流全部活动的体现。一般的配送集订单处理、备货、进货验收、装卸搬运、保管仓储、库存控制、拣选、加工、分割、组配、包装和运输于一身,通过这一系列活动完成送达货物的目的。特殊的配送则还要以加工活动为支撑,所以覆盖的面更广。但是,配送的主体活动与一般的物流有所不同,一般的物流侧重运输及保管,所以有人说运输与保管是物流的两大支柱;而配送则更注重分拣、配货及运送。分拣、配货是配送的独特要求,也是配送中具有特点的活动,而以送货为目的短距离运输则是最后实现配送的主要手段。因此,将配送简单地看成运输中的一种,是不太确切的。从配送独特的分拣、加工、分割、组配等作业环节来看,把配送理解为一种特殊的、综合的物流活动更为妥当。

(五)配送是最能反映"商物合一"和"商物分离"辩证关系的物流活动

一般来讲,物流是商物分离的产物。但从商流角度来看,配送和一般意义上的物流有所不同。虽然配送在具体实施时,以商物分离的形式实现,但在宏观运作上也可通过商物合一的形式出现,即配送可作为一种商业制度形式的运行模式,也就是我们通常所讲的商品配送制度。

从目前配送的发展趋势来看,商流与物流越来越紧密地结合起来。在国家提倡的"要大力发展连锁经营、电子商务、物流配送等新型流通模式"中的物流配送就是一种"商物合一"的商业运行模式。它既包含了商流活动,也包含了物流活动,是商流和物流的集成,只不过其中的物流活动价值要比传统商业模式下的物流活动价值的分量大得多。

四、配送管理的内容

配送管理是指为了以最低的配送成本达到客户所满意的服务水平,对配送活动进行的计划、组织、协调与控制。

(一)配送模式管理

配送模式是企业对配送所采取的基本战略和方法。企业选择何种配送模式,主要取决于以下几方面的因素:配送对企业的重要性、企业的配送能力、市场规模与地理范围、保证的服务及配送成本等。根据国内外的发展经验及我国的配送理论与实践,目前主要形成了以下几种配送模式:自营配送模式、共同配送模式、共用配送模式和第三方配送模式。

(二)配送业务管理

配送的对象、品种、数量等较为复杂。为了做到有条不紊地组织配送活动,管理者需要遵照一定的工作程序对配送业务进行安排与管理。一般情况下,配送组织工作的基本程序和内容主要有以下两个方面:

1. 选择配送路线

配送路线对配送速度、成本、效益影响很大,因此,采用科学合理的方法确定合理的配送路线是一项非常重要的工作。确定配送路线可以采取各种数学方法和在数学方法的基础上发展、演变出来的经验方法,主要有方案评价法、数学计算法和节约里程法等。现在已开发出多种软件,可以帮助管理者及员工设定配送路线,避免了烦琐的数学计算,故在此不作这些计算方法的具体介绍。

2. 拟订配送计划

管理者需要拟订配送计划,供具体负责配送作业的员工执行。现在一般采用计算机作为编制配送计划的主要手段。

(三)配送作业管理

配送作业流程的管理就是对这个流程之中的各项活动进行计划和组织。

(四)配送系统各要素的管理

从系统的角度看,对配送系统各要素的管理主要包含以下内容:

1. 人的管理

人是配送系统和配送活动中最活跃的因素。对人的管理包括:配送从业人员的选拔和录用;配送专业人才的培训与能力提高;配送教育和配送人才培养规划与措施的制定;等等。

2. 物的管理

"物"是指配送活动的客体,即物质资料实体。物质资料的种类千千万万,物质资料的物理、化学性能更是千差万别。对物的管理贯穿于配送活动的始终,渗入配送活动的流程之中,不可忽视。

3. 财的管理

财的管理主要是指配送管理中有关降低配送成本、提高经济效益等方面的内容,它是配送管理的出发点,也是配送管理的归宿。主要内容有:配送成本的计算与控制;配送经济效益指标体系的建立;资金的筹措与运用;提高经济效益的方法;等等。

4. 设备管理

设备管理的主要内容有:各种配送设备的选型与优化配置;各种设备的合理使用和更新改造;各种设备的研制、开发与引进;等等。

5. 方法管理

方法管理的主要内容有:各种配送技术的研究、推广普及;配送科学研究工作的组织与开展;新技术的推广普及;现代管理方法的应用;等等。

6. 信息管理

信息是配送系统的神经中枢,只有做到有效处理并及时传输配送信息,才能对系统内部的人、财、物、设备和方法五个要素进行有效的管理。

(五)配送活动中具体职能的管理

从职能上划分,配送活动主要包括配送计划、配送质量、配送技术、配送经济等。

1. 配送计划管理

配送计划管理是指在系统目标的约束下,对配送过程中的每个环节都进行科学的计划管理。其具体体现在配送系统内各种计划的编制、执行、修正及监督的全过程中。配送计划管理是配送管理工作最重要的职能。

2. 配送质量管理

配送质量管理包括配送服务质量管理、配送工作质量管理、配送工程质量管理等。配送质量的提高意味着配送管理水平的提高,意味着企业竞争能力的提升,因此,配送质量管理是配送管理工作的中心问题。

3. 配送技术管理

配送技术管理包括配送硬技术和配送软技术的管理。对配送硬技术的管理,是指对配送基础设施和配送设备的管理,如配送设施的规划、建设、维修、运用,配送设备的购置、安装、使用、维修和更新,设备利用效率的提高,对日常工具的管理等;对配送软技术的管理,主要是指配送各种专业技术的开发、推广和引进,配送作业流程的制定,技术情报和技术文件的管理,配送技术人员的培训等。配送技术管理是配送管理工作的依托。

4. 配送经济管理

配送经济管理包括配送费用的计算和控制,配送劳务价格的确定和管理,配送活动的经济核算、分析等。成本费用的管理是配送经济管理的核心。

(六)配送中心管理

配送中心是专门从事配送活动的场所,应从管理一个企业或者部门的角度出发,对其中涉及的各项工作进行妥善的安排。

任务二　配送的模式与流程

案例导入

"最后一公里"末端配送,日渐成为商品流通企业与城市物流配送企业以及消费者面临的焦点和难点问题,尤其给电子商务、快递业的发展带来了极大阻碍。一种由政府主导推出、倡导"共同配送"理念的新型物流公司在这种背景下应运而生,北京市共同配送试点工程"城市100"就是其中一例。

成立于2011年年底的北京城市一百物流有限公司(简称"城市100"),是在北京市商务委的领导和北京快递协会的组织之下,整合北京地区优质快递网络资源的基础上创建而成的。"城市100",其名称主要取义为"配送最后100米,百姓满意100分"。公司开展"共同配送"的基本思路是,货物进入社区或校园由专门建立的配送末端进行统一配送,从而使末端配送更便利,同时降低各企业的成本。"城市100"在定位方面,是以营业门店为载体,整合上下游供应商、服务商,打造面向公众的末端物流配送及社会服务平台。截至2018年年底,"城市100"已经完成了150余个网点的建设,实现北京全覆盖。同时,为了保证末端共同配送的开展效果和投递效率,门店的布局选址也颇为重要,"城市100"社区门店分布区域主要以城八区为主、郊区为辅,同时遵循密集型原则,选在社区密集或学校密集的地方。

"城市100"共同配送业务主要由三部分构成,包括同行快递业务、电商配送业务、自提业务等。

(1)同行快递业务。在具体运营过程中,快递物流企业可直接与"城市100"社区门店对接,达成合作协议后,快递物流企业无法处理的快件包裹可直接送到"城市100"的门店,由其工作人员进行最终的上门配送,让快件送达更加迅速、高效。一般而言,如果由一家快递企业负责将快件配送到底,快递员一天最多实现两次配送。而共同配送投递距离短,每天配送频率可五六次,平均3小时完成接件、分拨和投递,快件随时消化,紧急件最快15分钟送到。"城市100"已经与北京地区的申通快递、中通快递、韵达快递、汇通快递等多家快递企业开展了深入合作。

(2)电商配送业务。"城市100"不仅拥有分布广泛的终端网点,还设有用于中转的大型仓库,主要利用"城市100"的网点和配送队伍对知名网购平台等客户企业提供仓储、配送、代收货款等增值服务。"城市100"现在已经与淘宝、当当网、京东商城等多家电商企业签约合作。在合作中,各电商企业首先和"城市100"实现系统对接,客户下单后,"城市100"配送人员到电商企业的仓库提货,经过"城市100"总部中心平台集中分拣,再分别运输到不同区域的各个社区门店,由这些社区物流共同配送站具体配送。此外,"城市100"还拓展了水产网、鲜百味、青蔬园、三分地蔬菜网等新兴电商客户,提供水果蔬菜、生鲜速冻等产品的便民配送服务。

(3)自提业务。这是"城市100"正在积极开拓的一项重点业务。"城市100"的自提业务是指消费者如果无法第一时间接收快件,可委托"城市100"的门店代收,等方便时自己来门店提取货物。"城市100"的门店大多会营业到晚上8点,在一些人流量比较大的网点,甚至实现了24小时营业,这为社区老百姓、高校师生提供了很大便利。

除以上三大主要业务外,"城市100"的服务内容也在向多元化发展,增设了一些公共服务内容,如机票代订业务、代缴水电费业务、代缴电话费业务和保险进社区业务,为社区居民切实提供了更多的方便。

任务目标

通过本项目的学习,掌握配送的模式,熟悉配送的作业流程。

任务学习

一、配送模式

配送是物流过程的终端环节,从物流本身的运行规律来看,尽管各类配送服务作业的内容是一致的,但由于物流运作组织的主体和服务对象不同,也就是说,配送所服务的企业性质、使命与目标不同,其配送运行方式就完全不一样。因此,就会产生不同的配送运行模式。根据目前配送运行的情况,可将配送活动组织与运行分为企业自营、共同配送、第三方物流配送和互用配送四种基本模式。

(一)企业自营配送

企业自营配送是企业为了保证生产和销售的需要,独自出资建立自己的物流配送系统,对本企业所生产或销售的产品进行配送的活动。

配送活动在企业经营管理中的作用可以分为两个方面:一是企业的分销配送;二是企业的内部供应配送。

1. 企业的分销配送组织与运行

企业的分销配送根据服务的对象又可分为企业对企业的分销配送和企业对消费者的分销配送两种形式。

(1)企业对企业的分销配送

配送服务的组织者或供给方是工商企业,配送服务的需求方及服务对象,基本上有两种可能:生产企业为配送服务的最终需求方;商业企业,即中间商,在接受配送服务之后要对产品进行销售。

企业对企业的分销配送,从实际的主体来看,组织配送活动的目的是实施营销战略,特别是在电子商务B2B模式中。企业对企业的分销配送是国家大力推广的配送模式。其配送量大,渠道稳定,物品标准化,是电子商务发展的切入点。

企业对企业的分销配送运行管理一般由销售部门来运作,随着社会分工的专门化,为发挥物流系统化管理的优势,最好是企业专门成立的部门或分公司来运作。

生产企业,尤其是进行多品种生产的企业,因为直接由本企业开始进行配送,避免了经商部门的多次物流中转,所以有一定优势。但是生产企业,尤其是现代生产企业,往往是进行大批量、低成本生产,品种较单一,因此不能像社会专业配送中心那样依靠产品凑整运输取得优势,所以生产企业配送存在一定的局限性。

生产企业配送在地方性较强的产品生产企业中较多,如就地生产,就地消费的食品、饮料、百货等。在生产资料方面,某些不适合中转的化工商品及地方建材也采取这种方式。

(2)企业对消费者的分销配送

企业对消费者的分销配送主要是指商业零售企业对消费者的配送。

企业对消费者的分销配送主要是在社会大的开放系统中运行,其运行难度比较大。虽然零售配销企业可以通过会员制、贵宾制等形式锁定一部分消费者,但是多数情况下,消费者是一个经常变换的群体,需求的随机性大,对服务水平的要求高,配送供给与配送需求之间难以弥合,所以配送的计划性差。另外,消费者需求量小,地点分散,配送成本相对较高。这种配送方式是电子商务 B2C 模式发展的支持与保证。一般超市配送有两种形式:兼营配送、专营配送。

①兼营配送形式

兼营配送是超市在一般的零星销售的同时兼行配送的职能。兼营超市配送,其组织者是承担商品零售业务的商业或物资的门市网点,这些网点规模一般不大,但具备一定铺面条件,而且经营品种齐全。除日常零售业务外,还可根据用户的一些要求将超市经营品种配齐或代用户外订、外购一部分本商店平时不经常经营的商品,与超市经营的品种一起配齐送给用户。

这种配送组织者实力有限,往往只是小量、零星商品的配送,所配送的商品种类繁多,用户需求量小,有些商品只是偶尔需要,很难与大配送中心建立计划配送关系。但商业及物资零售网点数量较多、配送半径较短,所以比较灵活机动,可承担生产企业非主要物资的配送及消费者个人的配送。通常日常销售与配送相结合,可获得更多的销售额。

②专营配送形式

超市不经常零售而专门进行配送。一般情况是超市位置条件不好,不适合门市销售,而其又有某方面的经营优势及渠道优势,因而可采取这种方式。如现在流行的"宅急送"配送服务。

2.企业的内部供应配送组织与运行

集团系统内部供应配送是为了保障企业的生产或销售、供给所建立的企业内部配送机制,其实质是企业集团、大资本集团、零售商集团内部的共同配送。

由于企业内部配送大多发生在巨型企业之中,有统一的计划、指挥系统,因此,集团系统内部可以建立比较完善的供应配送管理系统,使企业内部需求和供应达到同步,有较强的科学性。

企业内部配送一般有两种情况:大型连锁商业企业内部供应配送;巨型生产企业内部供应配送。

(二)共同配送模式

共同配送是两个或两个以上的有配送业务能力的企业相互合作,对多个用户共同开展配送活动的一种物流形式。共同配送是追求配送合理化,经长期的发展和探索优化出的一种配送形式,也是现代社会中采用较广泛、影响面较大的一种配送模式。

1. 共同配送的具体方式

共同配送的目的主要是合理利用物流资源,因此根据物流资源利用程度,共同配送大体可以分为以下几种具体形式(见表1-3)。

表1-3 共同配送的具体形式及其特点

序号	共同配送形式	特点
1	系统优化型共同配送	由一个专业物流配送企业综合各家用户的要求,对各个用户统筹安排,在配送时间、数量、次数、路线等诸方面作出系统最优的安排,在用户可以接受的前提下,全面规划、合理计划地进行配送。这种形式不但可以确定不同用户的基本要求,还能有效地分货、配送、配载、选择运输方式、选择运输路线、合理安排送达数量和送达时间。这种对多家用户的配送可充分发挥科学计划、周密计划的优势,实行起来比较复杂,但却是共同配送中水平较高的形式
2	车辆利用型共同配送	①车辆混载运送型共同配送:在送货时尽可能安排一辆配送车,实行多种货物的混载 ②返程车辆利用型的共同配送:为了不跑空车,让物流配送部门与其他行业合作装载回程货,或与其他公司合作进行往返运输 ③利用客户车辆型共同配送:利用客户采购零部件或采办原材料的车进行产品的配送
3	接货场地共享型共同配送	接货场地共享型共同配送是多个用户联合起来设立配送的接货点或货物处置场所,以接货场地共享为目的的共同配送形式。这样不仅解决了场地的问题,也大大提高了接货水平,加快了配送车辆运转速度,而且接货地点集中,可以集中处理废弃包装材料、减少接货人员数量
4	设施设备共用型共同配送	在一个城市或一个地区中有数个不同的配送企业时,为节省配送中心的投资费用,提高配送运输效率,多家企业共同出资合股建立配送中心进行共同配送,或多家企业共同利用已有的配送中心、配送机械等设施,对不同配送企业用户共同实行配送

2. 共同配送易出现的问题

(1)参与人员多而复杂,企业机密有可能泄露。

(2)货物种类繁多、产权多主体,服务要求不一致,难于进行商品管理。当货物破损或出现污染等现象时,责任不清,易出现纠纷,最终导致服务水准下降。

(3)运作主体多元化,主管人员在经营协调管理方面存在困难,可能会导致管理效率低下。

(4)由于是合作关系,管理难控制,所以易造成物流设施费用及其管理成本增加,并且成本收益的分配易出现问题。

(三)第三方物流配送模式

第三方物流是一个新兴的行业,已得到社会各方越来越多的关注,在物流配送领域正发挥着积极的作用。目前,工商企业越来越重视与各种类型的物流服务供应商的紧密合作,并与之建立长期的战略联盟关系,以解决企业物流问题。

第三方物流配送的运作模式主要有以下几种。

(1)企业营销配送

该模式是工商企业将其销售物流业务外包给独立核算的第三方物流公司或配送中心。企业采购供应物流配送业务仍由企业供应物流管理部门承担。

(2)企业供应配送

这种配送组织管理方式是由社会物流服务商对某一企业或若干企业的供应需求实行统一订货、集中库存、准时配送,或采用代存代供等其他配送服务的方式。

(3)供应—销售物流一体化

随着物流的社会化,企业供应管理战略的实施,除企业的销售配送业务社会化以外,企业供应配送也将社会化,即由第三方物流公司来完成。特别是工商企业和专职的第三方物流配送企业形成战略同盟关系后,供应—销售物流一体化所体现的物流集约化优势更为明显,即第三方物流在完成服务企业销售配送的同时,又承担用户物资商品内部供应的职能,也就是说,第三方物流既是用户企业产品销售的物流提供者,又是用户企业的物资产品供应代理人。供应—销售物流一体化模式是配送经营中的一种重要形式,它不仅有利于形成稳定的物流供需关系,而且更有利于工商企业专注于生产销售等核心业务的发展。同时,长期稳定的物流供需关系,还有利于实现物流配送业务的配送中心化、配送业务计划化和配送手段现代化,从而保持物流渠道的畅通稳定和物流配送运作的高效率、高效益、低成本。因此,供应—销售物流一体化模式备受人们关注。当然,超大型企业集团也可自己运作供应和销售物流配送,但中小企业物流配送走社会化之路,是绝对有利于降低供应成本、提升企业竞争力的。

(四)互用配送模式

互用配送模式是指几个企业之间为了各自的利益,以签订契约的方式达成某种协议,互用对方配送系统资源进行配送的模式。互用配送模式的优点表现为企业不需要投入较多的资金和人力,就可以扩大自身的配送规模和范围,但是企业需要有较高的管理水平以及相关企业的组织协调能力。

共同配送模式与互用配送模式相比较,两者差异表现如下。

(1)共同配送模式旨在建立配送联合体,以强化配送功能为核心;而互用配送模式旨在提高自己的配送功能,以企业自身服务为核心。

(2)共同配送模式旨在强调联合体的共同作用;而互用配送模式旨在强调企业自身的作用。

(3)共同配送模式的稳定性较强,互用配送模式的稳定性较差。

(4)共同配送模式的合作对象是需要经营配送业务的企业;而互用配送模式的合作对象可以是也可以不是经营配送业务的企业。

二、配送作业流程

配送作业流程及其内容的设计是配送活动开展的前提,它直接关系到配送物流系统运作效率与服务水平。因此,我们在开展配送业务时,必须对配送活动的基本功能要素和不同类型配送作业流程有个初步的了解。

(一)配送活动的基本功能要素

配送活动一般主要由备货、储存、订单处理、配送加工、分拣配货、车辆配装、运输、送达服务、车辆回程几个基本功能要素组成。其具体工作内容如下。

1. 备货

不管配送活动是在配送中心进行,还是在仓库、商店、工厂等物流据点进行,配送的前置作业环节即第一道作业环节就是备货,它完成的是配送的集货功能。如果没有备货,不能筹措配送所需货品,配送就成了无源之水。特别是在配送中心,备货是必不可少的作业环节。

在生产企业的销售配送中,备货工作一般由企业的销售部门或企业的配销中心负责,供应配送一般由采购部门完成。在专业的社会物流配送企业中则由配送中心完成备货职能。由于配送组织主体与运行方式不同,配送备货工作内容也不一样。

一般备货工作包括测定客户需求、筹集货源、订货或购货、集货、进货及有关货物的数量质量检查、结算交接等。在第三方物流配送企业,其备货需求预测与采购进货管理非常重要,可以说是配送业务的关键。这是因为,配送的优势就是可以集中不同客户的实际需求进行一定规模的备货,即通过集中采购,扩大进货批量,降低商品交易价格,同时分摊进货运输装卸成本费用,减少备货费用,取得集中备货的规模优势。备货成本太高,会大大降低配送的效益,配送的功能也会大打折扣。因此,对于有采购职能的配送备货,商品采购管理必须坚持以下几个原则:一是在满足配送需求的情况下,编制好分销需求计划和采购进货计划;二是选择好供应商并与供应商建立良好的商品供应关系;三是充分发挥规模化的备货优势,降低商品交易价格与进货费用;四是做好市场调研,使采购的商品价廉物美、适销对路,为后续的配送奠定基础;五是加强采购过程的物流管理,尽量使采购费用、运输费用、库存费用之和最低,为配送运行成本的降低创造条件。

2. 储存

配送储存是按一定时期的配送经营要求,形成的对配送的资源保证。不管是工商企业配送,还是物流企业配送,一般都采取集中储存的形式。其主要作用是集分散库存于一体,在保证服务对象——客户绝对或相对实现"零库存",取得集中规模效益的同时,降低配送企业物资商品的整体库存水平,减少库存商品占压的流动资金以及为这部分占压资金所支付的利息和费用,降低物资商品滞销压库的风险,从而提升配送服务企业的经济效益。

在货物配送的储存环节,也应做好相应的库存管理工作。配送储存阶段的库存管理包括进货入库作业管理、在库保管作业管理、库存控制三大部分。

(1)进货入库作业管理

进货入库作业是实现商品配送的前置工作。一旦商品入库,配送部门就要担负起商品完整的责任,所以,在商品入库前按照单据上所列的商品数量、品种规格等内容,确认即将入库的商品有无损坏,数量种类是否正确,这是对进货人员最基本的工作要求。同时,进货人员要随时掌握企业(或客户)计划中或在途中的进货量、可用的库房空储仓位、装卸人员等情况,并适时与企业总部、客户、仓储保管人员、装卸人员进行沟通。此外,现场验收进货与填写相关单据等,都是例行性的工作内容与要求,特别要注意尽可能在验收后直接组织配送货物(减少储存环节)。

(2)在库保管作业管理

储存商品的在库保管作业,除加强商品养护、确保储存商品质量安全、最大限度地保持商品在储存期间内的使用价值和减少商品保管损失外,还要加强储位合理化工作和储存商品的数量管理工作。储位即商品的储存位置,商品储存应当做到定置管理。商品储位可根据商品属性、周转率、理货单位等因素来确定。储存商品的数量管理必须依靠健全的商品财务制度和盘点制度,商品账务必须以合法的进出仓凭证为依据。存放在流转性仓库的发送商品,储存期比较短,要做好它和待发送商品的统计工作。

(3)库存控制

一般配送仓库和配送中心是配送系统集中库存所在地,在保证配送服务的前提下,控制库存货品数量和保证库存储备量是库存控制的两项主要工作。

配送中的储存有储备及暂存两种形态。

储备形态的储备数量较大,储备结构也较完善,可视货源及到货情况有计划地确定周转储备及保险储备的结构和数量。配送的储备保证有时可在配送中心附近单独设库解决。

暂存形态,是指具体执行日配送时,按分拣配货要求在理货场地所做的少量储存准备。由于总体储存效益取决于储存总量,所以,这部分暂存数量的多少只会对工作方便与否造成影响,而不会影响储存的总效益,因而对数量控制并不严格。

还有一种形式的暂存,是指分拣、配货之后,形成的发送货物的暂存。这种暂存主要是为了调节配货与送货的节奏,时间不长。这种暂存虽不是储存库存控制的范畴,但也应加强管理,以免占用暂存空间,影响配送作业。

3. 订单处理

订单处理是指配送企业从接受客户订货或配送要求开始到货物发运交付客户为止,整个配送作业过程中有关订单信息的处理工作。具体包括接受客户订货或配送要求,审查订货单证,核对库存情况,下达货物分拣、配组、输送指令,填制发货单证,登记账簿,回应或通知客户,办理结算、处理退货等一系列与订单密切相关的工作活动。

4. 分拣配货

分拣及配货是配送不同于其他物流形式的有特功能要素,也是决定配送成功与否的一项重要支持性工作,是完善送货、支持送货的准备性工作,是不同配送企业在送货时进行竞争和提高自身经济效益的必然延伸。所以,也可以说它是送货向高级形式发展的必然要求。有了分拣及配货,送货服务水平就会大大提高,因此分拣及配货是决定整体配送系统水平的关键要素。

5. 车辆配装

在单个客户配送数量不能达到车辆的有效载运负荷时,就要集中不同客户的配送货物进行搭配装载,以充分利用运能、运力,这就需要配装。

和一般送货不同,通过配装送货可以大大提高送货水平、降低送货成本,所以,配装是配送系统中有现代特点的功能要素,也是现代配送不同于以往送货的重要区别之处。

6. 输送

输送,即配送运输,它属于运输中的末端运输、支线运输,和一般运输形态有很大区别,主要表现为它是较短距离、较小规模、频度较高的运输形式,一般使用卡车做运输工具。并且配送运输的路线选择与一般干线运输是不同的,干线运输是唯一的运输路线,而配送运输的运输路线是多条的、复杂的,在城市内小区域运输比较多。

由于配送客户多,一般城市交通路线又较复杂,组合最佳路线、根据客户要求的运送方向和运送地点使车辆配装与运输路线进行有效搭配等,是配送运输的特点,也是难度较大的工作。配送运输管理的重点是合理做好配送车辆的调度。

7. 送达服务

配好的货物运输到客户处还不算配送工作的完结,因为货物送达后和客户接货时往往还会出现不协调的情况,如客户认为所送的货物与要求的存在差异等,使配送前功尽弃。因此,要圆满地实现运到之货的移交,有效地、方便地处理相关手续并完成结算,必须提高配送管理水平,严格执行订单有关要求。同时,还应讲究卸货地点、卸货方式等送达服务工作,特别是在为消费者配送大件家电产品和为工矿企业配送机电仪设备时,可能还要负责对设备进行安装调试等工作。在市场经济环境下,强调配送业务的送达服务也是非常必要的,这是配送与运输的主要区别之一。

8. 配送加工

在配送中,配送加工这一功能要素不具有普遍性,但是往往具有重要作用。其主要原因是通过配送加工,可以大大提高客户的满意度。

配送加工是流通加工的一种,但配送加工有它不同于一般流通加工的特点,即配送加工一般只取决于客户要求,其加工的目的较为单一。

9. 车辆回程

在执行完配送的任务之后,车辆返回。在一般情况下,车辆回程往往是空驶,这是影响配送效益、增加配送成本的主要因素之一。为提高配送效率及效益,配送企业在规划配送路线时,回程路线应当尽量缩短。在进行稳定的计划配送时,回程车可将包装物、废弃物、试次品运回集中处理,或将客户的产品运回配送中心,作为配送中心的配送货源;也可以在配送服务对象所在地设立返程货物联络点,顺路带回货物,尽量减少空车驶返,提高车辆利用率。

（二）配送作业基本流程

配送作业是配送企业或部门运作的核心内容,因而配送作业流程以及配送作业效率都会直接影响整个物流系统的运行。配送作业的基本流程如图1-1所示。

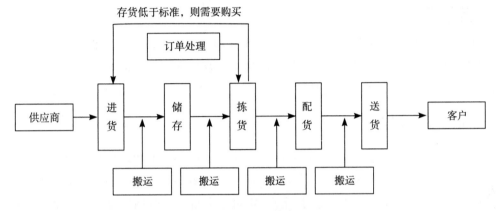

图1-1　配送作业基本流程

当收到客户订单后,首先将订单按其性质进行处理,之后根据处理过的订单信息,从仓库中取出客户所需货品的拣货作业。拣货完成后,一旦发现拣货区所剩余的存货量过低,则必须由储存区进行补货作业。储存区的存货量低于规定标准时,便向供应商采购订货。从仓库拣选的货品经过整理之后即可准备发货。等到一切发货准备就绪,司机便可将货品装在配送车上,向客户进行送货作业。另外,在所有作业进行中,只要涉及物的流动作业,就一定有搬运作业。

任务三　配送的类型

案例导入

上海联华生鲜食品加工配送中心有限公司（以下简称上海联华）是联华超市股份有限公司（以下简称联华）的下属公司,于1999年12月在上海市闸北区合资注册成立,建筑面积35000平方米,其中包括生产车间、冷库、配送场地、待发库、仓库（地下室）、办公楼等。年生产能力20000吨,其中肉制品15000吨,生鲜盆菜、调理半成品3000吨,西式熟食制品2000吨。联华生鲜食品加工配送中心产品结构分为15大类约1200种,主营生鲜食品的加工、配送和贸易,是具有国内一流水平的现代化生鲜加工配送企业。

上海联华物流的配送费率,即配送一定价值商品所需的物流配送成本,一直被控制在2%以内。快速的物流配送能力、超低的物流成本,保证生鲜食品当日加工、当日配送和当日销售,从而强化了生鲜食品配送中心最重要的竞争优势——"鲜",这是上海联华取得竞争优势、击败诸多竞争对手的关键所在。

任务目标

通过本项目的学习,掌握配送的四种类型,了解不同类型配送的特征等基本知识。

任务学习

不同的市场需求、产品特性及物流环境对配送服务的要求是不一样的,为促进企业提高物品供应水平,促进产品销售,实施企业物流战略以及提升企业产品竞争力,我们有必要对配送的类型进行了解,以便能合理地开展物流配送,或对配送服务的运作进行创新。

一、电子商务配送

电子商务配送是指物流配送企业采用网络化的计算机技术和现代化的硬件设备、软件系统及先进的管理手段,针对社会需求,严格地、守信用地按客户的订货要求,进行一系列分类、编码、整理、配货等理货工作,定时、定点、定量地交给没有范围限度的各类客户,满足其对商品的需求。这种新型的物流配送模式带来了流通领域的巨大变革,越来越多的企业开始积极搭乘电子商务快车,采用电子商务配送模式。

(一)电子商务配送特点

1. 虚拟性

电子商务物流配送的虚拟性来源于网络的虚拟性。借助于现代计算机技术,配送活动已由过去的实体空间拓展到了虚拟网络空间,实体作业节点可以虚拟信息节点的形式表现出来;实体配送活动的各项职能和功能可在计算机上进行仿真模拟,通过虚拟配送,找到实体配送中存在的不合理现象,从而进行组合优化,最终实现实体配送过程效率最高、费用最少、距离最短、时间最少的目标。

2. 实时性

虚拟的特性不仅有助于辅助决策,让决策者获得高效的决策信息支持,还可以实现对配送过程的实时管理。配送要素数字化、代码化之后,突破了时空制约,配送业务运营商与客户均可通过共享信息平台获取相应配送信息,从而最大限度地减少各方之间的信息不对称,有效地降低了配送活动过程中的运作不确定性与环节间的衔接不确定性,打破以往配送途中的"失控"状态,做到全程"监控配送"。

3. 个性化

个性化配送是电子商务物流配送的重要特性之一。作为"末端运输"的配送服务,所面对的市场需求是"多品种、少批量、多批次、短周期",小规模的频繁配送将导致配送企业的成本增加,这就要求企业必须寻求新的利润增长点,而个性化配送正是这样一个开采不尽的"利润源泉"。电子商务配送的个性化体现为"配"的个性化和"送"的个性化。"配"的个性化主要指通过配送企业在流通节点(配送中心)根据客户的指令对配送对象进行个性化流通加工,从而增加产品的附加价值;"送"的个性化主要是指依据客户要求的配送习惯、喜好的配送方式等为每一位客户制订量体裁衣式的配送方案。

4. 增值性

除了传统的分拣、备货、配货、加工、包装、送货等作业,电子商务配送的功能还向上延伸到市场调研与预测、采购及订单处理,向下延伸到物流咨询、物流方案的选择和规划、库存控制决策、物流教育与培训等附加功能,从而为客户提供具有更多增值性的物流
服务。

(二)主要电子商务企业的物流配送模式

电商企业面对电子商务配送瓶颈,选择了不同的突围策略与模式。

1. 淘宝"云物流"模式

淘宝网 C2C 电子商务模式下货物配送的基本流程为:卖家选择并联系快递公司,快递公司上门取货,快递公司配送货物给买家,买家确认货物无误并签收。若货物有误,买家在淘宝网上与卖家协商"退款"或"退货",退货物流费用由协商结果决定。淘宝网 C2C 电子商务模式下的物流配送与商品特性、买卖双方、快递公司及 C2C 电子商务企业在整个交易流程中扮演的角色有着直接的关系。目前淘宝网利用阿里巴巴旗下的菜鸟网络与邮政速递服务公司、申通 E 物流、圆通速递、中通速递、天天快递、宅急送、韵达快递、风火天地(上海同城)等十余家国内外物流企业合作,覆盖了中国全部消费区域。

上述模式可以概括为物流合作模式,或信息整合模式,它旨在利用订单聚合的能力来推动物流产业的整合。其优点是淘宝网与上述快递公司合作,采取"推荐物流""网货物流推荐指数"等策略,卖方可以在 C2C 平台上面通过比较各个推荐快递公司的运费,选择价格最低的快递公司,也可以综合考虑快递公司的服务质量,参考"网货物流推荐指数"再做选择。卖方可以选择使用淘宝推荐的快递公司的报价,也可以视自己的快递业务量与快递公司协商取得更加低廉的价格。

2. 京东商城自营物流模式

国内销售额排名第一的 B2C 网站京东商城为突破物流瓶颈,主要采用了垂直一体化的自营物流模式。2009 年,京东商城获得了 2100 万美元的外部投资,其中 70% 用于自建物流体系,包括投资 2000 万元建立自有快递公司;2010 年 2 月,京东商城又获得老虎环球基金 1.5 亿美元投资,拿出 50% 用于仓储、配送、售后等服务质量提升;2011 年 4 月,公司又从俄罗斯 DST 基金、老虎基金、沃尔玛等投资人处募集 15 亿美元资金,几乎全部投入物流体系建设。

截至 2018 年 6 月 30 日,京东在全国范围内拥有 7 大物流中心,运营了 521 个大型仓库,拥有超过 30 万个末端服务网点,物流基础设施面积达到约 1160 万平方米。京东的"亚

洲一号"现代化物流中心是当今中国最大、最先进的电商物流中心之一,目前已有23个"亚洲一号"项目投入使用;京东无人机也已经开始农村电商配送试运营。

京东商城的电商物流配送模式旨在通过直接控制物流环节来提高服务能力、降低服务成本,但这一模式的必然后果是以轻资产著称的电子商务行业将背上越来越重的物流资产负担。

3. 当当网的轻资产模式

当当网与京东商城不同,选择了租赁物流中心,并把配送环节全部外包的模式。目前当当网在全国有10个物流中心,其中北京有2个全国性物流中心,其他5个城市(上海、广州、成都、武汉、郑州)有8个地区物流中心,合计建筑面积18万平方米,日处理订单能力为16.5万件。通常订单被直接派送到就近物流中心,再由该物流中心对外派货,在附近没有物流中心或物流中心无法提供货物时,就会由总部物流中心重新分派。

在运输配送环节,当当网与国内104家第三方物流企业建立合作关系,由第三方物流企业到当当网的物流中心取货外送。为了控制服务品质,当当网通常会收取一定押金,并对从物流中心派送出去的货物进行逐一检查。

当当网的轻资产物流模式,指的是"借助供应商占款来融资、租赁物流中心和外包第三方物流"。轻资产模式虽然减轻了资金压力,加速了资金周转,但它要求有一个专业化的第三方服务平台,包括高效的第三方物流公司,以及能提供高品质物流中心的第三方物流地产企业,如果"第三方"的发展跟不上,轻资产模式可能会面临服务品质下降的威胁。

二、快速消费品配送

(一)快速消费品概念

快速消费品是指使用寿命较短,消费速度较快的消费品。人们对快速消费品的购买量大且稳定,购买次数多,典型的快速消费品包括日常洗化用品、食品、烟酒等。快速消费品与人们的生活联系非常密切,其消耗量非常大,需要零售商不断地补充货物,因此对物流配送的要求略为严苛,尤其是一些具有时效性的物品,如水果、蔬菜等,对高效的配送服务显得尤为依赖。

(二)快速消费品配送特点

快速消费品配送是指快速消费品从制造商到末端用户、从分销商到末端用户或从零售商到末端用户的过程。由于快速消费品自身具有的一些特征,对快速消费品的配送也有别于其他消费品,其配送具有以下特点:

1. 配送商品种类多,物流作业复杂

快速消费品种类繁多,包括日常用品、食品、烟酒、医药用品中的非处方药物等。不同商品特点不同,对配送的具体要求也各不相同。如容易受潮变质的商品在配送过程中需要特殊的保护等特殊的物流配送操作。因此,快速消费品需要多样化的配送方式,这就增加了配送的复杂程度。由于快速消费品单价较低,赚取利润的空间很小,所以,制造企业对配送成本尤为关心。因此,大部分货物供应商选择用第三方物流的方式来降低自身运输成本。基于上述种种原因,快速消费品行业成为使用第三方物流最多的行业之一。

2. 配送量波动大,订单频繁

快速消费品行业的主要经营方式就是连锁经营。在连锁企业经营运作中,网点多,分布比较分散,而且订单频率较高,所以物流配送呈现小批量、高频度、多样化的发展趋势。甚至有些产品只有在某一特定时间才能配送,有些营业网点要求一天送两次货,对送货的时间要求越来越严格。

3. 供应作业环节多且复杂

快速消费品配送不同于其他领域物流配送,涉及供应、销售等,物流作业环节不仅包括运输、装卸、搬运、储存、包装,还包括拆卸、拼装、补货、换货等。快速消费品配送中心要求有成熟、稳定、专业的物流系统,需要强大的物流网络支持。不同特点的业务流程要根据具体企业的不同配合适合的运作模式。

4. 配送质量高,库存周期短

快速消费品包括日常用品,是消费者生活中的必需品和常用品,因此,为满足消费的多样化、个性化的要求,商品保质期有严格的要求。快速消费品生产和库存周期短,对库存配置的要求也很高。

以上特点要求快速消费品配送要适应经济社会的发展节奏,配送中心应遵循快速消费品配送的规律,加强自身的反应速度,提升配送中心管理能力和控制能力,拥有强大的配送与补货能力。通过强大的覆盖率和补货率与市场有效协同,提供高效、快捷的配送服务。满足多频次、小批量的配送要求,转变快速消费品的配送观念,创新配送方式,降低配送成本,提高配送效率,减少城市问题的出现,保护城市环境。

三、生鲜农产品配送

(一) 生鲜农产品的定义

人们习惯上把生鲜果蔬、新鲜肉类、鲜活水产品统称为"生鲜三品"。事实上,生鲜农产品除上述三种外,还包括花卉、鲜蛋、鲜奶等其他初级形式的农产品,这一类生鲜农产品大多通过直接种植或养殖等途径而形成。

(二) 生鲜农产品配送的特点

生鲜农产品具有易腐易烂的特性,这一特性要求它的物流配送要与普通品的物流配送区别开来,它的流通要在特定的环境下才能顺利进行。生鲜农产品物流配送的特点主要表现为以下几点。

① 生鲜农产品物流配送要保障新鲜度

随着我国经济的快速发展,传统的以家庭为单位的菜园式自给自足的蔬菜供应方式被打破,生鲜农产品种植园、种植基地不断涌现,蔬菜种植朝着商业化、产业化的方向发展。然而,生鲜农产品具有生产周期长、储存条件要求严格、在配送过程中损耗量大等特点。新鲜度是衡量生鲜农产品价值的重要指标,这就要求从事生鲜农产品配送的企业要保障生鲜农产品的品质安全,确保新鲜度,让顾客满意、企业自身受益。

②生鲜农产品物流配送有配送时间的约束

生鲜农产品配送的对象主要为连锁超市、商业超市、果蔬专卖店、学校食堂、酒店等场所,它们有营业时间的限制,对所需生鲜农产品的配送有时间要求。

③生鲜农产品物流配送的配送网点分散

生鲜农产品的配送网点比较多且比较分散,分布在城市及城市周边的每个角落,这也在一定程度上增加了配送的难度。科学规划配送路线、合理布局配送网点,是从事配送服务的企业面临的难题。

四、快递配送

根据国家标准《快递服务》(GB/T27917—2011),快递服务是指在承诺的时限内快速完成的寄递服务。快递服务组织是指在中国境内依法注册的,提供快递服务的企业及其加盟企业、代理企业。作为快递服务的客体,快件是快递企业依法递送的信件、包裹、印刷品等的统称。快递业务的服务环节主要包括收寄、分拣、封发、运输、投递,以及查询、投诉和赔偿等。快件处理场所是指快递服务组织专门用于开展快件分拣、封发、交换、转运、投递处理活动的场所。

综上所述,快递配送是指在一定的区域范围内,通过对快件进行收寄、分拣、封发、运输、投递等作业,在承诺的时限内,将快件快速送达客户指定地点的物流活动。相对于其他行业的配送来说,一方面快递行业的配送客体是快件,包括信件、包裹、印刷品等,物品形状相对规整,包装规格相对统一,配送作业相对标准;另一方面,快递配送的时间要求非常严格,强调在指定时间内完成所有作业过程。因此,快递行业的配送管理要求一般也要高于其他行业。

(一)快递配送的分类

按照配送的地域范围,快递配送可以分为国内配送和国际配送。其中,国内配送又可细分为同城配送、省内异地配送和省际配送;国际配送也可细分为国际进境配送、国际出境配送。

按照配送的主体资质,快递配送组织可以分为在省、自治区、直辖市范围内经营快递业务的服务组织;跨省、自治区、直辖市经营快递业务的服务组织;经营国际及中国港澳台快递业务的服务组织。

按照配送的客体性质,快递配送可以分为信件类快件配送、物品类快件配送与特殊快件配送。

按照配送的作业环节,快递配送可以分为收寄环节、内部处理环节、报关与报检环节、运输环节与投递环节。

按照配送的服务质量,快递配送评价指标可以分为时限准时率、快件丢失率、快件损毁率、用户投诉率、信息上网及时率。

(二)快递配送特点

根据快递配送实际,快递配送管理的特点包括时效性、准确性、安全性与方便性。

不同的地区、不同类型的消费群体,对快递业配送管理要求也呈现出不同的特点。例如,农村地区要求"送得到";二、三线城市要求"送得快",一线城市则要求"送得准"。

1. 时效性

快递配送的时效性是指快件投递时间不应超出快递服务组织承诺或约定的时限。

通常,快件的单件体积不大、重量不高、价值较低,利于人工便捷的配送作业;但快件的收寄与投递对象分散,配送作业时间不确定,不利于保证每件快件的送达时间。在快件单件价值较高的情况下,如通信器材、计算机芯片、实验器材、高档化妆品与高档服装等,寄件人或收件人为减少自己的资金占用,常选择小批量、多批次的快递配送模式,这也不利于快递企业保证每件快件的送达时间。

有些快件,如商业合同文件、时令性商品、特殊商品或个性化物品(样品、礼品)等,价值不大,对送达时间的要求却很高。一份商业合同文件能否及时送达,可能关系到某一企业的某一笔交易能否成功;一批样品能否准时送达,可能影响该企业在客户群中声誉的好坏,关系到该企业市场占有率的高低。尤其是时令性较强的商品,或应急采购商品,在约定时限内送达是选择快递配送的首要条件。

随着网络零售在百姓生活中渗透率的逐步升高、网购配送需求量的日益增大,时效性也成为网络零售经营者选择快递企业的首要考虑因素。根据《国家邮政局关于2018年快递服务满意度调查结果的通告》,用户在选择快递配送服务品牌时,主要考虑因素依次为"时效"(占比26.4%)"价格"(占比22.7%)和"服务"(占比14.4%)。从用户投诉的原因看,快件不能准时送达是用户投诉的首要原因。

2. 准确性

快递配送的准确性是指快递服务组织应将快件投递到约定的收件地址和收件人(或收件人指定的代收人)手中。与金属制品、机械设备等大型货物配送相比,用户对快递配送的准确性要求较高。金属制品、机械设备等大型货物,即使要求实现"门到门"的准确运输与配送,也是"企业对企业"的单方向配送,收货地址和收货人的数量有限,配送时间和配送线路相对固定。然而,快递业配送面对的消费群体,通常为所有企事业单位与社会大众,不仅需要提供"送件到门"的配送服务,还需要提供"上门取件"的集货服务,加之企事业单位与社会大众的空间分散、时间不确定,很难保证每件快件投递的准确性。

除同城配送外,快递配送还需要建配送网络和配送中心,通过准确的收寄、分拣、干线运输、区域中转与末端投递等系列作业,达到准确地送达收件人的目标。所谓快递配送难在"最后一公里"之说,形象地描述了即使将快件送达收件人所在区域,如不克服收件人分布分散、收件时间不确定等多种困难,也不能按照承诺准确地送达收件人手中。

我国地域辽阔,通常1000km以内的配送距离仅凭借公路运输或铁路运输的陆路运输方式便可完成,1000km以上的配送距离则主要依靠航空运输方式完成干线运输。例如,UPS获得美国至中国的直航权后,从美国到北京、上海等大中城市的文件送达时间由3天缩短为2天,包裹送达时间则由4天缩短为3天。但由于条件限制,飞机大多选择大城市的机场降落,中小城市即使有机场,飞机也不能像火车一样做到"站站停"。即使航空运输实现了送达时间与送达地点的准确性,如果没有接续的陆路运输送达时间与送达地点的准确配合,快递配送全过程的准确性还是无法实现。

3. 安全性

快递配送的安全性是指快递服务组织建立完备的安全保障机制,以确保寄递安全和用户信息安全。

为了保证快递配送的信息安全,根据《邮政行业安全监督管理办法》,快递企业应当提示用户如实填写寄递详情单,包括寄件人、收件人姓名、地址和寄递物品的名称、类别、数量等,并核对寄件人和收件人信息,准确注明快件的重量、资费。快递企业应当保护用户的信息安全和通信秘密,确保所掌握的用户使用快递业务的信息不被窃取、泄露。未经法律明确授权或者用户书面同意,快递企业不得将用户的信息提供给任何组织或者个人。

为了保证快递配送的寄递安全,根据上述规定,快递企业应当在用户在场的情况下,当面验视交寄物品,检查是否属于国家禁止或限制寄递的物品,以及物品的名称、类别、数量等是否与寄递详情单所填写的内容一致。为了保证快递配送的寄递安全和用户信息安全,根据上述规定,快递企业需要建立健全安全生产责任制,落实安全生产保障、安全生产检查与事故隐患排查、安全生产教育培训、安全生产信息报告等制度。

我国政府一直非常重视快递配送的安全性。例如,2015年2月,中央综治办、国家邮政局等9部门联合宣贯《关于加强邮件、快件寄递安全管理工作的若干意见》,重点强调寄递渠道安全管理是服务民生、维护群众利益的重要内容,是维护国家安全和公共安全的重要组成,是行业持续健康发展的基础保障。同年3月,北京市邮政管理局联合首都综治办,赴北京顺丰速运分拨处理中心和指挥调度中心,现场查看分拨处理中心安全防控措施和快件安检操作流程。现场了解信息数据监控、视频图像监控、交通气象检测、车辆GPS监控等安全防控与业务管理系统功能。

4. 方便性

快递配送的方便性是指快递服务组织在设置服务场所、安排营业时间等方面,以及在收寄、投递、查询、投诉处理等环节,应考虑用户需求,以便为用户服务。

根据《快递服务》(GB/T27917—2011),国内快递业务的服务组织应具备以下服务能力。

(1)与经营地域范围相适应的网络和运递能力。

(2)有封闭的、面积适宜的快件处理场所,符合国务院邮政管理部门及国家安全机关依法履行职责的要求,并配备相应的处理设备、监控设备和消防设施。

(3)有统一的计算机管理系统,有可提供寄递快件跟踪查询的信息网络,并配备符合规定的数据接口,可根据要求向邮政管理部门和相关部门提供快件的相关数据。

(4)有符合《国家职业技能标准快递业务员(试行)》并通过资格认定的快递业务员,快递服务组织及其分支机构快递业务员中具备初级以上资格的比例均不应低于40%。

上述所谓完善的配送网络,包括物流网络和信息网络两个子系统。物流网络是指运输线路、运输工具、配送网点、配送中心与配送车辆等组成的有形网络。信息网络则是为各参与方提供商流、资金流和管理活动所必需的保证条件,特别是在电子商务越来越成熟的时代,快递企业只有具备完善的信息网络,才能实现全天候、全年无休的配送。

任务四　配送合理化

案例导入

沃尔玛公司由美国零售业的传奇人物山姆·沃尔顿于1962年在阿肯色州成立,而配送中心一直到1970年才成立。现在沃尔玛的配送中心已经有了30年的历史,第一配送中心供货给4个州32个商场,沃尔玛的总部就设在这个配送中心。在业务不断发展的过程中,沃尔玛也建立了一些新的配送中心。

美国目前有800多家沃尔玛商场、721个超级中心,为顾客提供一站式的消费服务,这是沃尔玛业务增长的一个模式。截至2018年年底,沃尔玛已拥有2133家沃尔玛商店,469家山姆会员商店和248家沃尔玛购物广场。沃尔玛于1996年进入中国,在深圳开设了第一家沃尔玛购物广场和山姆会员商店。沃尔玛至今已经在全国180多个城市开设了400多家商场、约20家配送中心。沃尔玛进入中国以来累计服务顾客70亿人次。沃尔玛始终坚持"尊重个人、服务顾客、追求卓越"的核心价值观,专注于开好每一家店,服务好每一位顾客,履行公司的核心使命——"帮助顾客省钱,让他们生活得更美好",并不断地为其普通顾客、会员和员工创造非凡。

任务目标

通过本项目的学习,项目团队掌握配送合理化的标志,熟悉实现配送合理化的措施。

任务学习

物流配送合理化对配送来说是一项非常重要的工作,它涉及判断标志的选择和可采取的一些做法。

一、配送合理化与否的判断标志

对于配送合理化与否的判断,是配送决策系统的重要内容,目前国内外尚无一定的技术经济指标体系和判断方法。按一般认识,以下若干标志是应当考虑的。

1. 库存标志

库存变化是判断配送合理化与否的重要标志。具体指标有以下两方面：一是库存总量。库存总量在一个配送系统中，从分散于各个用户转移给配送中心，配送中心库存数量加上各用户在实行配送后库存量之和应低于实行配送前各用户库存量之和。此外，从各个用户角度看，各用户在实行配送前后的库存量比较，也是判断配送合理化与否的标准，某个用户库存量增加而库存总量减少，也属于一种不合理。二是库存周转。由于配送企业的调剂作用，以低库存保持高的供应能力，库存周转一般总是快于原来各企业库存周转。此外，从各个用户角度看，各用户在实行配送前后的库存周转比较，也是判断配送合理化与否的标志。

为取得共同的比较基准，以上库存标志，都以库存储备资金计算，而不以实际物资数量计算。

2. 资金标志

总的来讲，实行配送应有利于资金占用降低及资金运用的科学化。具体判断标志如下。一是资金总量，用于货源筹措所占用流动资金总量，随储备总量的下降及供应方式的改变必然有一个较大的降低。二是资金周转，从资金运用来讲，由于整个节奏加快，资金充分发挥作用，同样数量资金过去需要较长时期才能满足一定供应要求，配送之后，在较短时期内就能达此目的。所以资金周转是否加快，是衡量配送合理化与否的标志。三是资金投向的改变，资金分散投入还是集中投入，是资金调控能力强弱的重要反映。实行配送后，资金必然应当从分散投入改为集中投入，以增强调控作用。

3. 成本和效益

总效益、宏观效益、微观效益、货源筹措成本多少都是判断配送合理化与否的重要标志。对于不同的配送方式，可以有不同的判断侧重点。由于总效益及宏观效益难以计量，在实际判断时，常以是否按国家政策进行经营、是否完成国家税收及配送企业和用户的微观效益来判断。成本及效益对合理化程度的衡量，还可以具体到储存、运输等具体配送环节，使判断更为精细。

4. 供应保证标志

实行配送，各用户最担心的是供应保证程度降低，这是个心态问题，也是承担风险的实际问题。

配送重要的一点是必须提高而不是降低对用户的供应保证能力，只有这样才算做到了合理。供应保证能力可以从以下三个方面进行判断。一是缺货次数。实行配送后，对各用户来讲，该到货而未到货以致影响用户生产及经营的次数，必须减少才算合理。二是配送企业集中库存量。对每一个用户来讲，集中库存量所形成的保证供应能力高于配送前单个企业保证程度，从供应保证来看才算合理。三是即时配送的能力及速度。这是用户出现特殊情况的特殊供应保障方式，这一能力及速度必须超过未实行配送时用户紧急进货能力及速度才算合理。

5. 社会运力节约标志

运力使用的合理化是依靠送货运力的规划和整个配送系统的合理流程及与社会运输系

项目一 配送认知

统的合理衔接实现的。送货运力的规划是任何配送中心都需要花力气解决的问题,而其他问题有赖于配送及物流系统的合理化,判断起来比较复杂。可以简化判断如下:社会车辆总数减少,而承运量增加为合理;社会车辆空驶减少为合理;一家一户自提自运减少,社会化运输增加为合理。

6. 用户企业仓库、供应、进货人力物力节约标志

配送的重要观念是以配送代劳,因此,实行配送后,各用户库存量、仓库面积、仓库管理人员减少为合理,用于订货、接货、从事供应的人员减少为合理。真正解除了用户的后顾之忧,配送的合理化程度才可以说达到了一个较高的水平。

7. 物流合理化标志

配送必须有利于物流合理化。这可以从以下几方面判断:是否降低了物流费用;是否减少了物流损失;是否加快了物流速度;是否发挥了各种物流方式的最优效果;是否有效衔接了干线运输和末端运输;是否减少实际的物流中转次数;是否采用了先进的技术手段。

物流合理化是配送要解决的大问题,也是衡量配送合理化的重要标志。

二、配送合理化可采取的做法

国内外推行配送合理化,有一些可供借鉴的办法,主要有以下几种。

1. 推行一定综合程度的专业化配送

通过采用专业设备、设施及操作程序,取得较好的配送效果,并降低配送过分综合化的复杂程度及难度,从而追求配送合理化。

2. 推行加工配送

通过加工和配送结合,充分利用本来应有的这次中转,而不增加新的中转以求得配送合理化。同时,加工借助于配送,使得加工目的更明确,和用户联系更紧密,更避免了盲目性。这两者有机结合,在投入不增加太多的前提下可追求"两个优势、两个效益",是配送合理化的重要经验。

3. 推行共同配送

通过共同配送,可以最近的路程、最低的成本完成配送,从而追求合理化。

4. 实行送取结合

配送企业与用户建立稳定、密切的协作关系。配送企业不仅成了用户的供应代理人,而且发挥用户储存据点的功能,甚至成为产品代销人。在配送时,将用户所需的物资送到,再将该用户生产的产品用同一运输工具运回,这种产品也成了配送中心的配送产品之一,或者作为代存代储,免去了生产企业的库存包袱。这种送取结合的方式,使运力充分利用,也使配送企业功能得以更大的发挥,从而追求配送合理化。

5. 推行准时配送系统

准时配送是配送合理化的重要内容。配送做到了准时,用户才有货源把握,可以放心地实施低库存或零库存,可以有效地安排接货的人力、物力,以追求最高效率的工作。另外,保证供应能力,也取决于准时供应。从国外的经验看,准时供应配送系统是现在许多配送企业追求配送合理化的重要手段。

6. 推行即时配送

即时配送是最终解决用户企业断供之忧,大幅度提高供应保证能力的重要手段。即时配送是配送企业快速反应能力的具体化,是配送企业能力的体现。

即时配送成本较高,但它是整个配送合理化的重要保证手段。此外,即时配送也是用户实行零库存的重要保证手段。

项目小结

在现代商品流通中,流通经济活动既包含商品所有权转移的商流活动,又包含商品实体物理性转移的物流活动。本项目在讲述配送概念的基础上,主要介绍了配送的基本特征和配送管理的内容,配送的模式与流程,配送的类型以及配送合理化。

项目一　配送认知

同步练习

一、单项选择题

1.（　　）指在经济合理区域范围内,根据用户订货的要求,对物品进行拣选、加工、包装、分割、组配等作业,并按时送达指定地点的物流活动。

　　A.配送　　　　　B.送货　　　　　C.运输　　　　　D.物流

2.下列哪项不属于电子商务配送特点？（　　）

　　A.虚拟性　　　　B.实时性　　　　C.增值性　　　　D.方便性

3.下列哪项不属于配送的功能要素？（　　）

　　A.备货　　　　　B.订单处理　　　C.配送加工　　　D.废品回收

二、填空题

1.配送模式分为企业自营、_____、第三方物流配送和_____四种基本模式。

2.快递配送特点:时效性、_____、_____、方便性。

3.配送合理化标志有库存标志、资金标志_____、_____和物流合理化标志。

三、简答题

1.简述配送的基本特征。

2.简述配送作业流程。

3.简述配送的类型及其特点。

4.简述配送合理化的措施。

四、案例分析

材料一:家乐福采用供应商直接配送模式

法国家乐福于1995年进入中国后,采用国际先进的超市管理模式,致力于为社会各界提供物美价廉的商品和优质的服务。截至2018年12月31日,家乐福在中国拥有门店300余家。由于家乐福的选址绝大部分都集中于上海、北京、天津及各省会城市,且强调的是"充分授权,以店长为核心"的运营模式,因此商品的配送基本都以供应商直接配送为主,即直接配送模式。

直接运输的配送模式实际上是不设配送中心的配送模式,即客户或零售商需要的商品直接由供应商配送到指定的地点,减少了货品的中间流转环节,避免了建设配送中心的初期投资及其后期管理运营费用。

材料二:沃尔玛采用企业内自营型配送模式

沃尔玛公司由美国零售业的传奇人物山姆·沃尔顿先生于1962年在阿肯色州成立,其总部设在阿肯色州本顿维尔市的配送中心附近。经过50多年的发展,沃尔玛公司已经成为世界最大的私人雇主和连锁零售商,多次荣登《财富》杂志世界500强榜首及当选最具价值品牌。

按照企业开展配送的经营方式来界定,沃尔玛采用的是独立组建配送中心的自营型配送模式。沃尔玛于1970年成立了第一家配送中心,迄今为止,沃尔玛配送中心已经有30年的历史,沃尔玛公司有 8500 家门店,分布在全球 15 个国家。在美国的沃尔玛配送中心有 30 家,这些配送中心分别服务于 50 个州 3000 多家商店。配送中心将商品进行大量集中,由公司统一接收、检验、配货、送货,这种做法要比供应商分散送货到不同的沃尔玛门店更为经济。配送中心集中处理沃尔玛所销商品,商品在配送中心停留的时间总计不超过 48 小时。它并不重点承担仓储功能,只是一个转运站,统一接受供货方送来的大宗货物,经检测、编配后转换到公司的送货卡车上,直接送往不同门店的销售货架。因此,按照配送的途径和功能来进行划分,沃尔玛采用的亦是直通配送模式。

思考题

家乐福与沃尔玛是全球零售业的两大巨头,其配送模式却截然不同,请结合它们的物流系统与运营模式予以剖析。

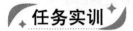

任务实训

实训项目 理解配送

实训组织

以小组为单位进行实训活动,每 4 人为一个小组。

实训步骤

1. 各组阐述对配送的认识和理解,描述自己理解中的配送模式和各种商品的配送流程。
2. 上网或到图书馆搜集各种企业物流的资料,了解它们的产品或原材料是如何配送的。
3. 结合资料和课本知识,分组进行讨论,一方面发现自己认识的差距和不足,另一方面加深对概念的理解和掌握。

实训考核

1. 每组 4 位成员分别就实训内容进行发言。
2. 根据组内成员的讨论表现进行打分。

项目二 配送中心认知

学习目标

知识目标

1. 了解配送中心的类型和功能；
2. 了解配送中心选址的影响因素和方法，了解配送中心规划的内容；
3. 熟悉配送中心的组织形式和岗位设置；
4. 熟悉配送中心主要的设施设备。

技能目标

1. 可以区分不同类型的配送中心；
2. 能够阐述配送中心主要设施设备及其特点。

任务一 配送中心概述

案例导入

沃尔玛前任总裁大卫·格拉斯这样总结：配送设施是沃尔玛成功的关键之一，如果说我们有什么比别人干得好的话，那就是配送中心。

沃尔玛公司1962年建立第一个连锁商店。随着连锁店铺数量的增加和销售额的增长，物流配送问题逐渐成为企业发展瓶颈。于是，1970年沃尔玛在公司总部所在地建立起第一家配送中心，集中处理公司所销商品的40%。随着公司的不断发展壮大，配送中心的数量也不断增加。目前该公司已建立多个个配送中心，为全球4000多个门店提供配送服务。整个公司销售商品的85%由这些配送中心供应，而其竞争对手只有50%～65%的商品集中配送。如今，沃尔玛在美国拥有完整的物流系统，配送中心只是其中一小部分。沃尔玛完整的物流系统不仅包括配送中心，还有更为复杂的资料输入采购系统、自动补货系统等。沃尔玛正是通过对物流、信息流的有效控制，使得公司从采购原材料开始到制成最终产品，最后由销售网络把产品送到消费者手中的过程变得高效有序，实现了商业活动的标准化、专业化、统一化、单纯化，从而达到实现规模效益的目的，使其在零售业界所向披靡。

任务目标

通过本项目的学习,项目团队熟知配送中心的概念,了解配送中心的形成,掌握配送中心的不同类型及其主要功能。

任务学习

一、配送中心的概念

国家标准《物流术语》(修订版)(GB/T 18354—2006)关于配送中心(Distribution Center)的定义:从事配送业务且具有完善信息网络的场所或组织。其应基本符合下列要求:

(1)主要为特定的用户服务;
(2)配送功能健全;
(3)辐射范围小;
(4)多品种、小批量、多批次、短周期;
(5)主要为末端客户提供配送服务。

图 2-1　配送中心

结合配送的定义,对配送中心的概念可以从以下角度来认识:

(1)配送中心需要有一个完善的信息系统和信息网络,配送中心依靠配送信息网络实现配送活动,将配送活动与生产经营等其他活动相结合,实现配送组织。

(2)一般情况下,配送中心主要服务于某一类客户,如某个流通企业或生产企业,或者其他类型的末端客户。

(3)在配送中心中,为了更好地组织配送活动,必须做好零星或批量进货、集货、补货、储存、分拣、配货、流通加工、包装等工作,也就是说,配送中心具有健全的物流功能。因此,可以说配送中心的活动是物流的一个缩影和综合体现。

(4)如配送的地域性特征一样,配送中心的辐射范围也受限于一定的经济合理区域。

(5)配送中心是在物流领域中社会分工、专业分工进一步细化的产物,它是为了满足日益多样化、个性化、多变的用户需求而采取的物流措施和物流作业。

二、配送中心的形成

配送中心是国际上通行的提法,它的形成及发展是有其历史原因的。很多学者认为,配送中心就是在传统的仓库的基础上发展起来的。可以说,我国有一部分配送中心就是由原来的储运仓库经过功能拓展而发展起来的。20世纪90年代以后,受多方面因素的影响,配送已演化成以高新技术为支撑的系列化、多功能的供货活动,我国的配送中心也有了显著的发展。

关于配送中心的形成,本书引用日本经济新闻社出版的《输送的知识》中的观点:由于客户在货物处理的内容上、时间上和服务水平上都提出了更高的要求,为了满足客户的这些要求,就必须引进先进的分拣设施和配送设备,否则就建立不了正确、迅速、安全、低成本的作业体制。因此,在运输业界,很多企业都建造了正式的配送中心。

由此可见,配送中心的形成与发展是伴随着物流业在社会经济领域中所发挥的作用变化而形成并不断发展起来的,是物流领域中社会分工、专业分工进一步细化之后的产物,是物流系统化和大规模化的必然结果,并随着物流合理化和市场拓展而逐步发展。

三、配送中心的类型

(一)按功能侧重分类

1. 储存型配送中心

储存型配送中心是指具有较强储存能力,以存储为主要业务的配送中心。例如,我国早期建设的由传统仓库发展而来的配送中心,多为储存型配送中心,库存量较大。再如,瑞士Giba-Gegy公司的配送中心拥有世界上规模居于前列的储存仓库,可储存4万个托盘。美国赫马克配送中心的储存区拥有16.3万个储存货位,可见其存储能力之大。

2. 流通型配送中心

流通型配送中心相对于储存型配送中心而言,是指不以商品的长期保管、存储为目的,仅以暂存或随进随出方式进行配货、送货的作业形式。加快商品流通、"大进大出"是其主要特点,物品在配送中心停留的时间非常短。一般情况下,货物整托或整箱进入后,通过暂存后中转出货,或者以直接换装的形式直接换装出货,或者通过简单的分拣后进行配货发货。这种配送中心通常具有高效检验、分拣及订单处理的能力,作业的自动化程度比较高,信息管理系统较为发达。

3. 加工型配送中心

加工型配送中心需要对储存物品进行加工以提升物品的附加价值,再进行配送作业。此类配送中心以流通加工为主要功能,比如提供分装、计量、贴标签等简单作业,或食品简单加工、生产零配件加工等稍复杂并需要一定技术的作业。

4. 综合型配送中心

综合型配送中心功能比较齐全,具备完善的采购、存储、流通加工、包装、配送、信息处理等功能,作业能力较强。大型的生产企业或流通企业多设立该类配送中心。

(二)按运营主体分类

1. 制造商型配送中心

制造商型配送中心是以生产制造商为主导投资建立并运营的配送中心。这类配送中心一般都由实力雄厚的大型生产制造企业建立,一方面为企业的生产制造提供准时、便捷的生产配送服务,降低生产物流成本;另一方面也利于降低企业的流通费用,并提高售后服务质量。例如,海尔的配送中心建成之后,海尔库存资金由原先的15亿元在一年以内迅速降至7亿元。

2. 批发商型配送中心

批发是物品从制造者到消费者手中的传统流通环节之一,批发商型配送中心就是以批发商为主导而建立运营的配送中心。这类配送中心以批发商品的企业为主体,配送中心作为批发商从厂家购进商品,然后以单一品种或搭配品种向消费地的零售商进行配送。配送中心的物品来自各个制造厂商,它所进行的活动主要是对物品的集中、汇总和再分配、销售,因此,可以说,这种配送中心通常集贸易和配送于一体。

3. 零售商型配送中心

零售商发展到一定规模后,就可以考虑建立自己的配送中心。零售商型配送中心是由零售商向供应链上游整合所成立的配送中心,可为专业物品零售店、百货商店、超市、建材商场、粮油食品店、宾馆饭店等提供专业配送服务。

4. 第三方物流配送中心

第三方物流配送中心,即社会物流配送中心。为避免自建配送中心带来的较高的建设成本和运营成本,采用第三方运营的配送中心为自己企业提供配送服务的一种社会化配送模式,这对广大中小型生产企业、流通企业及社会上的零散客户来说,是一种很好的选择。

5. 共同配送中心

这是由多个中小型企业合资,合作建立并运营的配送中心。这种配送模式可以在供应链的上下游企业间实行,也可以在同类企业间实行,通过共同配送满足各方的目标,减少企业的配送费用,弥补企业配送能力的不足,从而利于各企业在节约成本的同时,及时、快速地响应下游客户的需求。

(三)按服务范围分类

1. 区域配送中心

区域配送中心是一种具有较强辐射能力和较大库存储备的配送中心。这种配送中心可跨市、跨省,给在全国范围乃至国际范围内的用户进行配送,用户多,配送规模和配送批量都较大。它可以是配送给一些企业用户、批发商、商店、营业所,也可以是为下一级的城市配送中心进行配送。

例如,沃尔玛在美国的配送中心,可同时为分布在美国6个州的100多家连锁店进行配送,配送的商品品种高达4万多种。荷兰的某"国际配送中心",配送范围更广,可在3天内将货物运到其他欧盟成员国的客户手中。

2. 城市配送中心

城市配送中心是向城市范围内的用户提供配送服务的物流组织。由于城市内的配送范围一般比较小,货物运距比较短,多使用载货汽车进行运输配送,可直接将物品配送给最终客户。这种配送中心配送活动运距短、反应能力强,在从事多品种、少批量、多用户的配送中有较大的优势。同时,它还可以开展"门到门"式的送货业务。在流通实践中,城市配送中心多采取和区域配送中心联合的方式进行运作。

(四)按配送商品属性分类

由于商品的种类、特性多样化,因此根据配送商品属性进行划分,就可以划分出各种专业配送中心。常见的有钢材配送中心、建材配送中心、电子产品配送中心、汽车零配件配送中心、农产品配送中心、食品配送中心、生鲜品配送中心、日用品配送中心、医药品配送中心、图书配送中心、服饰配送中心等。

四、配送中心的主要功能

配送中心是集加工、理货、送货等多种职能于一体的物流节点,可以说,配送中心是集货中心、分货中心、加工中心等中心的综合。因此,通常来说,配送中心具有以下一些功能。

1. 备货集货

备货是配送中心进行配送作业的准备工作、基础工作。备货包括了资源筹措、货物订购、集货、进货及相关的质检、结算、交接等工作。配送中心通过备货集货将分散在各个企业厂家的商品集中到一起,再经过分拣、配装向多个客户发运。

2. 储存

储存型配送中心有用很强的储存能力,通常具备规模较大的现代化的仓库,并配备一定数量的仓储设备,用以存储一定数量的商品。配送中心另一种储存形式是暂存,货物在配送中心内停留的时间不长。

3. 直接换装

直接换装有时又称为交叉转运、直拨作业,是指物品到达配送中心后,直接从一个运输工具上换装到另一个运输工具上的转换方式。物品在配送中心内部无须储存,到货后直接或经适当分类整理就转运到发货站台。

直接换装省去了物品在配送中心的入库、存储、拣选等作业,从而减少了作业时间和成本,加快了物品流转速度,可有效地提高客户服务水平。目前,配送中心的直接换装功能应用越来越广泛。在美国,约有75%的食品配送中心都直接将来自供应厂商的商品直接转运到零售店进行销售。

4. 分拣配货

分拣和配货属于配送中心的重要功能之一,分拣及配货是完善送货、支持送货的准备性工作,是配送中心实现按客户要求组织送货的基础。现代大型综合型配送中心一般都要求具备强大的分拣能力,配备先进的自动化分拣设施设备。

5. 配送加工

配送加工在配送中心的各功能要素中不具有普遍性,但也是有重要作用的功能要素。配送加工是流通加工的一种,不同于流通加工的是,配送加工一般只取决于用户的要求,加工目的更为单一。比如,按照客户要求对物品进行分装、分割、组装、组配等都可以属于配送加工活动。

6. 配装配送

配装送货即通过合理的配载装车,选用合适的运输工具,依照合理的配送路线,向下游客户送货的作业。配送中心通过配装配送可以大大提高送货水平,并降低送货作业成本。

7. 送达服务

送达服务属于配送作业的收尾工作。按客户需求将物品送到客户手中时,配送中心的送达服务需要考虑卸货地点、卸货方式的选择以及相关送货到达手续的办理。良好的送达服务是配送工作圆满结束的标志。

8. 退货回收

对于下游客户因各种原因如商品滞销、发货错误、质量不合格等而产生的退货、返修或包装容器的周转等要求的处理属于退货回收作业,也是配送中心所具备的必要的功能之一。

9. 信息处理

配送中心的各项活动都离不开信息的处理,因此,配送中心一般都具备完善的信息系统和信息网络,从而为配送作业各环节建立有效的连接,为客户提供货物的购、储、运、销一体化服务及有关咨询服务,协调配送作业全过程。

10. 增值服务

增值服务是指在基本服务的基础上站在客户的角度为其提供额外的附加服务。比如,为客户提供定制标签服务、代收货款服务、JIT配送服务、物流系统设计服务等。增值服务往往会给配送中心带来更高的作业成本,但其也是提升配送中心市场竞争力的重要手段。

五、配送中心的作用

配送中心是连接生产与消费的重要流通场所和组织,在现代经济发展中的地位和作用是十分明显的。配送中心的作用可以从以下几个方面进行分析。

(一)对不同服务对象所起的作用

1. 为企业物流系统服务的配送中心

企业配送中心主要有两种,即服务于生产制造型企业的和服务于商贸流通型企业的。无论是哪种类型的企业,企业配送中心对企业带来的作用都主要体现在以下几个方面。

(1)加快商品流通速度,节约流通时间。

(2)取得良好的规模效益,有利于控制物流成本。

(3)有助于提高企业库存周转率,压缩库存及在途商品的金额,加速企业资金周转。

(4)专业化运作,减少物品流通过程中的损耗和财产损失。

(5)促进销售,提高企业的客户服务水平。

2. 为社会物流系统服务的配送中心

设立社会配送中心的目的之一就是简化市场流通环节。例如,x个供应商同y个销售商分别交易的情况下,传统交易的配送服务次数为xy次;如果设立社会配送中心,则交易的配送服务次数可以减少为$x+y$次。显然,社会配送中心可以带来以下好处。

(1)设立社会配送中心进行集中配送比原始的分散配送大大减少了配送次数,可有效降低社会总物流配送成本。

(2)分散配送容易引起物流网络秩序混乱,即容易出现交通道路的无序和拥挤,而集中配送的物流网络比较有序。

(3)集中配送还可以促进降低城市噪声、减少尾气排放、减少粉尘等,改善污染环境、损害居民生活的现象,形成良好的社会效应。

(二)在供应链中所起的作用

主要指在供应链中的供需双方关系中配送中心所起到的作用,主要有以下几个方面。

1. 使供货适应市场需求变化

市场中商品的需求存在很大的随机性和季节性,配送中心的储存功能在物品流通过程中起到了一定的"蓄水池"的作用,从而调节了市场中生产与消费之间的矛盾。

2. 降低下游企业的库存水平

配送中心通过实施即时配送有助于下游企业实现低库存甚至零库存的生产经营模式,帮助下游企业降低库存总费用。

3. 减少物品流通过程中的费用

配送中心组织批量进货、批量送货、共同配送等集散货物的方式,实现了规模经济所带来的规模效益,无论从采购、仓储、还是从送货等各方面都减少了物品在流通过程中产生的费用,有效地减少了供需双方企业的流通成本。

4. 有利于完善连锁经营体系

配送中心可以帮助连锁商店实现配送作业的规模经济,促使连锁店铺流通费用降低,分店库存减少,商品周转加快,从而促进连锁商店业务的发展和扩展,完善连锁经营体系。

5. 促进物流信息系统的完善

配送中心连接着物流干线和配送,直接面对产品的供需双方,因而不仅是处理实物的连接,还需要进行信息的传递和处理。因此,配送中心的运营需要得到信息系统的支持,这将有利于供需企业物流信息系统的健全和完善。

任务二 配送中心选址与规划

案例导入

格林公司是一家从中华人民共和国成立初期就发展起来的大型医药流通企业,为众多知名的国内、国际医药生产企业提供分销和物流服务,在全国范围内为药品生产企业提供包括仓储、配送及分销在内的各种服务。

格林公司北京分公司经过长期发展,已逐渐构建起集储存、转运、加工、配送等多功能于一体的物流配送网络,在配送中心建设方面,也实现了商流、物流、信息流、资金流的统一。但总体而言,问题还很多,首先就是配送中心布局不合理。

北京分公司的各配送中心都是在中华人民共和国成立初期就发展起来的,当时处于城市的边缘地带或者郊区,但经过近年来城市的发展,已从城市边缘地带被包容进城市中心或近中心地带。这为公司带来了非常多的麻烦。现在,公司希望在北京建立一个配送中心来改进北方区的配送网络,备选的几个物流基地在地理位置、成本、交通条件、服务响应速度方面各有所长,那么公司管理者该如何选择呢?

任务目标

通过本项目的学习,了解配送中心选址的影响因素和选址方法,以及配送中心规划的基本要素,熟悉配送中心的作业区域。

任务学习

一、配送中心选址

配送中心选址就是在一个具有若干供应点及若干需求点的经济区域内,选出一个或多个地址设置物流配送中心的规划过程。配送中心是连接工厂与客户的中间桥梁,配送中心的选址往往直接影响着配送系统运作的效率和运作成本,因此,研究配送中心的选址具有重要的意义。

（一）选址影响因素

1. 产业布局

配送中心的选址首先要考虑的就是物流配送服务需求的直接拉动者和货源生产地，也就是服务区域周边的商业布局和产业布局。比如，农副产品配送中心多选址靠近农副产品生产及其加工基地附近；而对于零售商型配送中心，超市和零售店是其配送服务需求的主要客户，为提高配送中心的服务水准并降低配送成本，这类配送中心多选址在城市边缘区或接近客户的地区。

另外，配送中心的选址越接近上游供应商，配送中心的商品安全库存就可以控制在越低的水平上。但是一般情况下，配送中心的进货运输成本大多由供应商负担，因此有时选址时也会忽视供应商的分布。

2. 交通运输

交通运输是影响物流配送成本和配送效率最重要的因素之一，因此，配送中心选址必须考虑周边对外交通的运输通路，以及未来交通的发展状况等因素。只有交通便利、进出通畅，才能够提高配送效率，降低配送成本。

一般而言，配送中心应选址在靠近高速公路、国道、快速道路、铁路货运站、港口码头、机场、汽车货运站、城市主干道附近的地方；综合型区域配送中心，还应选择在两种及两种以上运输方式的交汇处规划建设。

3. 用地条件

配送中心的用地条件既包括选址地区的地质条件，如土壤承载能力，还包括用地的大小与地价。企业应结合自身的发展现状和市场需求，在考虑现有地价及未来增值的基础上，还要考虑到未来可能的扩充需求。

4. 自然环境

自然环境包括温湿度、盐分、降雨量、水资源、能源利用、地质灾害、周边环境等因素。了解选址地区的自然环境有助于降低配送中心的建设风险，规避营运隐患。比如，3C产品对湿度和盐度都非常敏感，经营此类商品的配送中心在选址时应特别留意避免受到环境侵害。

5. 人力资源

一般而言，物流作业仍属于劳动密集型作业，配送中心的运营离不开对人力资源的需求。因此，在选址时必须考虑员工的来源、技术水准、工资水平等因素，考虑到各类人才，包括技术工人以及管理型人才的可得性、易得性和廉价性。

6. 政策法规

政策法规也是配送中心选址时评估的重点之一，政策法规包括土地政策（如指定用地）、环保政策、地区产业政策、优惠政策（如减租、减税）等。目前，很多交通枢纽型城市，如深圳、武汉等地都规划了现代综合型物流园区，园区内不仅提供了大面积的物流用地，还配有税收方面很多优惠政策，有助于降低物流业的运营成本。

7. 社会影响

配送中心的选址建设还应考虑与周边人文环境和城市景观的协调程度,要避免生产运作过程中的噪声、尾气、粉尘等环境污染给周边居民的生活带来负面影响,以及避免对周边道路的交通秩序产生较大的干扰和阻塞。

（二）选址原则

综上可知,配送中心的选址是一个多种因素平衡协调的过程,配送中心选址直接关系着配送中心运营成本以及未来发展。因此,在配送中心选址时应遵循以下几项基本原则。

1. 适应性原则

配送中心的选址应与国家或地区的经济发展方针、政策相适应,与国家物流资源分布和需求分布相适应,与所在地区的城市规划、交通规划、产业规划相适应。

2. 协调性原则

配送中心的选址应科学考虑国家或地区的整体物流网络,使配送中心的功能与生产能力、技术水平、运输通道等与周边的物流系统相协调。

3. 经济性原则

选址应当考虑总的费用最低。有关选址的费用,主要包括建设费用和营运费用。企业应综合考虑,选择适合企业发展的总费用相对最低的地址。

4. 战略性原则

配送中心的选址既要考虑全局还要考虑长远,要具备一定的战略眼光。比如,既要考虑企业目前的实际需要,又要考虑企业日后的发展、用地的可扩展性等。

（三）选址方法

选址的方法通常有定性分析法和定量分析法两种,同时,还应考虑是单一配送中心选址还是多个配送中心选址。

1. 单一配送中心选址的方法方法

（1）重心法

在单一配送中心选址中,多采用重心法。重心法是定量分析方法中,研究单个物流配送中心选址的常用方法。

重心法是一种静态的选址模型,它将运输费用作为最主要的选址考虑因素。重心法利用的是物理学中求物体重心的原理:假设物流配送网络中的需求点和资源点分布在某一平面范围内,各处的需求量和资源量分别为聚积在一个重心上的物体的重心。该重心即为物流配送网络中配送中心选址的最佳地点。

重心法主要用于解决单一配送中心选址问题,并适合配送范围较小的情形。重心法模型简单,可通过计算快速获得配送中心选址的坐标位置,但该方法考虑因素较为简单。在实际应用过程中,企业应结合其他选址因素以及实际情况对计算结果进行修正,以得到更合理的结果。

（2）定性分析法

影响配送中心选址的因素众多且关系复杂，因此在选址过程中，往往需要专家或管理人员基于各选址因素及原则，并结合自身的经验、知识进行选址综合分析，最终确定配送中心的选址。

常用的定性分析法有优缺点法、德尔菲法、加权因素评价法等。使用定性分析法解决配送中心选址问题时，要注意避免犯经验主义和主观主义的错误。这里主要介绍德尔菲法，这种分析方法可以避免群体决策的一些弱点，具有匿名性、反馈性和统计性三大主要特点，具体实施步骤如下。

①组成专家小组。按照配送中心选址所需的知识范围确定专家人数，人数一般20人左右为宜。

②开放式的首轮调研。组织者提出问题，进行开放式调研，避免限制太多导致遗漏重要事件。

③评价式的第二轮调研。组织者根据首轮调研结果归并同类事件，排除次要事件，给出第二轮调研事件。

④重审式的第三轮调研。继续将上轮调研结果进行汇总、处理和分析，再次反馈给专家组成员进行第三次意见汇总。

⑤复核式的第四轮调研。一般情况下，分析结果并反馈再汇总分析的步骤需要进行3次或4次。

⑥对专家的意见进行综合处理，确定选址方案。20世纪60年代美国加利福尼亚大学的试验研究表明，专家们的意见是符合正态分布的，因此可以用数理统计方法进行处理。

2. 多个配送中心选址的方法

当企业面对多个供应商、多个客户，输送作业范围较大，需要建立两个及两个以上的配送中心时，就面临多个配送中心选址问题。很多情况下，多个配送中心选址比单一配送中心选址更具现实意义，但因其物流网络比较复杂，选址问题也更为复杂。

在解决这类问题时，企业要考虑需要设置多少个配送中心、每个配送中心的容量大小、每个配送中心的位置、服务对象、产品供给源、每种产品的库存配置及运输等。目前，已研究出了很多可以解决上述部分或全部问题的方法，如多重心法、精确法、CFLP（Capacitated Facility Location Problem）模型、混合-整数线性规划、模拟法等。

二、配送中心规划

配送中心的建设是一项规模大、投资高、涉及面广的系统工程。配送中心规划的内容包括配送中心作业流程规划、作业区功能规划、作业区能力规划、设施设备规划以及内部布局规划。总的来说，配送中心的规划包含两层含义，一是配送中心总体的、全局的、系统的、长远的规划，二是配送中心的内部设计与布置规划。

（一）配送中心规划的目标和原则

1. 目标

合理的配送中心规划应对配送中心的作业区域、内部布局及设施系统等做出全面安排，使系统资源得到合理配置,使系统作业能够得到有效高效运行,以达到预期的社会经济效益。

配送中心规划典型的目标有:

(1)有效利用土地空间,提高空间利用率;

(2)合理利用人员、设备和能源,力求低投资,高回报;

(3)合理设计物流动线和人流动线,简化作业流程,最大限度减少物料搬运,提高作业效率;

(4)缩短物品库存周期,加速商品流动;

(5)为职工提供方便、舒适、安全、卫生的工作环境。

2. 原则

为了达到上述目标,配送中心规划应遵循以下原则。

(1)系统最优原则。根据系统的观点,注重配送中心各作业区域、设施系统的整体最优。

(2)科学流动原则。注重配送中心的人流、物流、信息流的科学合理设计,减少或消除不必要的作业流程,缩短物品移动距离,提高作业效率,避免动线重复交叉,减少企业消耗。

(3)空间利用原则。无论是储存区,还是其他作业区域,都要合理利用土地面积和空间高度,提高土地空间利用率。

(4)弹性原则。配送中心规划时要以发展的眼光考虑,规划布局要具有适当的弹性、柔性,以适应快速多变的市场要求,随市场的变化不断调整以及可持续发展。

(5)以人为本原则。确保为员工创造一个安全、便利、舒适的工作环境。

(二)配送中心规划的基本要素

在进行配送中心规划时,首先要收集并分析影响配送中心规划的基础数据和背景资料,这是实施规划的重要前提。需要收集和分析的资料可归纳为以下七个要素。

(1)E(Entry),配送服务对象或接收的订单。

配送中心的服务对象或客户不同,配送中心的订单形态和出货形态就会有很大不同。例如,同是销售领域的配送服务,面向批发商的配送和面向零售商的配送,订单形态和出货形态就大不相同。一般配送中心的储运单位包括 P(托盘)、C(箱子)和 B(单品)三种,在处理配送订单时,往往需要根据客户需求的出货形态,安排整/拼箱出货或零星出货。处理不同的储运单位形式,配备的储存和搬运设备也不同。

(2)I(Item),配送的物品种类,也叫品项。

不同的配送中心所处理的物品品种差异性非常大,品项数差异也非常大,少则数十种,多则上万种。品项数不同,则规划的复杂性与困难性也有所不同。另外,不同的物品特性差异大,比如按物品储存保管特性可分为干货区、恒温区、冷冻区等,按物品大小重量可分为重型货架区、轻型货架区等,按物品价值可分为一般物品区和贵重物品区等。

(3)Q(Quantity),处理货物的数量和库存量。

处理货物的数量多少直接影响着配送中心作业能力和设施设备的配置。而库存量将直接影响配送中心的占地面积和空间需求。另外,物品的出货数量往往会随时间变化具备一定的波动和季节性,随着企业业务的发展,出货数量还可能呈现不断增长的趋势。因此,在考虑规划配送中心的作业能力时应预留一定的弹性空间。一般而言,储存型配送中心需要预留较大的储存空间,而流通型的配送中心,更应注重拣货、分货、配货的空间和效率。

(4) R(Route),作业通路或作业流程。

配送中心处理货物的作业流程即作业步骤和顺序。在规划配送中心之前必须了解物品的作业通路,这会决定货物在配送中心内部有没有迂回、绕行,直接影响货物在配送中心的处理效率,进而影响物品在配送中心的作业周转量。

(5) S(Service),配送的服务水平。

配送服务水平主要包括订单响应速度、交货时间、物品缺货率和完好率、增值服务能力等。配送中心选择的物流服务水平不同,相应的规划设计与设施配备也不同。一般而言,配送服务水平与物流成本成正比。因此,企业应综合考虑物流市场和竞争对手的状况,结合自身现状和发展需要制定合理的服务水准。

(6) T(Time),配送交货时间。

配送交货时间一般指从客户下单开始到物品最终到达客户手上的一整段时间,交货时间的长短也反映了订单响应速度的快慢,直接决定着配送中心服务水平的高低。交货时间长或者交货不准时都会严重影响客户满意度,因此,交货时间是规划前需考虑的重要因素之一。

(7) C(Cost),配送物品的价值或建造预算。

在物流成本计算中,往往会考虑其在物品价值中所占据的比例。物品价值高,则物流成本占比相对较低,客户比较能够负担;相反,客户会感觉负担较重。另外,建造预算也是规划前应考虑清楚的内容,它将直接影响配送中心的规模、设施设备的选用及自动化水准等。

(三) 配送中心的作业区域划分

配送中心的功能和定位与发展目标不同,其业务活动与作业程序也不同,但通常都包含进货、储存、订货、拣货、配货、发货、送货等主要活动,有的还包括流通加工、包装、退货、废弃物处理等作业。除了功能作业区,配送中心通常还应包括设备作业区、管理信息系统作业区,即辅助设施作业区。

表 2-1 配送中心常见的作业区划分

区域类型	作业区及描述
功能作业区	进货区:处理进货作业区,主要包括进货、验货、卸货、搬运及货物暂停的场所。
	收货理货区:对进货进行简单处理的场所。到货在理货区进行分类,被送往直接分拣配送、代加工、入库储存、不合格清退等不同功能区。
	储存区:货物储存保管的场所,功能因配送中心的性质不同而异。通常配有多层货架和集装单元化器具托盘。
	加工区:根据客户需求或经营需要进行简单加工的场所,通常分为生产性质和流通性质的加工。

续表

区域类型	作业区及描述
功能作业区	拣选分配区:根据客户订单拣选货物后,进行分类、集中和分配,等待配装的区域,属于货物暂存区,停留时间短、货物周转快,占地面积相对较小。
	发货区:工作人员将组配好的货物装车准备外运的作业区。在这里,通常需要进行货物的再次检验。它是货物等待发运的场所。
	退货处理区:存放进货不合格品或需重新确认待处理的货物的场所。
	废弃物处理区:废弃物包装、废弃物、加工残屑等废料进行清理或回收复用的场所。
	管理职能区:指挥和管理配送中心的办公区域,进行信息处理、业务洽谈、订单处理、指挥调度等作业的场所。
	设备存放及维护区:存放设备及其维护工具的场所。
设备作业区	仓储设备、搬运设备、拣货设备等。
管理信息系统区	事务性管理(规章制度、作业标准等)、信息管理系统。
辅助设施作业区	库外道路、停车场、站台、铁路专用线等。

配送中心的作业区域划分并没有固定的模式,表2-1展示了配送中心常见的作业区域类型。一般来说,综合型配送中心的作业区域划分更加详细周密。

(四)配送中心功能作业区的布局

配送中心功能区布局的形式取决于配送中心内部物流动线和人流动线的设计。所谓物流动线和人流动线,即指配送中心的物品和人员在配送中心各作业区之间以及作业区内的空间移动路线。常见的作业区物流动线的基本形式有直线型、双直线型、S形、U形、分流型、集中型等,如图2-2。在实际应用时,企业往往选择两种或两种以上形式的结合。

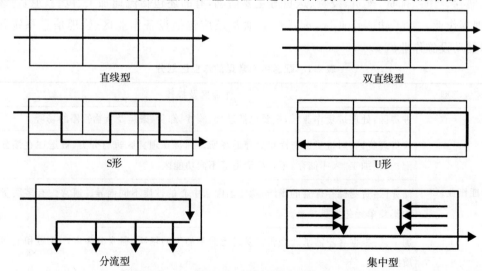

图 2-2 常见的作业区域物流动线的基本形式

通过以上分析,以下展示几组常见的配送中心的功能区域布局类型。

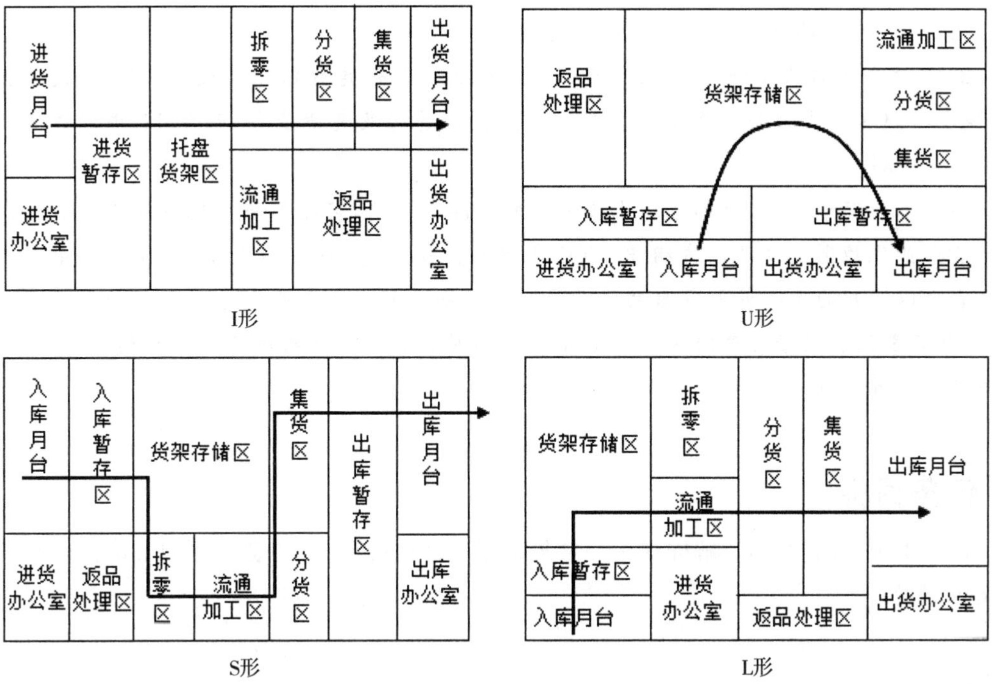

图 2-3　常见的配送中心的功能区域布局形式

任务三　配送中心组织结构与岗位设置

案例导入

华为技术有限公司(以下简称华为)成立之初为小型电话交换机代售(电信网络解决方案供应商),主营交换、传输、无线和数据通信类电信产品。经过 20 多年的不断调整、发展与壮大,经历了多次的战略和组织结构的变革,如今华为已成为以通信业为主的大型综合性现代化企业。华为从最初的被动地进行组织结构的变革发展到为强化竞争力而主动地、有意识地去让组织结构适应环境的发展,正是其不断发展壮大的动力之一。

公司在刚成立时,由于员工数量较少(仅有 6 人),产品的研发种类也比较集中,组织结构比较简单,因此采取直线制管理结构。这种权责分明、协调容易、快速反应的组织结构,使得华为在创业初期迅速完成了资本的积累。

与一般的企业不同,华为在快速完成资本积累的同时,迅速转入自主研发。随着公司高端路由器在市场上取得成功,市场规模不断扩大,华为的员工总数也从最初的 6 人发展到800 人,产品领域也从单一的交换机向其他数据通信产品机及移动通信产品扩张,市场范围扩大至全国各地。同时,单纯的直线管理的缺点日益突出:没有专门的职能机构,管理者负担过重,难以满足多种能力要求;一旦"全能"管理者离职,则一时很难找到替代者;部门之间协调性差。

2007年华为再次进行变革,将地区部升级为片区总部,成立七大片区,各大片区拆分成20多个地区部,使指挥中心进一步向一线转移。

2010年华为再次重新梳理业务部门,原来按照业务类型划分为设备、终端、软件服务等,现在按照客户类型划分为面向企业、运营商、消费者及其他业务,到2011年形成了三大运营中心(BG)。

经过不断变革,华为现已形成比较完善的矩阵式结构,实现了全方位信息沟通。横向按照职能专业化原则设立的区域组织,为业务单位提供支持、服务和监管,使各业务中心在区域平台上以客户为中心开展各自的经营活动。纵向按照业务专业化原则设立四大业务运营中心,并分别设置经营管理团队(EMT),按照其对应客户需求的规律来确定相应的目标、考核与管理运作机制。

任务目标

通过本项目的学习,了解配送中心常见的组织结构的形式,熟悉配送中心的岗位划分以及岗位职责。

任务学习

一、配送中心的组织结构

组织结构是表明组织各部分排列顺序、空间位置、聚散状态、联系方式以及各要素之间相互关系的一种模式,是组织的全体成员为实现组织目标,在管理工作中进行分工协作,在职务范围、责任、权利方面所形成的动态结构体系,其本质是为实现组织战略目标而采取的一种分工协作体系。因此,企业的组织结构必须随着组织的重大战略调整而调整。一般而言,企业组织架构包含单位、部门和岗位的设置,各单位、部门和岗位的职责、权力的界定及其相互之间关系的界定。

(一)配送中心组织结构设计的原则

配送中心组织结构的设计取决于配送中心的目标、战略、规模、经营内容、人员情况、管理水平以及其他内外部多种因素,其形式也是随着配送中心的发展、管理水平和技术手段的不断提高而不断改进的。在进行配送中心的组织结构设计时,除考虑以上因素外,还应遵循一些基本的原则。

1. 任务目标原则

企业组织结构设计是为实现企业的战略任务和经营目标服务的。这是一条最基本的原则。配送中心所有的管理活动的核心目标是在提供高水准服务的同时获得低的运营成本。比如,对于第三方配送中心,满足客户物流服务的需求是其活动的重点。因此,在设计组织结构时应将客户业务的特点及其组织结构特征作为重要的考虑因素,考虑自身组织结构的设计对客户的影响,即根据配送中心的目标来构建配送中心的组织结构,组织结构必须随目标的变化而做出相应的调整和变革。

2. 统一指挥原则

配送中心的各个部门必须是一个有机结合的统一的指挥组织体系。无论企业的组织结构如何设计,各部门各岗位都要服从统一的指挥,在公司的总体发展战略指导下工作。

3. 专业分工与协作原则

组织内既要分工明确,又要互相沟通、协作,以达成共同的目标。分工协作是提高劳动效率的基本手段。配送中心的组织结构设计应划分部门,明确具体的工作范围和职责,同时进行协作,各部门应相互帮助,支持对方来完成工作。

4. 集权与分权相结合的原则

集权有利于保证企业的统一指导和指挥,有利于人、财、物的合理分配;而分权是调动下级各部门积极性、主动性的必要组织条件。在整个配送中心组织结构设计中,权力的集中与分散应适宜,既不影响工作效率,又不影响工作积极性。

5. 权责对等原则

在组织结构设计中,确保组织中的各部门和各部门中的每个人员都拥有对等的权力与职责,才能促使各部门各人员可以按照组织的工作目标保质、保量地完成工作任务。

6. 柔性经济原则

配送中心的组织结构设计不是一成不变的。所谓柔性,就是指组织结构、人员职责、职位等都是可以变动的,而经济则指合理的组织结构设计要能够以较少的人员、较少的层次、较少的时间收到较好的管理效果。

(二)配送中心组织结构的形式

常见的配送中心组织结构主要有以下几种形式。

1. 直线职能型组织结构

直线职能型组织结构是指企业按职能来划分部门,并按所划分的职能部门来组织经营活动的模式,这种组织结构权力高度集中,属于典型的集中管理体制。这种组织结构的优点是既能确保高层管理者维护企业基本活动的权力与威望,又能使得人力的使用更为有效,能充分发挥职能机构专业管理人员的专长。配送中心按职能划分,应包括采购、储存、加工、分拣、包装、配货及配送服务等基本职能,还应包括人事、保卫、客服、维修、财务等辅助职能。直线职能型组织结构如图 2-4 所示。

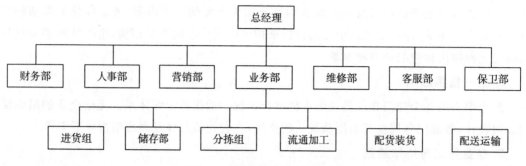

图 2-4 直线职能型组织结构

2. 产品型组织结构

产品型组织结构适用于规模大、经营产品多样化的企业。如果配送中心的配送产品类别多、产品特性差异大,这时将所有配送产品仍集中在同一职能部门,就会给部门组织工作带来很多困难,不仅会降低职能部门的工作效率,而且无法收到良好的工作效果。这种情况下,可按配送产品或产品系列来进行组织结构设置。产品型组织结构如图 2-5 所示。

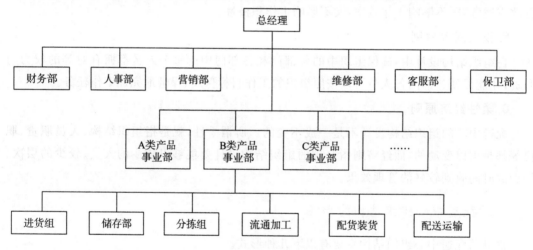

图 2-5 产品型组织结构

3. 区域型组织结构

对于经营范围分布很广的配送中心,应按区域划分部门,建立区域型组织结构,即将一个特定地区的经营活动集中在一起,委托给一个管理者去完成。这种组织结构的优点是可以调动各地区管理者的积极性,协调各地区各种活动,同时可以减少运输费用和时间,降低配送成本。区域型组织结构如图 2-6 所示。

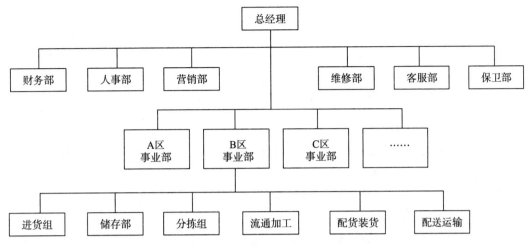

图 2-6 区域型组织结构

二、配送中心的岗位划分及职责

(一)配送中心部门设置

配送中心通常会设置客户服务部、配送业务运营部、信息部、保卫科、财务科等。其中,配送业务运营部通常又包括一些子部门,如图 2-7 所示。

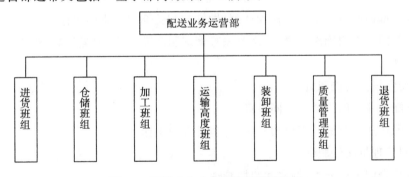

图 2-7 配送中心业务运营部的子部门

(二)配送中心岗位设置及主要岗位职责

1. 配送中心岗位设置

配送中心的岗位设置应与配送中心的规模、经营内容、作业形式和服务对象相适应。作业量大的配送中心在进行岗位设置时,可以划分得相对细一些;而作业量不那么大的配送中心,可以通过某些岗位的合并,充分利用人力资源,在确保工作成效的状况下降低人员使用成本。

一般而言,配送中心所涉及的岗位类型如表 2-2 所示。

表2-2 配送中心的岗位设置

主要岗位	配送中心经理;部门主管;市场营销员;合同管理员;业务受理员;订单处理员;进货员;理货员;仓管员;装卸员;流通加工员;拣货员;送货员;质量管理员;车辆调度员;退货处理员;信息系统管理员;等等。
其他岗位	财务与会计;出纳;业务结算员;设备维修员;车辆维修员;电工;保安;消防安全员;等等。

2. 配送中心主要岗位职责

在这里,对配送中心主要岗位的职责做简单介绍。

(1)配送中心经理岗位职责

①主持制定配送中心长期发展规划和年度、月度生产经营计划,并负责组织实施与督促、检查,保证经营目标的实现。

②组织协调各种生产经营环节和各种业务间的关系,负责定期召开生产经营分析会,处理和协调生产经营中出现的各种问题,掌握生产经营动态,及时发现并解决问题。

③负责业务开发和客户管理,了解和掌握存活、仓容、客户及市场动态变化。

④负责配送安全生产和业务质量管理,强化内部管理,杜绝或减少各种事故和差错发生。

⑤负责审核、签发、授权业务部门业务单证、资料提交及其变更申请。

(2)部门主管岗位职责

①制订本部门的年度工作计划,并组织实施。

②负责对本部门员工的工作进行指挥检查监督、考核和评比。

③负责本部门的日常工作安排和处理,做好与相关部门的协调工作。

④细化部门职责明确岗位责任,修改完善管理制度和办法,加强领导,精心组织,确保计划目标的实现。

(3)市场营销员岗位职责

①负责配送业务的洽谈及合同签订。

②负责配送业务和配送客户的开发、管理与维护工作。

(4)合同管理员岗位职责

①对客户合同进行分类、编号和归档管理。

②对签合同时客户提供的预留印鉴、单证式样等进行妥善且严格的管理,以便进出库时核对和验证。

③建立并不断充实、完善客户档案,为有关业务部门、领导及系统内的其他单位提供各种客户信息、资料的查询服务。

(5)业务受理员岗位职责

①负责接收订单资料,接受客户的收发货作业。

②负责受理客户的退货要求,协助退货组完成退货处理工作。

③完成有关业务单证与资料的统计、建账,出具各类业务报表。

④向有关部门及客户提供所管货物相关资料和信息的查询服务。

项目二　配送中心认知

(6)订单处理员岗位职责

①按客户及配送中心要求,对客户的订单进行确认和分类,并由此判断与确定所要配送货物的种类、规格、数量及送达时间。

②对订货进行存货查询,并根据查询结果进行库存分配。

③将处理所得的拣货单、出货单等打印输出。

(7)进货员岗位职责

①熟知进货商品的名称、规格、型号、特点、产地、价格行情等信息,能够根据配送中心的实际需求有效组织货源。

②到货时,组织人员对进货商品进行装卸搬运。

③负责商品的核对、验收工作,严格把好质量关,对不符合要求的商品坚决拒收。

(8)理货员岗位职责

①按规定做好入库商品的验收、记账工作,办好出库商品的发放手续。

②熟悉和掌握库存与仓容情况,合理安排货物的存储与堆码。

③负责库存货物的定期和动态清查、盘点,做到账账相符、账物相符。

(9)仓管员岗位职责

①熟悉货物品种、规格、型号、产地及性能。将货物标明标记,分类放置,并负责库房、货场、货区、货位的现场管理。

②根据以往经验,或利用相关的统计技术方法,或靠计算机系统的帮助来确定最优库存水平和最优订购量。并根据所确定的最优库存水平和最优订购量,在库存低于最优库存水平时,负责指定配送中心最低库存量的申购计划,以确保存货中的每一种产品都能达到最优库存,做到合理库存,不积压资金。

③随时掌握库存动态,保证货物的及时供应,充分提高库存的周转效率。

④随时了解和掌握库存货物的保管情况和质量状况,遇到问题要及时通知业务受理员或存货人,并积极配合,妥善处理。

⑤负责商品及库房的卫生工作,认真搞好安全管理工作,做好库区的防火防盗工作,保证库存商品的安全。

(10)装卸员岗位职责

①熟悉所要装卸搬运货物的性能特点,根据有关部门的要求,将货物装卸搬运到指定的位置,并进行合理的码放。

②熟练掌握装卸搬运作业的相关技术,认真完成每日的装卸作业任务。

③做好装卸搬运设备的定期检查工作,就设备出现的不良状况及时向设备维修员报告。

(11)流通加工员岗位职责

①本着节约能源、设备、人力、耗费的原则,根据客户配送的需要,进行合理的包装和加工。

②根据合理运输的需要进行货物的拼装、剪裁等操作。

③根据客户的需要进行简单的改变包装等处理,形成方便购买和使用的数量。

(12)拣货员岗位职责

①根据客户的订单要求,从储存的商品中将用户所需的商品分拣出来,放在发货场指定的位置,以备发货。

②熟练掌握拣货作业的相关技术,认真完成每日的拣货作业任务。

③定期对拣货作业的实绩进行分析和总结,并形成书面报告。

④做好拣货设备的定期检查工作,就设备出现的不良状况及时向设备维修员报告。

(13)送货员岗位职责

①服从调度组车辆调度的调配。

②按配送方案中规定的配送路线完成各项运输任务。

③保证所送货物的安全。

(14)质量管理员岗位职责

①指定质量管理计划和质量考核、奖惩办法。

②深入配送中心作业现场对货物装卸、搬运、堆码等作业质量进行检查和监督指导,发现不符合有关质量要求和安全生产规定的现象,有权当场予以纠正和制止。

③负责财务相符率的检查与考核工作。填制自查、互查考核表,建立质量检查、考核档案。

④负责处理货损、货差事故和货物损益情况。

⑤受理客户提出的有关质量与服务方面的意见和建议,并进行跟踪处理,出具质量事故处理报告。

⑥主动向主管领导提供质量分析报告和建议,积极配合有关部门和岗位共同改进业务质量。

(15)车辆调度员岗位职责

①根据所设计好的配送方案,结合客户的实际需要及配送中心现有车辆和送货员情况,合理组织和调配人力和车辆。

②及时协调、处理和解决运输业务中出现的各种特殊情况和问题。

(16)退货处理员岗位职责

①当客户服务部接收到客户的退货信息时,负责安排车辆或人员对退货商品进行回收。

②将回收回来的退货商品集中到仓库的退货处理区进行重新清点和整理。

③按照配送中心的有关规定对重新整理后的退货商品进行相应的处理。

(17)信息系统管理员岗位职责

①认真做好系统运行环境的建设与维护工作。

②维持机器设备等硬件设施的正常运行,及时发现和处理各类机器设备的故障。

③负责软件系统设置、运行维护和技术管理,监控软件和数据库管理系统的运行状态,及时处理计算机系统运行过程中的异常情况,并通过适当的干预手段确保整个软件系统稳定、高速运行。

④做好计算机使用人员的操作应用辅导工作,监督计算机使用人员按规定程序操作计算机。

项目二　配送中心认知

任务四　配送中心的设施设备

案例导入

上海市嘉定区的京东亚洲一号仓内,"小红人"正有序将小米手机运送到集宝口内。亚洲一号是京东首个全流程无人仓库,建筑面积达 40000 平方米,物流中心主体由收货、存储、包装、订单拣选四个作业系统组成。

目前亚洲一号已经实现全流程无人作业。在收货存储阶段,亚洲一号使用的是高密度存储货架,存储系统由 8 组穿梭车立库系统组成,可同时存储商品 6 万箱。货架的每个节点都有红外射线,以此确定货物的位置和距离,保证货物的有序排放。包装阶段,京东投放使用自主研发的、全球最先进的自动打包机。在打包过程中,机器可以扫描货物的二维码,并根据二维码信息来进行包装和纸板的切割。在货物入库、打包这两个环节里,京东无人仓配备了 3 种不同型号的六轴机械臂,应用在入库装箱、拣货、混合码垛、分拣机器人供包 4 个场景中。在分拣阶段,采用 AGV 进行作业,在分拣场内,京东分别使用了 2D 视觉识别、3D 视觉识别以及由视觉技术与红外测距组成的 2.5D 视觉技术,为仓库内上千个智能机器人安装了"眼睛",实现了机器与环境的主动交互。这种视觉技术上的巨大变化,是为了让机器人更好地判断 SKU 的条码,视觉技术升级后,机器人可以更好地通过改进动作幅度、吸力来判断该抓取商的位置。

目前亚洲一号的每日包裹量可达 20 万个,这种体量仅分拣场景就需要 300 人同时作业,而实现无人作业后可以通过机器实现全自动化。

任务目标

通过本项目的学习,了解配送中心主要的设施设备,熟悉主要设施设备的特点、功能及其使用场景。

任务学习

一、配送中心的设施设备

配送中心的运行离不开必要的设施设备。对于配送中心的配送系统来说,设施设备不仅是提高配送系统运作效率的主要手段,还是反映配送系统先进水平的重要标志,更是决定配送系统投资及成本的主要因素。

（一）建筑设施

配送中心的建筑物从装卸货物的效率看,最好是平房建筑。在城市中,受到土地紧张和地价的限制,往往采用高层建筑的形式。

在进行配送中心的建筑设施规划时,需要考虑的因素很多。比如,地面负荷强度(平房建筑物/多层建筑物)、天花板高度、立柱间隔距离、建筑物通道宽度(库内/库外)等。

(二)容器设施

在各项作业流程及储运单位规划结束后,可进行容器设施的规划。容器设施包括搬运、储存、拣取和配送用的容器。配送中心,尤其是综合型配送中心,其经营的物品通常是大小、形状、重量不一的,为了便于作业,常常需要集装化器具进行集装单元处理,常见的集装容器有托盘、网袋、集装袋、周转箱、集装箱等。

(三)仓储设备

配送中心的仓储设备包括各种类型的货架与集装化设备。其中,常见的货架类型有以下几种,如表2-3所示。

表2-3 配送中心的货架类型

货架类型	描述
托盘式货架	又称横梁式货架。货架高度、宽度、深度都有调节余地,适合不同的用途,多适用于"叉车+托盘"的组合作业,存储密度大,作业效率高,是配送中心最常用的货架之一。
贯通式货架	又称驶入/出式货架或贯通式货架。取消了各排货架之间的通道,形成了一个不以通道分割的、连续性整体货架,空间利用率很高。
重力式货架	有时也称压入式货架、流动式货架,是一种密集存储单元货物的货架系统,常分为流动式托盘货架和流动式箱货架。流动式箱货架非常适用于配送中心的拣货作业。
阁楼式货架	为充分利用存储空间,在已有场地或货架上再建一两层,形成的两层或三层阁楼的形式货架。
悬臂式货架	主要由立柱和悬臂组合而成。多用于机械制造、建材等行业及其配送中心,用来存放长形物料,如型材、管材、板材、线缆等。
旋转式货架	一般分为水平旋转式货架和垂直旋转式货架两种。
移动式货架	货架底部安装有行走轮,可在地面轨道上移动,一般只设一个通道,空间利用率很高。
高层货架	自动化立体仓库货架,有时也称高层货架,常用高度为7米～25米,有的甚至高达50米,分为整体式和分离式两种类型。

(四)装卸搬运设备

配送中心的装卸搬运设备主要分为起重机械、输送机械和搬运车辆。

1. 起重机械

起重机械是以间接作业方式使物品进行起升、下降和水平运动的机械设备的总称,以装卸为主要功能,搬运功能较差。

起重机械的类型很多,简单起重机械主要有千斤顶、升降机、滑车、葫芦等,复杂起重机械主要包括桥式起重机、门式起重机、汽车起重机和门座起重机。

桥式起重机

门式起重机

汽车起重机

门座起重机

图 2-8 复杂起重机械

2. 输送机械

输送机械是在一定路线上连续不断地沿同一方向输送物料的物料搬运机械。按照运送货物种类可分为散料输送机、包装件输送机和通用型输送机,按照有无动力可分为自由式输送机、动力式输送机,按照传动及结构特点可分为辊子输送机、带式输送机、链板式输送机、悬挂式输送机等。

带式输送机

辊子输送机

图 2-9 输送机械

3. 搬运车辆

在这里，搬运车辆主要指在配送中心内部，对货物进行堆码、牵引、推拉及搬运运输的各种车辆。搬运车辆往往兼具搬运和装卸功能，并配备各种可拆换的工作属具，大多可以灵活机动地适应多种作业场合。搬运车辆主要包括各种手推车、牵引车、托盘搬运车、叉车和自动导引搬运车。

叉车是配送中心内使用非常广泛的装卸搬运设备之一，叉车的种类也非常多，不同类型的叉车适用于经营需要不同的配送中心。按动力装置分类，叉车可分为内燃动力式、电动式、双动力式以及步行操纵式四种。按照结构特点分类，叉车又可分为平衡重式、插腿式、前移式、侧叉式、集装箱式等。其中，平衡重式叉车是应用最广泛的一种。

图 2-10　平衡重式叉车　　　　　图 2-11　自动导引车

自动导引车（Automatic Guided Vehicle，AGV）是一类具有自动导引装置，能够沿设定的路径行驶，在车体上具有编程和停车选择装置、安全保护装置以及各种物料移载功能的搬运车辆。

现代化配送中心一般都配备自动导向搬运车系统（AGVS），通过计算机控制实现无人驾驶搬运小车完成分拣、搬运、输送等作业。与传统的刚性输送系统相比，AGVS的应用为配送中心带来了很多好处。

(1) 科学组织作业流水线，根据业务量随时调整搬运路线。
(2) 取代笨重的传送带、传送链等，大大改善了现场作业环境。
(3) 通过计算机控制实现自动化输送，促使配送中心实现高度自动化。
(4) 运行效率高，准确度高，运行噪声小，消耗低，对环境污染小。
(5) 适宜在不利于人工作业的地方进行作业，如放射性元素场所。

（五）分拣设备

分拣是配送中心为进行配送作业，把多种货物按不同品种、不同地点和不同单位分配到不同设置场地的一种物料搬运过程，也是一种使物品从集中到分散的处理过程。分拣设备是配送中心最主要的设备之一，按自动化程度可分为分拣车、半自动分拣线、自动分拣系统。

自动分拣系统的基本构成包括前处理设备（分拣前物品的输入）、分拣输送系统、后处理设备（分拣后物品的输出）、控制装置及计算机管理。自动分拣机的典型结构有挡板式分选机、上浮式分拣机、翻盘式分拣机、滑块式分拣机、悬吊式分拣机等。

图 2-12　自动分拣输送机

图 2-13　滑块式分拣机

(六) 输送设备

配送中心的输送作业主要是为了满足用户的送货需求，常用的输送车辆多为普通货车、轻型或中型厢式货车，特殊保管物品需要使用冷藏保温车等其他类型车辆。

二、配送中心设备选择

配送中心内的主要作业活动，基本上都与物流仓储、搬运、拣选等作业有关。因此在进行系统规划时，必须按照厂房布置和面积要求，根据实际情况选择合适的物流设施和设备。

(一) 配送中心设备选择的原则

除了考虑配送中心的厂房布置和面积要求，在进行配送中心设备的选择时还需要考虑很多因素，如经营货物类型和特性、货运量大小、货物储存方式、技术设备的投资与长远适应性、配送中心的资金承受能力，等等。总的来说，应遵循以下一些原则。

1. 系统化原则

在选择设备配置时要用系统的观点和方法去思考，做到统筹兼顾。要求对配送中心各作业环节进行统筹分析，把每个设备的选择与整个系统的总目标、其他各类设备、设备与操作人员、设备与作业任务等有机结合起来，从而使设备配置有利于物流系统整体最优。

2. 安全可靠性原则

设备选择必须确保能够长时间稳定地运行，并且在运行过程中务必保障人员的人身安全、设备安全和与物流储存、运输商品的安全。

3. 经济适用性原则

经济是指设备选择时要考虑配送中心可以承担的投资成本以及效益回报。一般而言，设备成本投资额较大，配送中心的资金压力就比较大，且设备投资后还有一定的保养与维修成本，因此在选择设备时要考虑其经济性。而适用性是指物流设备一定要能够满足配送中心的使用要求，既确保满足配送中心的实际工作需要，又不过分追求技术上的先进性，避免为物流系统带来过高的投资负担。

4. 节能环保原则

企业应尽可能选择能耗小、污染小、噪声小的设备，这不仅是保证设备运作低成本的策略之一,还是发展绿色物流的要求。

5. 扩展性原则

设备选择应预留一定的能力,以便将来扩展,保证对未来新业务的支持。

(二)配送中心设备选择的步骤

设备的选择要注意调查研究、比较分析,配送中心的设备选择可按照以下步骤进行。

1. 明确目标

明确配送中心需要的设备类型,详细了解设备将要执行的具体工作任务是什么,应具备何种技术性能,达到什么样的作业效果。

2. 收集资料,比较分析

广泛收集设备市场货源情报,比较分析。货源情报包括可供选择的设备机型和厂家,设备机型技术资料、经济资料、建设安装、应用资料,甚至包括使用经验和教学等。

3. 拟订备选方案

由于针对同样的储存量、同样的运输配送、同样的作业线路和流程,也可以选择不同的物流设备来操作,因此,在拟订备选方案阶段,应尽可能多地提出不同的备选配置方案,以利于做出最佳决策。

4. 方案评估与选择

在进行方案评估与选择时,不仅要从投资、收益、折旧、运行成本、资金回收等方面进行技术经济评价,同时还要对技术设备的环保性、安全性、宜人性、消防、采暖空调、摄像监控等方面进行评价。这一阶段可通过分析方案、选择方案、反馈与分析、再选择诸如此类的循环反复进行,一般建议反复讨论选择三次,以得到综合考虑的最佳方案。

5. 设备采购

在确定了最适宜的配送中心技术设备选择方案后,可以进行设备的采购。一般当设备采购额较大时,企业适宜采用招投标的形式来完成设备采购,这将有利于企业获得最经济适用的采购货源。

6. 设备安装与调试

按照购销合同的规定、验收设备,并进行安装调试。设备顺利运行一段时间后,便可以正常投入使用了。

项目小结

本项目主要介绍了配送中心的概念、基本类型及功能,并对配送中心的选址与规划、组织结构形式与岗位设置及岗位职责,以及配送中心的主要设施设备做了介绍。

项目二 配送中心认知

同步练习

一、多项选择题

1. 按照服务范围分类,配送中心的类型有( )。
   A. 区域配送中心   B. 国际配送中心   C. 城市配送中心   D. 园区配送中心
2. 配送中心常见的作业区域物流动线的基本形式有( )。
   A. 直线型   B. 双直线型   C. S形   D. U形
3. 按照传动及结构特点分类,配送中心中的输送机械有( )。
   A. 自由式输送机   B. 带式输送机   C. 辊子输送机   D. 链板式输送机

二、简答题

1. 为企业物流系统服务的配送中心的作用有哪些?为社会物流系统服务的配送中心的作用有哪些?
2. 配送中心选址的影响因素有哪些?
3. 配送中心规划的基本要素有哪些?这些要素分别是什么意思?
4. 配送中心业务运营部主要有哪些子部门?
5. 配送中心一般设有哪些主要岗位?

三、计算题

某企业拟建一个物流配送中心来负责旗下5家店铺的物流配送。现已知5家店铺的地理坐标和每年的物流需求量,如表2-4所示。假设单位运量、单位运距的运输成本相同,试用重心法确定该企业拟建配送中心的坐标位置。

表2-4 5家店铺的地理坐标和年物流需求量

	店铺1		店铺2		店铺3		店铺4		店铺5	
	$冀_1$	$鞭_1$	$冀_2$	$鞭_2$	$冀_3$	$鞭_3$	$冀_4$	$鞭_4$	$冀_5$	$鞭_5$
坐标位置	11	8	12	10	9	12	10	15	7	10
年物流需求量(吨)	160		220		150		280		200	

任务实训

实训项目 配送中心的实地调研

学习资料

教师组织学生参观某企业配送中心,了解其组织结构形式和岗位需求,或组织学生参观多个配送中心,进行比较。

实训组织

学生通过实地调研了解配送中心的组织结构形式和岗位设置情况,撰写总结报告,制作PPT并汇报总结。以小组为单位进行实训活动。

实训步骤

1. 通过实地调研,了解配送中心的组织结构形式和岗位设置。
2. 了解配送中心部门情况和岗位职责,并撰写报告。

实训考核

1. 提交调研报告。
2. 制作PPT,并进行汇报总结。

项目三 订单管理

学习目标

知识目标

1. 掌握订单管理的内涵及作业流程；
2. 掌握订单管理各环节的具体业务内容；
3. 掌握订单管理过程中应遵循的原则。

技能目标

1. 能进行订单管理各个环节的业务处理；
2. 能够优化订单管理流程，缩短订单处理时间。

任务一 订单处理作业

案例导入

由上海威吾德信息科技有限公司设计建造的"华东一号"仓库坐落在上海市松江区，占地面积2万平方米，规划有10万立方米实时有效动态容量，50万SKU（库存量单位）的管理能力，以及20万单的日订单处理能力，这些指标目前在同类智能仓库中已居亚洲第一、世界前三。

由于订单数量巨大，必须依靠完善的订单处理系统，才能更好地满足客户的需求。"华东一号"采用先进的自动化设备、软件技术和符合中国经验的商业模式，所有货物都设计严格高效的入库和出库策略，拣选方式已从传统的"人找货"转变为"货到人"，与传统仓库相比，其空间利用率也更为充分，能耗也大为下降。目前已有越来越多的电商开始入驻"华东一号"。

在"华东一号"智能仓服务客户的过程中，订单处理是开端，更是服务质量得到保障的根本。

任务目标

通过本项目的学习,熟悉接收订单、建立客户档案、分配存货、订单资料输出等具体环节,掌握每一环节的具体要求,能够准确地管理订单。

任务学习

配送活动以客户需求作为驱动源,客户需求在企业中最直观的体现就是客户订单。客户订单是配送企业业务活动的起点,完善订单处理工作是配送企业需要优先解决的问题。从接到商店订货开始到准备出货之间的作业阶段,称为订单处理,包括订单确认、存货查询、库存分配、产品调拨等,订单处理的一般流程如图 3-1 所示。订单处理是调度、组织配送活动的前提和依据,是其他各项工作的基础,同时也是与客户直接沟通的作业阶段。订单的完成水平直接决定了配送中心的服务水平,是配送服务质量得以保障的根本,订单处理的作业效率很大程度上体现了配送中心的运作效率。

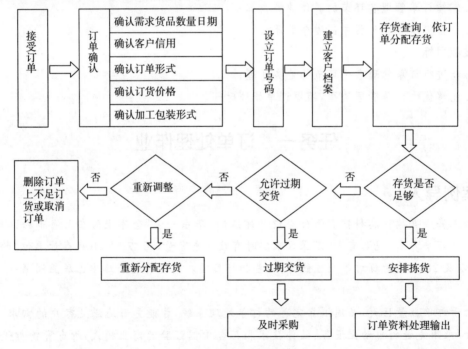

图 3-1 订单处理流程图

一、接受订单

所谓订单处理,是指由接到客户订货开始至准备着手拣货之间的作业阶段。通常包括订单资料确认、存货查询、单据处理等内容,接受订单是订单管理的第一个步骤。订货方式主要有传统订货和电子订货两种形式。

（一）传统人工下单、接单的订货方式

1. 厂商补货

供应商直接将商品放在车上，依次给订货方送货，缺多少补多少。这种方式适用于周转率较快的商品或新上市商品，如传统小店的雪糕、冷饮等快消品。

2. 厂商巡货、隔日送货

厂商派巡货人员提前到各个客户处检查自己商品的存量，以确定是否少于订货点库存量，从而确定哪些商品需要补货，第二天按照巡查量对各客户进行配送。此方法可以更好地和客户沟通，同时可利用巡货人员为店铺整理货架、贴标或提供经营管理意见等机会促销新产品或将自己的产品放在最占优势的货架上。但是厂商巡货、隔日送货会导致供应商投入增大，费用升高；巡货人员乱放货可能打乱客户的商品布局，使客户难以管理、分析自己所卖的商品。

3. 电话口头订货

订货人员以电话口述或者面对面的形式向厂商订货，说明各商品名称及数量。此种方式操作简单，但对作业人员的普通话水平要求较高，且因客户每天订货的品项可能很多，数量也不尽相同，因此利用电话订货所费时间长，错误率高，一旦发生错误，则无法分清双方责任。

4. 传真订货

客户将订货资料整理成书面资料，利用传真机传给供应商。传真订货虽可快速地传送订货资料，但传送的资料常因品质不良而增加事后的确认作业。

5. 邮寄订单

客户将订货商品品名、数量等信息生成订货表单或订货磁片、磁带，邮寄给供应商。近来邮寄订货的效率及品质已不符合市场需求，该种订货方式使用越来越少。

6. 业务员跑单、接单

业务员至客户处推销产品，而后将订单带回公司，如遇紧急需求，则以电话方式先联络公司通知接到客户订单，让公司做好发货准备。

7. 客户自行取货

客户自行到供应商处看货、补货，根据需要下单订货，直接将货物带走。此种方式多为以往传统杂货店因与供应商处地理位置接近所采用。客户自行取货虽可省却物流中心配送作业，但个别取货可能影响物流作业的连贯性。

不管利用何种方式订货，上述这些订货方式皆需人工输入资料，而且经常重复输入、传票重复誊写，并在输入输出间常造成时间耽误及错误，这些都是无谓的浪费。随着流通环境的变化和现代科技的发展，尤其是现今客户更加高频度地订货，且要求快速配送，传统订货方式已无法应付需求，以计算机和网络为基础的电子订货方式逐步占据主流。

(二)计算机直接送收订货资料的电子订货方式(EOS—Electronic Order System)

电子订货就是将订货资料由书面信息或者口头信息转化为电子资料,采用电子资料交换方式,借由通信网络传送,取代传统人工书写、输入、传送的订货方式,此系统即称电子自动订货系统。其做法通常可分为以下三种。

1. 订货簿或货架标签配合手持终端机(H T-Handy Terminal)及扫描器

订货人员携带订货簿及手持扫描器巡视货架,若发现商品缺货则用扫描器扫描订货簿或货架上的商品标签,再输入订货数量,当所有订货资料皆输入完毕后,利用数据机将订货资料传给供应商或总公司。这种方式能及时地反映货物的库存情况,但对订货人员的要求也高,需要双手操作,长时间注视屏幕,出错率较高。

2. 销售时点管理系统(POS, Point of Sales)

客户如有 POS 收银机则可在 POS 系统商品库存档里设定安全存量,每当销售一笔商品时,POS 系统会自动扣除该商品对应库存量,当库存量低于安全存量时,结合日均销售趋势系统 DMS,POS 系统自动产生订货资料,自动产生订单,将此订单确认后即可通过通信网络传给总公司或供应商。也有客户直接将每日的 POS 资料传给总公司,总公司将 POS 资料与库存资料比对后,根据采购计划向供应商下单。这种方式操作便捷,订货信息传递迅速。

3. 订货应用系统

客户利用订单处理系统,就可将应用系统产生的订货资料经转换软件转换成与供应商约定的共同格式,在约定时间内将订货信息传送到供应商处订货。这种方式还可预测下一阶段时间内的销售数量,及时准确地反映顾客的需求。

(三)两种订货方式的比较

传统订货方式运用简单,初期投入成本低,其中很多方式目前在企业中广泛应用。但是存在人力、时间等的无谓浪费,且错误率较高,不利于订单处理过程的改善。

电子订货方式传递速度快、可靠性高,对配送企业及其客户都有很大益处。对配送企业而言,可以简化接单作业、缩短接单时间、减少人工处理错误,也就是快速、正确、简便地接单;还可以减少退货处理作业,满足客户多品种、小批量、高频次的订货需求,缩短交货的前置时间。对客户而言,电子订货方式可以使其快速、正确、简便地下单,有效降低客户商品库存水平,还可以缩短其进货时间。但电子订货方式必须引入相关系统以及信息化处理手段,初期投入成本较高。因而究竟要选择哪一种订单传递方式,应视具体情况,通过比较成本与效益的差异来决定。传统订货方式与电子订货方式比较如表 3-1 所示。

表 3-1　两种订货方式优缺点比较

项目	速度	可靠性	错误率	存货成本	客户服务水平	初期投资
传统订货方式	慢	低	高	较高	较低	低
电子订货方式	快	高	低	较低	较高	高

二、订单确认

(一)订单的构成

订单并没有统一规定的模式,其内容和格式往往由各个公司根据交易双方的要求或实际情况进行设计。为了简化订单格式,避免内容重复,一般将订单分为两个部分,如表 3-2 所示。

1. 订单的表头

为便于管理订单,一般企业会在表头部分设置统一格式的整体性资料。这些资料主要包括:

(1)订单号、订货日期或者要求到货日期;

(2)客户名称、代码、采购单号;

(3)业务员名字或代码;

(4)配送及包装要求;

(5)付款方式;

(6)相关事项说明。

2. 商品资料

商品资料是订单的主体部分,主要是对需要订购的商品进行详细描述,具体包括:

(1)商品代码或条形码;

(2)商品名称;

(3)商品规格;

(4)商品单价;

(5)订购数量及单位;

(6)订单金额;

(7)折扣折让;

(8)交易类型及方式。

表 3-2　某企业采购订单

采购订单										
采购方：						供货方：				
联系人：						联系人：				
联系电话：						联系电话：				
传真：						传真：				
收货地址：						发货地址：				
采购部门：			业务员：			交货日期：				
合同号：			付款方式：			订单金额：				
序号	商品编码	商品名称	规格型号	单位	数量	单价	总价	备注		
金额合计(大写)：人民币						金额合计(小写)：￥				
备注	1.供方负责运输到交货地点,供方负责运输及包装费用； 2.产品质量符合相关标准； 3.产品价格包含17%的增值税； 4.其他事项参考双方签署的相关采购合同。									

(二)订单确认的内容

1.确认货物数量及交货日期

接到订单后需及时对货物数量及交货日期进行确认。货物数量及交货日期的确认是对订货资料的基本检查,即检查商品名称、数量、送货日期等是否有遗漏、笔误或超出公司经营范围、指定出货时间来不及等不符合公司要求的情形。如核查发现问题,应及时联系客户再次确认订单内容或更改运送时间。

2.确认客户信用

检查货物品名、数量、交货日期无误后,下一步骤需要核查客户的财务状况,以确定其是否有能力支付该笔订单的货款,减少呆账坏账。企业会在系统中根据客户的企业规模、注册资金、合作历史等情况综合考虑设置该客户的信用额度,即允许该客户赊欠本公司的最大金额,接到订单后系统会检查客户的应收账款加上本次订单金额是否已超过其信用额度。具体可以通过下述两条途径来核查客户信用的状况。

(1)输入客户代号或客户名称

当输入客户代号或名称资料后,系统即检核客户的信用状况。若客户应收账款已超过其信用额度,系统加以警示,以便输入人员决定是继续输入其订货资料还是拒绝其订单。

（2）输入订购项目资料

当输入客户订购项目资料后，客户此次的订购金额加上以前累计的应收账款超过信用额度，系统应将此订单资料锁定，以便主管审核。审核通过后，此订单资料才能进入下一个处理步骤。

3. 确认订单形态

（1）一般交易订单

一般交易订单就是正常程序的交易订单，接单后按正常的作业流程进行拣货、出货、发送、收款。

处理方式：接到一般交易订单后，将资料输入订单处理系统，按正常的订单处理程序处理，资料处理完后进行拣货、出货、发送、收款等作业。

（2）现销式交易订单

现销式交易订单就是与客户当场交易，直接给货的交易订单。如业务员至客户处巡货、推销所得的交易订单或业务员跑单接单的紧急订单或客户直接至配送中心取货的交易订单。

处理方式：这种订单在订单资料生成前就已把货物交给了客户，该订单实际已经完成了拣货、出货、发送等作业。现销式交易订单制作打印出来只作为文字资料，供系统记录所用。

（3）间接交易订单

间接交易订单就是客户向配送中心订货，货物不经配送中心，直接由供应商配送给客户的交易订单。

处理方式：接到间接交易订单后，可将客户的订货资料传给供应商由其代配，直接发货，在此过程中应该做好双方的沟通确认工作。

（4）合约式交易订单

合约式交易订单就是与客户签订配送契约或者长期、固定合同的交易订单，也即在较长的一段时期定时配送某一数量的商品。

处理方式：对待合约式交易订单，应采取定期配送方式，在约定的送货期间，将配送资料输入系统进行处理以便出货配送；或采取电子联网方式，在系统中输入合约内容中的订货资料并设定各批次送货时间，以便在约定日期内系统自动产生所需的订单资料。

（5）寄库式交易订单

寄库式交易订单是客户因促销、降价等市场因素预先订购一定数量的商品，往后视需要再要求出货的交易订单。

处理方式：处理寄库式交易订单时，当客户要求配送寄库商品时，系统应检核客户是否确实有此项寄库商品以及寄库数量。若数量充足，则接受订单，依据客户当初订购时的价格计算订单金额，出库此项商品，并且扣除此项商品的寄库量；否则，应加以拒绝，并进行沟通协商。

（6）兑换券交易订单

客户兑换券全额兑换商品或者抵扣部分订单金额的配送出货订单。

处理方式:将客户兑换券所兑换的商品配送给客户时,系统应查核客户是否确有此兑换券。若有,依据兑换券兑换的商品及兑换条件予以出货,并应扣除客户的兑换券。

不同的订单交易形态有不同的处理方式,物流中心对待不同的客户或不同的商品应采取不同交易及处理方式。因而接单后必须再对客户订单或订单上的品项加以确认,确认其交易形态,以便让系统针对不同形态的订单提供不同的处理功能,例如,提供不同的输入画面或不同的检核、查询功能,不同的储存档案等。

4. 确认订货价格

为了促销,针对不同的客户(批发商、零售商、临时小客户)、不同的订购量,厂家可能会设置不同的价格,输入价格时系统应加以检查。若输入的价格不符(输入错误或业务员因降价强接单等),系统应加以锁定,以便主管审核。

5. 确认加工包装

接到订单后,检查客户对于订购的商品有无特殊的包装、分装或贴标等要求,或检查有关赠品的要求,相关资料都需系统进行专门审核和记录。

三、设定订单号码

每一订单都要有其单独的订单号,订单号具有唯一性,由控制单位或成本单位指定,除了用于计算成本外,还可用于制造、配送以及订单进度查询等一切相关作业,且所有说明单及进度报告均应附此号码。

订单号码的设定多采用流水编码法,用一系列无意义的顺序号进行编码;有些则根据客户不同,采用用户代码加顺序号编码法。

四、建立客户档案

在订单管理过程中,详细记录客户状况,不但能让此次交易顺利进行,且有利于建立长期合作关系,增加以后交易机会,因此应当逐步完善客户档案。

(一)客户档案主要内容

客户档案应包含订单处理需用到的及与物流作业相关的资料。
(1)客户姓名、代号、等级形态、产业交易性质:客户档案的基本信息。
(2)客户资信情况、信用额度:以便决定是否继续交易。
(3)客户付款方式及折扣率的条件:不同的客户设置不同的优惠条件。
(4)客户收账地址:便于后续收款结案,减少呆账坏账。
(5)客户配送区域:以便安排可以共同配送的订单,节约运力。
(6)开发或负责联系此客户的业务员:以便沟通联系,维持客户关系。
(7)客户点配送路径顺序:根据区域、街道、送货地址,适当安排送货路线。
(8)客户点适合的车辆形态:客户所在地点街道的具体情况或者交通规定往往限制了能通行的车辆大小及形态,因而需要在客户档案中标明适合该客户的车辆形态,尤其对于车辆有特殊要求的客户,更应注明此项。

(9)客户点卸货特性:客户所在地点或客户卸货位置、下货平台,建筑物本身或周围环境特性,如地下室有限高或楼层高,或者客户由于业务特性,某一时间段特别繁忙,可能造成卸货时有不同的需求及时间安排难易程度不同,在车辆及工具的调度上须加以考虑。

(10)客户配送要求:客户对于送货时间有特定要求,或对送货动作有特定要求,比如说有协助上架、贴标等要求的,也应将其记录于资料档案中。

(11)延迟订单处理指示:若客户能统一决定每次延迟订单的处理方式,则可事先将其写入资料档案,以避免临时询问或者紧急处理时的不便。

(二)获取客户信息的方式

客户档案卡主要记录各客户的基础资料,获取这些资料主要有以下三种方式。

1. 由业务员进行市场调查和客户访问时收集客户信息

通过业务员进行客户访问建立客户档案卡是最常用的方式,主要做法是:编制客户访问日报(或月报),由业务员随身携带,在进行客户访问时,即时填写,按规定时间上报,企业汇总整理,据此建立分客户的和综合的客户档案。除此之外,还可编制客户业务报表和客户销售报表,从多角度反映客户状况。为此,需制定规范的业务员客户信息报告制度,包括日常报告、紧急报告和定期报告,同时明确客户信息报告具体规程。

2. 在交易平台上设置客户资料表或者向客户寄送客户资料表,请客户填写

这种方式获得的客户提供的基础资料绝大多数是可信的且应比较全面,但也要考虑到某些客户基于商业秘密的考虑,不愿提供全部的资料,或者由于某种动机夸大某些数字,所以对这些资料应注重核实。

3. 委托专业调查机构进行专项调查

这种方式成本较高,但是收集到的信息较为真实可靠。主要是用于搜集较难取得的客户资料,特别是特殊客户的信用状况等。

(三)客户分类

不同的客户有不同的管理重点,企业有针对性地管理客户,能提高运营效率。

1. 从时间序列来划分

包括老客户、新客户和未来客户。以未来客户和新客户为重点管理对象,努力开发新客户,这是企业未来的发展潜力;但是老客户也不能忽略,这是企业稳定的现金来源。

2. 从交易过程来划分

包括曾经有过交易业务的客户、正在进行交易的客户和即将进行交易的客户。对于第一类客户,不能因为交易中断而放弃对其的档案管理,要建立定期沟通制度;对于第二类客户,需逐步填充交易中获得的相关信息和完善其档案管理内容;对于第三类客户,档案管理的重点是通过多种途径全面搜集和整理客户资料,为即将展开的交易业务准备资料。

3. 从客户性质来划分

有政府机构、特殊公司如母公司、普通公司,个人客户和交易伙伴等。因这类客户性质、需求特点、需求方式、需求量等不同,故对其实施的档案管理的特点也不尽相同。

4. 从交易数量和市场地位来划分

包括主力客户(交易时间长、交易量大等)、一般客户和零散客户。按照20/80法则,客户档案管理的重点应放在主力客户上。

总之,企业能够在市场上立足,必然都有自己的客户群。不同的客户具有不同的特点,对其的档案管理也具有不同的做法,从而形成了各具特色的客户档案管理系统。

(四)客户构成分析

利用各种客户资料,按照不同的标识,将客户分类,分析其构成情况,从客户角度全面把握本公司的营销状况,找出不足,确定营销重点,采取对策,提高营销效率。

1. 销售构成分析

根据销售额等级分类,分析在公司的销售额中,各类等级的客户所占比重,并据此确定未来的营销重点。例如《中国消费趋势报告·2015》一文,通过研究3.86亿名淘宝用户在过去五年的消费现状与行为,用商业数据解读了销售构成。数据显示:"70后"淘宝用户重品质、爱高档、迷单反;"80后"淘宝用户更加关注抢优惠、育儿经、买二手;"90后"淘宝用户关键词为数码控、美颜控、社交控。在客户档案中分析出这样的销售构成,就可以针对性地进行促销。

2. 商品构成分析

分析企业商品总销售量中各类商品所占的比重,以确定对不同客户的商品销售重点和对策。《中国消费趋势报告·2015》一文,总结了消费的五大趋势,其中"为传统买单"受到重视,以清明节、端午节、中秋节为首的热门节日期间商品销量激增,旗袍、风水摆件、苏绣、手工折纸等热门单品畅销。

3. 地区构成分析

分析企业总销售额中不同地区所占的比重,借以发现问题,提出对策,解决问题。《中国消费趋势报告·2015》一文通过研究3.86亿名淘宝用户在过去五年的消费现状与行为,用商业数据解读了在"为智能买单"的消费趋势中,智能手环和智能手表的热销区域集中在东南沿海、浙江、广东、江苏等地。

4. 客户信用分析

在客户信用等级分类的基础上,确定对不同客户交易条件、信用限度和交易业务的处理方法。针对战略伙伴型客户可以给予更高的信用额度,更优惠的交易条件,更宽松的付款方式;而针对临时性的客户或者信誉不好的客户,则应注意审核,加强警惕。

(五)客户档案管理应注意的问题

在管理客户档案的过程中应注意以下几点。

1. 动态性

客户档案管理应保持动态性,客户档案建立以后存档搁置,就失去了其意义。必须根据客户情况的变化,根据市场的变化,不断地加以调整,消除旧资料,更改过时信息;及时补充新资料,进行跟踪记录,保证客户资料的实时准确性。

2. 关注潜在客户

客户档案管理不仅应将重点放在现有客户上,还应更多地关注未来客户或潜在客户,为企业选择新客户、开拓新市场提供资料。

3. 用重于管

客户档案管理不能流于形式,将客户档案束之高阁,而要注意提高档案的质量和使用效率,以灵活的方式及时全面地将资料提供给有关人员。

4. 注重客户隐私

要确定客户档案管理的具体规定和办法。许多资料公开会直接影响与客户的合作关系,不宜流出企业,只能供内部使用。所以,客户档案应由专人负责管理,并确定严格的查阅和利用的管理办法。

五、分配存货

(一)存货查询

存货查询的目的在于确认库存能否满足客户需求,通常称为"事先拣货"。存货档的资料一般包括品项名称、SKU 号码、产品描述、库存量、已分配存货、有效存货及期望送货时间,如表3-3所示。输入客户订货商品的名称、代号时,系统即应查对存货档相关资料,看此商品是否缺货。若缺货,则可提供商品资料生成相应采购订单或此缺货商品的已采购未入库信息,便于接单人员与客户协调是否改订替代品或允许延后出货等,以提高人员的接单率及接单处理效率。

表3-3　3号库库存明细表

货主	备注	入库日期	商品编号	商品名称	仓位	件重(千克)	件数	存货件数	存货吨重(吨)
刘**		20090707	0000026	猪手	3号库	141	1833	1233	17.3853
谢**		20090711	0000036	猪手	3号库	10.5	2593	138	1.449
联**		20090716	0000062	中袋鸭	A18	14	2960	180	2.52
罗**		20091717	0000078	猪脚	C6	10.5	2498	698	7.309
荣**		20091717	0000082	龙骨	B8	21	120	120	2.52
荣**		20091717	0000083	猪尾骨	A13	10.5	77	77	0.8085
王**		20091721	0000099	牛百叶	B11	14.5	2100	820	11.88

续表

货主	备注	入库日期	商品编号	商品名称	仓位	件重(千克)	件数	存货件数	存货吨重(吨)
新＊＊		20091723	0000101	羊排	C7	21	104	104	2.184
谢＊＊		20091725	0000116	鸡尖	B2	10.5	22450	1371	14.378
谢＊＊	已转2号库	20091725	0000119	鸡尖	V9	10.5	2549	2549	26.7645
金＊＊		20091726	0000149	鸡尖	A17	12.5	1998	98	1.225

查询日期：2021年11月05日

(二)分配存货

订单资料输入系统,确认无误后,最主要的处理作业在于将大量的订货资料,做最有效的汇总分类、调拨库存,以便后续的物流作业能有效地进行。存货的分配模式可分为单一订单分配及批次分配两种。

1. 单一订单分配

此种情形多为在线即时分配,即收到一张订单,就将所需存货分配给该订单。这种方法只需要很短的订单前置时间,时效性强,适合紧急需求,但订单处理效率不高,可能造成人力浪费。

2. 批次分配

批次分配即收到多张订单后,将多张订单合并汇总,再一次分配库存。物流中心一般订单数量多、客户类型分类多,每天固定配送次数,因此通常采用批次分配以提高效率,确保库存最佳分配。批次分配时,可根据具体的情况采用不同的分批方式。

(1)库存充足时订单分批方式

①按接单时段。将整个接单时间划分为几个配送时段,把订单按接单先后顺序分为几个批次处理,这种订单分批方式可加快配送效率。

②按配送区域路径。将同一配送区域的订单汇总处理,同区域合并可以缩短配送路线。

③按流通加工要求。将有同样流通加工需求的订单汇总处理,可提高流通加工设施设备的利用率。

④按车辆要求。如果配送商品要用特殊的车辆才可以配送或客户所在地、订货有特殊要求,可汇总一并处理,如需采用低温车、冷冻车、冷藏车、罐装车等。

(2)库存不足时库存分配原则

如果一批订单中某商品总需求量大于可分配的库存量,可依以下原则来决定优先给哪个客户订单发货。

①特殊优先权。长期采购合同、缺货补货订单、延迟交货订单、紧急需求订单、提前预约订单等,应给予优先分配权。

②订单交易或交易金额。交易量或交易金额大的订单优先处理。

③客户等级。战略客户、伙伴型客户、重要客户优先处理。

④客户信用状况。信用较好、历史合作表现优良的客户的订单优先处理。

(三)分配后存货不足的处理

若现有存货数量无法满足客户需求,客户又不愿以替代品替代时,则应综合考虑客户意愿与公司政策来决定对应方式。

1. 重新调拨

若客户不允许过期交货,而公司也不愿意失去此客户订单时,则重新调拨分配库存。

2. 补送

若客户允许不足额交货,等待有货时再补送差额部分或整张订单留待有货时一起配送,且公司政策也允许,则采用补送方式。采用补送方式时,应注意将待补送缺货品品项记录存档,待有货时优先分配存货。

3. 删除不足额订单

若公司政策不允许分批出货,或者考虑运输成本问题不希望分批出货,且公司也无法重新调拨,则考虑删除订单上不足额的订单。

4. 延迟交货

一是有时限延迟交货,即与顾客协商一致,在规定的时间内过期交货,且客户希望所有订单一起配送。

二是无时限延迟交货,即不论需要等多久,客户都允许过期交货,且希望所有订货一起送达,则等待所有订单货物到齐再出货。对于这种将整张订单延后配送的,也应将这些顺延的订单记录成档。

5. 取消订单

若客户希望所有订单一起配送到达,且不允许过期交货,而公司也无法重新调拨时,则只有将整张订单取消。

六、订单资料输出

客户订单经上述处理后,即可输出相关单据,以便开展后续物流作业。

(一)拣货单

单张订单或者几张订单合并后,按照一定的商品顺序排列,生成拣货单。拣货单可以指示商品出库信息,作为拣货依据。拣货资料的形式要配合物流中心的拣货策略及拣货作业方式来加以设计,以提供详细且有效率的拣货信息,便于拣货进行。拣货单应考虑商品储位,依据储位前后相关顺序列印,以减少人员重复往返取货,同时拣货的数量、单位也需详细标示。

随着拣货、储存设备的自动化,传统的纸质拣货单据形式已渐渐减少,利用计算机、通信工具处理、显示拣货资料的方式已逐步取代部分传统的拣货表单,如利用计算机辅助拣货的拣货棚架、拣货台车以及自动存取的 AS/RS。采用这些自动化设备可以进行拣货作业,需注意拣货资料的格式与设备显示器的配合以及系统与设备间的资料传送及回单处理。

(二)送货单

订单商品送达用户时,通常需附上送货单据以备客户清点签收。送货单是给客户签收确认的,甚至是送货正确与否的责任界限,其正确性及明确性很重要。要确保送货单上的资料与实际送货资料相符,除了出货前的清点,出货单据的打印时间及包含内容也须注意。

1. 单据打印时间

正确率最高的单据打印时间是在出车前。一切清点动作完毕,而且与实际情况不符的资料也在电脑上修改完毕,再打印出货单。但此时打印出货单,常因单据数量多,耗费许多时间,影响出车时间。若提早打印,可以节约时间,但实际作业中可能存在拣货、分类作业后发现实际存货不足的情况,或客户临时更改订单等状况,造成原打印的出货单上的资料与实际不符,出现打印单错误。

2. 送货单资料

送货单上的资料除了基本的出货资料,对于一些订单异动情形如缺货品项或缺货数量等也须打印注明,如表3-4所示。

表3-4 某企业送货单

开博维尔科技有限公司 地址:碑山市禅城区祖庙路一号富荣大厦 电话:0757-83994417 传真:0757-83994417 客户名称:中山秦明照明有限公司 联系人:钟小姐 开单人:系统管理员 客户地址:中山市古镇南浦路20号 客户电话:12358220000 开单日期:2019年3月30日							
序号	产品名称	规格	单位	数量	单价	金额	备注
1	爱皮绳针式打印机	LQ630K	台	1.00	1650.00	1650.00	
2	惠普一体打印机	MFPM476	台	1.00	8000.00	8000.00	
3	A4复印纸70g	500张/包	包	1.00	35.00	35.00	
前数结欠:10485.00		本次收款:685.00			本单金额:9685.00		
	合计欠数:19485.00				金额大写:玖仟陆佰捌拾伍元整		

[送货单]
n xs-201803008

续表

备注:客户在收到货物时应确认本单位数量及金额和上单累计金额相对应,若发现任何问题请及时联系本厂对账解决。
送货单位及 经手人(盖章):   收货单位及   经手人(盖章):

(三)缺货资料

库存分配后,对于缺货的商品及缺货的订单资料,系统应提供缺货资料打印功能,以便工作人员及时处理。

1. 库存缺货

应提供依商品类别或供应商类别查询的缺货商品资料,以提醒采购人员紧急采购。

2. 缺货订单

应提供依客户类别或外务员类别查询的缺货订单资料,以便外务人员处理。

任务二　订单作业管理

案例导入

订单管理是企业管理中一个常见的问题,也是企业管理中面临的一个难题,在企业管理中占据着很重要的地位,订单管理做得好,市场就是你的。

电商时代背景下,客户下单方式各式各样,订单路径变化万千,订单状态多种多样。企业想要寻求发展,就得在订单管理上多花功夫,通过订单管理挖掘潜在客户,提升用户体验,增加订单量,从而占领市场。

订单管理怎样才能做好呢？某企业尝试以下订单管理软件。

B2C:

一般订单管理软件中包括所有订单、待付款、待发货、已发货、已完成、已取消等状态,方便员工管理控制每一个环节,提高订单管理效率。管理界面支持时间选择和账号搜索,可自主查询一定时间内的订单或者搜索某一位客户的订单信息。

商家可查询待发货、发货中、已收货订单,对订单进行处理。对于待发货订单,可进行发货操作,填写发货信息,打印发货单;对于已发货订单,还可以进行二次编辑,修改发货信息。如果客户不能及时收货,企业还可以点击延迟收货,延长收货时间。

B2B:

订单管理中包括订单生成、订单审核、订单出库、订单发货、订单变更、订单取消、退换货等流程,想要提高订单处理效率、提升客户交易体验,企业就需要优化流程中的每一个环节,在保证订单信息准确的前提下,尽可能减少订单流程和流程时间,缩减客户交易时间。

想要抢占市场,就必须拿出优于其他企业的服务。客户下单后,都希望能在最短的时间内收到商品,如果订单审核时间过长或者发货、配送时间长,不仅不能开拓新市场,还很容易造成客户流失。

想要做好订单管理,不仅需要处理好正在进行的订单,还需要分析已完成订单,分析各地的销售情况、销售特征、人群划分、市场需求、客户画像,根据分析数据对现有的销售计划做出改变。

实时掌握市场动态,通过已完成订单预测下一周期订单,给采购部门提供采购参考,让采购订单更准确,提高库存周转率,降低企业成本

任务目标

通过本项目的学习,能够快速、准确、有效地管理订单,熟悉订单管理的流程,优化订单作业。

任务学习

一、订单管理作业的特点及难点

(一)订单管理作业的特点

订单管理作业是指配送企业完成从客户订货到发运交货以及受理客户接受订货后的反馈要求这整个过程中涉及的业务处理。与配送过程中存货、补货、理货送货作业相比,订单管理作业具有以下特点。

1. 订单管理作业贯穿整个配送活动的全过程,是配送所有作业组织的开端和核心

配送企业汇总客户的订单后,确定需要配送货物的种类、数量以及配送时间、配送地址。确定了这些数据以后,配送企业的其他子系统就可以开始工作了。如进货系统可以根据缺货货物的品种、数量确定需要补充的货物明细,并进行采购;拣选系统接到经订单处理系统确认和分配好的输出订单或拣选单后,可以按照客户订单在各个区域进行分拣;拣货完成,理货系统就可以开始按单分货、配货了;理货系统任务完成后,运输配送系统接下来可以进行货物的输送工作等。所以订单管理作业是配送中心所有作业组织的开端,是其他子系统开展工作的前提和依据,订单管理作业效率将直接影响配送企业其他后续子系统的作业效率。

随着市场竞争的加剧,企业愈发重视客户需求,配送企业也同样将顾客需求看作整个配送流程的主要推动力量,而客户需求在配送企业中最直观的体现就是订单。订单管理部门提供的关于商品传递的速度和准确度以及订单信息都将影响配送企业竞争优势的形成,因此订单管理作业在配送中心的地位越来越重要,并日益成为配送企业的核心作业系统。

2. 订单管理作业的业务范围超越了配送企业内部作业范围

配送企业订单管理作业是配送企业与客户之间的互动作业,要提升企业订单管理作业效率,需要双方的共同努力。首先客户要进行订单准备,并将订单传输给配送企业。为了提高订单处理的效率,配送企业需要客户按照规定的时间和格式将订单传输给配送中心;随后配送中心还要进行接单、订单资料输入处理、出货商品的拣货、配送、签收、清款、取款等一连串的数据处理,这些活动都需要客户的配合。因此配送企业订单管理作业并不是配送企业单方面的内部系统作业,也并非配送企业单独的内部作业可以完成,而是配送中心与客户双方之间相互配合的一体化活动。这也意味着要提高配送管理作业的效率和顾客服务水平,必须重视与客户的沟通。

3. 订单管理作业的电子化要求很高

配送企业一般业务量较大,订单处理系统每天要面对大量的客户订单,而且每一客户订单的特点、要求各异。为了提高订单管理的效率,减少差错,需要提升配送企业订单管理作业的电子化水平。

实际上,大多数配送企业订单处理系统都是配送企业电子化程度最高的部分,它们通常采用大量的电子化技术,如电子订货系统 EOS、联机输入、计算机自动生成存货分配、订单处理输出数据、销售时点系统 POS 等技术,大幅提高了订单管理的效率。传统手工方式在订单管理领域正逐渐被淘汰。

(二)订单管理作业的难点

1. 如何简化接单作业

传统的接单方式多为人工作业,存在重复劳动、错误率高、效率低等问题,无法适应现代配送企业用户数量众多、订单量大的现状。因此,如何简化接单作业是配送企业目前急需解决的问题。

2. 如何处理大量的订货资料

配送企业一般服务于区域,面向众多客户,每个客户的订货品种又多,而且不同客户的信用额度、售价、加工包装配送要求又各不相同。这种少量、多样、多用户、高频度的订货方式,带来了大量繁杂的订单资料,对订单管理作业是个挑战。

3. 如何确保订单进度

订单管理并不仅是简单的接单、合并订单的作业,还需要考虑库存是否充足,订单是否能如期、如数出货,是否能满足客户的加工包装要求,客户临时改变订单是否能及时响应等这些问题,这些订单相关情况的处理,都会影响配送企业客户服务水平。如何在接单后确保订单进度,是订单管理作业面临的一项重大课题。

二、订单管理作业优化

(一)订单管理的优化原则

1. 要使客户产生信赖感

订单作业人员在每次订单管理过程中都要认识到,如果本次订单处理不当,将会导致客户不满意,影响下次订货。通过适当的订单处理,可以使客户产生信赖感,从而赢得客户,赢得市场。

2. 尽量缩短订货周期

订货周期是指从发出订单到收到货物所需的全部时间,订货周期包括订单传递的时间、订单处理的时间以及货物的拣选、配货、装车、运输时间。缩短订货周期,将大大减少客户的时间成本,提高客户所获得的让渡价值,这是保证客户满意的重要条件。

3. 提供紧急订货

在当前的市场机制下,强调以客户需求为导向,为客户服务,在紧要关头接单,提供客户急需的货物配送,对客户来说是业务正常开展的重要保障,是与客户建立长远合作关系的重要手段。

4. 减少缺货现象

缺货现象是配送企业客户流失的主要原因之一,尤其是工业原料和各种零件一旦缺货,会影响客户的整个生产安排,后果极为严重。保持与客户的长期合作的关键之一便是减少缺货现象的发生。企业要想留住客户,尽量地扩大市场,保持充足的供货,减少缺货现象是一个必要的前提条件。

5. 不忽略小客户

小客户的订货虽少,但数量众多,也是大批买卖的前驱,将来很有可能发展为大客户,而且大客户也有小批量订货的时候。恰当处理小客户的订单,可以提高小客户的满意度,与客户建立起稳定而信任的供销关系,带来持续订购或者以后的大批量订购。企业也将因为大小客户的宣传而树立声誉,获得良好的口碑。因此,要在效益目标允许的范围内,尽量不忽略小客户,恰当处理小客户的订单,做出令小客户满意的安排。

6. 装配力求完整

配送企业为客户,尤其是工业客户所提供的货物应尽量做到装配完整、成套、配套,以便于客户使用为原则。客观条件实在不允许的情况下,也应采取措施,尽可能方便客户自行装配,配以适当的说明及图示,或通过网络进行技术支持。

7. 提供对客户有利的包装

针对不同客户的货物应采取不同的包装,遵循适销、适运、适摆原则。有些零售货物包装要适于在货架上摆放,包装规格应适合顾客购买;有些要适于经销商及厂商开展促销活动,以便客户处理。

8. 要随时提供订单处理的情况

物流部门实时向客户提供订单处理配货发运的进程,以便客户预计何时到货,安排接货,投入生产、使用或销售。信息的沟通是巩固与客户关系的重要手段。如果发生订单延迟的情况,物流部门应主动及时沟通,告知客户有关情况,做出适当的道歉与赔偿,以减少客户的焦虑和不满。

(二)订单管理优化带来的益处

配送企业订单管理作业效率的高低,很大程度上影响着配送企业的竞争优势和利润。高效的订单管理作业能够给配送企业带来以下益处。

1. 持续缩短平均订单周期前置时间

前置时间是指从订单发出到货物到达消费者这一段时间,前置时间的缩短可以大大减少客户的时间成本。

2. 改善顾客关系

有效的订单管理作业可以尽可能迅速地提供必需的顾客服务,建立客户信任。

3. 降低运作成本

高效的订单管理作业能够快速准确处理数据,减少订单检查核对成本。订单管理作业通过和整个配送渠道的联系,可以在减少过量存货的同时减少缺货现象,节约运输成本。

4. 及时输出发货单和会计账目

有效的订单管理作业能够加快由订单出货形成的应收账目数据的转账,加快企业资金周转速度,提高资金利用率;还可以通过订单出货方式的改善,减少发货不准确情况的发生。

项目小结

订单是连接客户与企业的纽带,客户的抱怨、投诉大多源于不恰当的订单处理。比如,订单信息的不准确或不健全造成配送的产品并不是客户所需要的产品,从而导致交期延误或错误交货等问题。很多企业没有将订单接收当成企业管理的一个重要节点来进行控制,导致订单资料不全、客户要求不明确、产品包装资料不完整、交期不明确等问题经常发生,无形中造成客户流失。本项目从订单处理作业环节及订单管理优化等方面阐明了企业应当如何管理订单,提高效率。

同步练习

一、单项选择题

1. 电子订货方式主要有(　　)。
   A. 订货簿与终端机配合　　　　　　B. 销售时点信息系统
   C. 订货运用系统　　　　　　　　　D. 传真订货

2. 订单的交易形态主要有(　　)。
   A. 一般交易订单　　　　　　　　　B. 现销式交易订单
   C. 间接交易订单　　　　　　　　　D. 合约式交易订单

3. 订单资料处理后输出单据主要有(　　)。
   A. 拣货单(出库单)　　B. 送货单　　C. 缺货资料　　D. 订单

4. 当订单中的某种商品总出货量大于可分配的库存量时,一般可以根据(　　)确定客户的优先等级。
   A. 订单交易量或交易额　　　　　　B. 客户等级
   C. 客户信用状况　　　　　　　　　D. 交货时间

5. 订单分批的原则包括(　　)。
   A. 接单时段　　　　　　　　　　　B. 配送区域路径
   C. 流通加工要求　　　　　　　　　D. 车辆要求

二、判断题

1. 订货方式主要有传统订货和电子订货,目前我国主要以电子订货为主。(　　)
2. 将同一配送区域路径的订单汇总是按车辆要求的批次分配。(　　)
3. 由电子收款机和计算机联网构成的商品前后台网络系统是电子订货系统EOS。
(　　)
4. 接单后按正常的作业程序拣货、出货、发送、收款的订单为一般交易订单。(　　)
5. 存货的分配模式可分为单一订单分配和批次分配两种。(　　)

三、简答题

1. 订货方式主要有哪些?
2. 比较电子订货与传统订货的优缺点。
3. 订单确认的主要内容有哪些?
4. 客户档案的内容包括什么?
5. 订单管理优化的原则是什么?

四、案例分析

智能订单管理系统

在市场环境快速发展的背景下,大部分企业紧跟发展步伐,采用了现代化的信息管理系统,如仓储管理系统WMS,以及订单管理系统OMS。OMS应用于实现订单接收、订单拆分与合并、运送和仓储计划制订、任务分配、成本结算、事件与异常管理及订单可视化等,与

WMS、TMS、FMS、CDS 等执行系统紧密结合，能够大幅提升供应链执行过程的执行效率，有效降低成本，并帮助实现供应链执行的持续优化。

什么是 OMS？

"订单管理系统"，英文全称为"Order Management System"，简称"OMS"。OMS 是物流管理系统的一部分，通过对客户下达的订单进行管理及跟踪，动态掌握订单的进展和完成情况，提升物流过程中的作业效率，从而节省运作时间和作业成本，提高物流企业的市场竞争力。OMS 定位于为贸易双方提供更完整的物流外包服务，通过统一订单提供客户整合的一站式供应链服务，订单管理以及订单跟踪管理能够使客户的物流要求得到全程的满足。

OMS 是物流管理链条中不可或缺的部分。

OMS 集数据整合、计划制订、物流可视化为一体，能够帮助企业建立"全面订单管理"体系，以客户订单为核心，实现订单接收、订单拆分与合并、运送计划、库存控制策略、物流执行与协同、物流动态可视化、事件与异常管理、成本与收入管理、结算与支付等全生命周期的计划与协同管理。通过对订单的管理和分配，使仓储管理和运输管理有机结合，稳定有效地使物流管理中各个环节充分发挥作用，使仓储、运输、订单成为一个有机整体，满足物流系统信息化的需求。

OMS 云创集团智能订单管理系统包括订单中心（无缝集成多渠道订单，支持来自网站、移动端、B2B 或 B2C 电商平台、呼叫中心、ERP 系统及其他内外部订单的集中处理）、订单分配（系统基于预设规则，通过管理订单合并或分拆、优先级、释放、冻结或取消等状态，实现供应链库存的优化管理）、订单协同（参与订单的交付和实时数据采集，同时可扩展帮助经销商实现库存管理或供应商 ASN 及标签管理）、结算管理（系统整合来自云 WMS 及云 TMS 的应收应付凭证或导入来自其他物流服务的费用，可按单按客户等条件汇总）。

OMS 能够解决哪些问题？

智能便捷的物流服务。OMS 提供了贴心的可以按仓库区域指定配送的功能，系统能根据消费者收货地址自动匹配最近的仓库发货。

规范化管理，提升效率。在使用 OMS 后，多渠道/多平台订单灵活归类统一处理，实时同步库存到各平台店铺里，提升了工作效率，也解决了库存同步的问题。

自动化，高效处理订单。OMS 给出的成绩是"双 11"当天处理完 18 万张订单。哪怕是在订单暴增的 0 点到 2 点，依然畅通无阻，平稳地处理。有了 OMS 自动化处理订单，哪怕遇到某个时间点有大批量的订单涌来，依然毫无压力。

OMS 的优势

帮助企业建立订单全过程的执行、监控和 KPI 考核体系，实现订单全生命周期的可视化，帮助第三方物流企业为货主提供全面、准确的物流信息跟踪服务；与 WMS 等无缝整合，包括物流执行指令的下达、物流执行动态的回写、库存数据的即时更新和物流成本的核对等；提高协作能力，建立了稳固、双赢的协作网络，可以即时获得最准确的物流动态，云创集团 OMS 更是能够实现与货主 ERP 系统的跨企业数据交换。

思考题

1. OMS 主要包括哪几个模块,实现了什么功能?
2. OMS 解决了什么问题,具有什么优势?

实训项目一　订单有效性分析

实训任务

客户信用确认是订单确认中一项很重要的内容,接到订单后需要检查客户的应收账款加上本次订单金额是否已超过其信用额度,如果超出授信额度则锁定,由主管审核是否发货。请根据下表判定不同情况下是否发货。(单位:万元)

客户	授信额度	应收账款	订单金额	是否发货	允许超出授信额度5%	允许超出授信额度10%
A公司	5	4.3	1			
B公司	2	1.2	1			
C公司	3	1.2	2			
D公司	4	1.2	2			
E公司	6	2.3	4.5			
F公司	7	4.3	3			
G公司	8	5	3.6			
H公司	9	7	2.5			
I公司	10	6	5.1			

实训项目二　订单确认及分配库存

实训任务

1. 进行订单确认(确认订单是否有效,仔细检查订单是否存在错误,是否超出授信额度,考虑订单如何处理)。
2. 计算库存量(通过现有库存和入库量进行计算),计算需求总量(合并订单),分配库存(客户优先权评价),制作库存分配计划。

B店订单

货品名称	单价(元)	数量	金额(元)
皇氏大红枣酸奶	42	4	168
皇氏皇品乳(低温屋顶包)	120	6	720
皇氏老酸奶(低温杯装)	24	35	840
伊利高钙低脂奶	54	8	432
蒙牛冠益乳(低温利乐冠)	60	40	2400

C 店订单

货品名称	单价(元)	数量	金额(元)
伊利高钙低脂奶	54	10	540
伊利纯牛奶	36	40	1440
蒙牛冠益乳(低温利乐罐)	32	6	192
皇氏紫牛奶	40	5	200
蒙牛特仑苏	56	20	1120

D 店订单

货品名称	单价(元)	数量	金额(元)
伊利纯牛奶	36	20	720
皇氏大红枣酸奶	42	4	168
皇氏紫牛奶	40	6	240
统一奶茶(巧克力)	30	20	600
康师傅冰红茶	32	5	160
蒙牛冠益乳(低温利乐罐)	60	5	300

入库单

货品名称	单价(元)	数量
皇氏皇品乳(低温屋顶包)	120	10
皇氏老酸奶(低温杯装)	24	30
皇氏紫牛奶	40	12
康师傅冰红茶	32	7
蒙牛冠益乳(低温利乐罐)	60	16
蒙牛红枣酸牛奶(低温百利包)	32	15
蒙牛特仑苏	56	60
统一奶茶(巧克力)	30	30
娃哈哈爽歪歪	33	12
伊利纯牛奶	36	100
伊利高钙低脂奶	54	40

原库存清单

货品名称	库存数量
皇氏大红枣酸奶	8
皇氏老酸奶(低温杯装)	34
皇氏紫牛奶	12
康师傅冰红茶	10
蒙牛纯牛奶	6
蒙牛冠益乳(低温八杯装)	14
蒙牛冠益乳(低温百利包)	30
蒙牛红枣酸牛奶(低温百利包)	6
蒙牛特仑苏	16
蒙牛真果粒	6
统一奶茶(巧克力)	8
娃哈哈爽歪歪	6
伊利纯牛奶	48

优先权评价信息如下:

评价指标	需求量	订单紧急程度	授信额度	客户类型
权重	0.2	0.5	0.1	0.2

客户	B店	C店	D店
客户去年需求量占总需求量的比例	30%	14%	18%
交货时间(小时)	10	12	4
授信额度	6000元	5500元	2000元
应收货款	0元	1000元	800元
客户类型	次关键	一般	关键

项目四
拣货作业管理

学习目标

知识目标

1. 了解拣货作业的意义;
2. 明确拣货信息的内容;
3. 熟悉拣货作业的流程;
4. 掌握拣货方式、种类。

技能目标

1. 掌握常用的拣货策略;
2. 能编制拣货作业计划;
3. 能进行拣货路径的优化;
4. 能选择适当的拣货设备。

任务一 拣货作业认识

案例导入

近日,京东到家正式发布新一代"零售门店1小时电商履约解决方案"——京东到家全品类拣货区解决方案。

门店运用该方案,仅需设置 200～300 平方米的拣货区域,即可支持线上销售 3000SKU,日拣货单量 3000 单以上,日峰值单量达到 8000 单的零售卖场完成高效拣货;并通过京东到家库存管理系统 WMS 实现一站式数字化管理,借助拣货助手 App 进一步提升拣货人效。

此前,该方案已在沃尔玛、永辉等商家门店投入使用。平台数据显示,其单均拣货时效仅为 4 分钟,拣货员人均每小时可拣货 15 单以上,人效达到传统卖场拣货的 4 倍以上。

达达—京东到家创始人兼 CEO 蒯佳祺表示:"1 小时电商已经成为了零售商超的发展趋势,并势必将成为主流。在 1 小时电商时代下,不断优化、迭代门店履约解决方案,助力传统零售商家以更小的投入获得 1 小时的履约能力,并得到持续的迭代与提升,是京东到家的职责所在。"

一站式履约无须卖场改建　　低投入收获 4 分钟拣货时效

在大型零售商超内设置拣货区用于线上履约,已成为兼具高效履约、高效管理、高性价比、易于规模化复制等特点的 1 小时电商时代的门店基础设施。全拣区方案是京东到家针对有一定仓储空间,单量较高,可以将全部线上在售商品放置于前置拣货区的门店,所设计的一站式履约解决方案。卖场门店仅需规划出 200 余平方米的区域用于拣货,即可获得大幅效率提升。

通过使用全拣区方案,拣货员可彻底告别万余平方米卖场范围内拣货,在 200 平方米的拣货区内即可一站式完成订单接收、拣货、交付达达骑手的全部流程,大大缩短拣货路径。在沃尔玛成都 SM 广场店,线上销售 2300SKU,日单量达到 4000 单时,单均拣货时间在 5 分钟以内,拣货时间较使用方案前缩短了三分之二以上。

京东到家库存管理系统 WMS　　实现一体化智能管理

在该套解决方案中,通过接入京东到家研发的 WMS,可实现对拣货区的一体化智能管理,达成库房管理、订单管理、商品库存管理等管理需求。

在使用 WMS 前,拣货区与卖场往往共用库存,易形成库存不准确、补货不及时等现象,进而造成线上订单缺货率高,直接影响线上销售。接入京东到家 WMS,可实现对拣货区内库存的独立管理,实时库存变动一目了然,拣货员可按需及时补货。

此外,WMS 可生成智能补货清单,依据对历史销售数据的大数据分析,并通过 AI 算法预测商品销量,以 SKU 维度智能生成补货数量建议,补货员只需按清单补货,大幅提高人效。

京东到家拣货助手 App　　移动端拣货释放人效

为进一步提升拣货效率,京东到家研发的拣货助手 App 集可视化拣货、拣货数据追踪、扫码补货/退货等功能于一身,可安装于 PDA 终端或手机上。安装后,拣货员通过 PDA/手机操作即可直接完成拣货。

通过对商品储放位置的系统录入,拣货助手 App 可直接呈现待拣货商品的储位信息及图片,大幅缩短找寻货品的时间。同时,支持按波次拣货,一次可完成多单合并拣货。此外,拣货助手 App 能够记录精准的拣货数据,实现对人、货、动作的准确记录,助力门店管理者不断优化对拣货区的人效管理。通过使用全拣区方案,拣货员人均每小时可拣货 15 单以上,整体人效达到用传统方式在卖场拣货的 4 倍以上。

据悉,京东到家正在不断完善其履约解决方案,将为所有合作伙伴打造"零售全业态履约解决方案"。全业态方案将由全品类拣货区解决方案、动销品拣货区解决方案、全卖场拣货方案三大核心方案构成,可助力全业态、全场景商家获得更加高效的 1 小时线上履约能力。京东到家将以"深度赋能、深耕渠道、深拓商品"三大核心战略,携手更多合作伙伴共赴 1 小时电商时代。

项目四 拣货作业管理

任务目标

通过本项目的学习,掌握拣货的概念、了解拣货的重要性,熟悉拣货的流程及分类,明确拣货合理化原则。

任务学习

拣货作业,又称拣选作业、分拣作业等,是依据客户的订单要求或配送作业的作业计划安排,尽可能准确、快速地将商品从储存区或拣选区拣取出来,并放在指定位置的作业过程。每张客户的订单中都至少包含一项以上的商品,如何将这些不同种类、数量的商品由配送中心中取出并集中在一起,这就是拣货作业所需要解决的问题。拣货作业是配送作业的中心环节。拣货作业在配送作业环节中工作量大,工艺复杂,而且要求作业速度快,准确率高、服务质量好。在拣货作业中,根据配送的业务范围和服务特点,根据顾客订单所反映的商品特性、数量多少、服务要求、送货区域等信息,采取科学的拣货方式,进行高效的拣货作业,这是配送作业中关键的一环。

拣货作业的一般流程如图 4-1 所示。

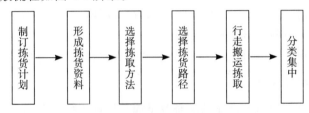

图 4-1 拣货流程

一、拣货作业的分类

(一)按作业方法分类

1. 摘果式分拣法

摘果式分拣又称为摘取式分拣,具体做法是拣货员拉着拣货箱在仓库货架内巡回走动,根据拣货单或配货单上货物在货架上的位置,拣取客户要求的货物品种、规格和数量并放入货箱或台车等设施设备内。就像从树上摘水果那样,所以称之为"摘果式"。摘果式拣选多为每次拣选一张订单,即按单拣选。

2. 播种式分拣法

播种式分拣又称为分货式分拣,具体做法是拣货员从储存点一次取出多个客户共同需要的货物,将数量较多的同种货物集中送至分货地点,然后,根据每客户需求量分别投放到代表每个客户的货位上,直至配货完毕,然后再取出下一种共同需求货物,如此循环往复直至客户需要的所有货物被取出并分放完毕。这种分拣法类似于田野中的播种操作,所以称

之为"播种式"。播种式拣选多为每次拣选多张订单,即批量拣选。

(二)按订单分拣分类

1. 按单拣取(Single-Order-Pick)

这种作业方式是每次分拣一张订单,作业人员巡回于仓库内,将单张订单上所订购的商品逐一从储存区拣选出来的方式,是较传统的拣货方式。其优缺点如下。

优点:

(1)作业方法简单。一张订单不影响另外一张订单,分拣完一张拣选单,一个客户的货物就配齐了,拣货后不用再进行分类作业,无须落地,即可直接配送。

(2)前置时间短。无须等待订单,无需进行订单合并,收到订单即可开始拣选。

(3)导入容易且弹性大。不需要智能的订单处理系统,仅使用人工作业即可完成,对机械化、自动化没有严格要求;能适应紧急插单的需求。

(4)作业人员责任明确,派工容易、公平。每人负责拣选自己的订单,无分工合作,一旦订单拣选出现错误,容易分清责任,找到责任人。

缺点:

(1)商品品项多时,拣货行走路径加长,拣取效率降低。

(2)拣货区域大时,搬运系统设计困难。

(3)少量多次拣取时,一次拣选一张订单会导致重复行走,人力负担重。

2. 批量拣取(Batch pick)

把多张订单集合成一批,依商品类别将数量加总后再进行拣取,之后按照不同的客户进行分类。其优缺点如下。

优点:

(1)每次拣货规模较大,拣货成本低。

(2)缩短拣取时行走搬运的距离,增加单位时间的拣货量,提高拣货效率。

(3)节约拣选人力,节约行走搬运时间。

缺点:

(1)无法适应紧急订单,加长订单停滞时间。批量拣选需进行订单合并,必须等订单累积到一定数量时才做一次处理,对订单的到来无法做出即刻反应,因此会有停滞的时间产生。只有根据订单到达的状况做等候分析,决定出适当的批量大小,才能将停滞时间减到最少。

(2)前置时间长。存在等单时间,订单处理难度大,作业时间长。

(3)增加分货作业。一次拣选的多张订单,拣货后需要分发,并进行核对,全部作业完成后才能发货。

3. 复合拣取

复合拣取为按单拣取及批量拣取的组合,即配送企业部分订单采取按单拣选,部分订单采取批量拣选。依订单品项数量、出货频率、单品特点决定哪些订单适合按单拣选,哪些适合批量拣选。例如,客户订购商品体积小、重量轻、品种重复率低的情况下可采用按单拣选;客户订购商品品种重复率高,拣选路径相似时可合并订单,采用批量拣选。

复合分拣根据配送企业具体情况选择不同方式,分拣作业准确性高、效率高,能降低作业成本,提高客户满意度。

(三)按作业程序分类

1. 单一分拣法

又称为一人分拣法,即一个拣货员工单独拣选一张订单,自己配货、按照一张订单的要求进行货物分拣的方法。单一分拣法处理简单,容易安排工作人员,责任明确。

2. 分程传递法

数人分拣,首先决定每个人所分担货物的种类和货架的范围,每人仅对分拣单中自己所承担的货物品种进行拣货,然后转交下一分拣人员继续,程程相传,直至拣完。这种分拣方法类似于跑步中的接力赛,可以提高订单的拣选速度。

3. 区间分拣法

确定各人所分担的货物种类和货架范围,各人只需要分拣自己所负责分拣区域范围内的货物种类,然后将各区间分拣的货物汇总起来的方法。和分程传递方法类似,但分程传递法是多人依次分拣,区间分拣法是多人同时分拣多个区域,完成订单速度更快。

4. 分类分拣法

将各种各样的形状、外形尺寸、重量的货物分类,在配送中心内进行保管,然后按每一个产品种类进行分拣,最后汇总一处的分拣方法。

(二)拣货作业优化

优化拣货作业,即在现有技术条件下,尽可能提高拣货效率、减少拣货差错,采用先进的分拣作业方法,促进分拣作业的机械化、现代化。考虑到成本问题,很多配送企业无法实现全部机械化、自动化,如果人工分拣和自动分拣能得到完美结合,则实现高效率的分拣更有保证。

拣货效率主要由处理的订单件数和处理货物的品种数、每天的发货品种数、每一个订单的品种数、每一个订单的作业量等来进行判断。除此之外,还与投入作业人员数和中心内的作业场地宽度、允许作业时间等有关,所以应综合评价分析。在现实作业中,大多数配送企业用分拣配货率和分拣时间作为分拣优化的重要衡量指标。

分拣配货率即从库存的货物种类中分拣出的种类占库存种类数的百分比,分拣配货率越高,拣货作业效率越好。选定机械设备选定也要考虑分拣配货率,例如,与一般货架相比,在分拣配货率较高时宜选用流动货架。分拣配货率的高低与两个方面的问题有关:选用的机械设备是否适宜,即物流设备的选定问题;使用方法是好还是坏,即设备运用方法问题。

从拣货作业的一般流程可以看出,整个拣货作业所消耗的时间主要包括以下4个部分:①订单经过信息处理,形成拣货指示的时间;②行走或搬运货物的时间;③准确找到货物的储位并确认所拣货物品名及数量、进行抓取的时间;④拣取完毕,将货物分类集中的时间。因此,提高拣货作业效率的基本思路应是尽可能缩短以上 4 个部分的时间,提高作业速度与作业能力。

(三)分拣作业优化原则

1. 存放时考虑易于出库和分拣

物品储存在仓储区域时,要考虑便于拣选人员了解和记忆物品存放位置,可采用分类储存法或者定位储存法,也可配合自动化拣选系统由系统直接设定货位,以使拣选人员对物品储存位置有明确概念,减少寻找时间。同时考虑周转率对应原则,周转率高的、使用频繁的物品存放在易于拣取的货位,如出入口附近、主要通道附近、货架中下层;周转率低和使用不频繁的物品存放在离出入口及主要通道较远的货位、货架上层或者阁楼式货架的二楼,缩短取货时间。

2. 提高保管效率,充分利用储存空间

在配送或仓储企业中,仓库往往由于管理不善、运营淡季等各种原因没有实现空间的充分利用,造成资源浪费。同时,空间利用不充分还会增大拣选的作业面积。可以通过立体化储存、减少通道数量、缩小通道宽度、采用特色搬运设备等方式来提高仓储空间利用率。

3. 减少分拣错误

在传统拣货作业中,常常发生分拣错误,这会导致顾客退货,影响客户满意度,而机械化、自动化仓库的分拣错误率较低。为了减少分拣错误,传统仓库要尽可能加强核对,实现目视化,比如五五化堆码、不同颜色分区等,减少人工操作的错误,制定详细、规范的拣货作业指示,加强拣货人员培训,提升拣货人员作业技能;同时在条件允许的情况下,引入先进的技术设备,向机械化、自动化、智能化转变。

4. 作业平衡化,避免忙闲不均

合理安排时间表,重视收货入库、订单处理、接单后拣货出库等作业环节的顺畅衔接。卡车卸货或装车时间过长、车辆拥堵在站台、卡车卸货到入库前的检货暂存等是作业不能平衡化的重要原因,其他作业也应考虑周到、恰当安排。通过制定合理的时间表,可以减少忙乱,节约人力。

5. 事务处理和作业环节协调配合

这是要求信息流和物流两流要相互配合,两方面都没有无谓的等待时间。事务处理即为信息流,通常在物流作业前要进行信息处理。例如,在拣货前要进行订单处理,在发货前要将送货单打印出来,要提前通知相关部门及客户发货信息,因此经常产生等待时间。通过调整物流与信息流,可以减少等待时间。

6. 分拣作业的安排与配送路线的顺序一致

装车时必须考虑配送顺序,同一辆车上的物品需后送先装,而在出库区理货时又要考虑装卸方便。也就是说拣选货物时,在不增加行走搬运距离的情况下,拣货作业的安排要考虑到配送路线上的送货顺序。

7. 缩短车辆等运输设备的滞留时间

缩短停滞时间是提高配送效率、减少运输成本的重要因素。上述原则中,作业平衡化、事务处理和作业环节相协调等原则都有利于缩短设施设备的等待时间。除此之外,利用自动化、机械化也可以缩短拣选时间;采用单元集装化,有效利用托盘、集装袋等进行装卸作业;采用集装箱或拖车,可以使车辆等运输设备的滞留时间减至最短。

8."七不"原则

"七不"即不用等、不用拿、不用找、不用走、不用想、不用写、不用检查,"七不"原则可以提高拣货人员的劳动生产率,降低劳动强度。

(1) 不用等

零闲置时间。以动作时间分析、人机时间分析等方式,尽量减少拣货人员的等待时间。要研究拣货中心的能力与负荷、拣货的缺陷、瓶颈出现在什么地方,要分析不同日期以及同一天内不同作业时间段的作业密度,还要考虑作业管理是否规范、分拣信息是否完善等各种问题,减少作业中的闲置时间。

(2) 不用拿

零人工搬运。多用无人搬运车、叉车、输送带等机械设备搬运,降低工人劳动强度。

(3) 不用找

零寻找时间。合理安排储位或通过语音指示、无线电指示等方式,减少拣货人员寻找货物的时间;合理规划拣货工具、容器等的摆放位置,随时整理整顿物品,定位放置,即用即拿,实现科学的物品放置管理。

(4) 不用走

缩短动线。分拣过程中的动线越简单越好,拣货通路通常是一条龙的格局。据统计,拣货的步行时间一般占到拣货作业时间的 45%~60%。可采用拣货工作分区、分程传递法或区域分拣法减少拣货人员移动距离;也可引入穿梭式台车、自动化货架等设备,实现物至人的拣取方式。

(5) 不用想

零判断业务。拣选过程尽可能简单化,不存在需要拣货人员复杂思考判断才能进行的作业,可不依赖于熟练工。根据货架和场地管理,提出简洁的作业指示,如电子标签指示拣货、语音指示拣货等方式。

(6) 不用写

无纸化作业。书写转记的过程中,差错往往难以避免。用电子信息代替传统纸质拣货单,用计算机传输的方式指示拣货,根据信息进行数字化分拣,就能实现无纸化作业,避免误读或误写造成的拣货作业错误。

(7) 不用检查

利用条码由计算机代为检查。减少人工核对的过程,降低检错率,缩短复检时间。

(四)分拣优化的措施

1. 在分拣配货单上输入货物储位编码

为了提高按照拣货单分拣的效率,货物在哪里、是什么货物,每一位分拣作业人员都应当熟知,最好是将商品保管进行"四号定位",按货位编码进行分拣。其编码规则如下:每一个货位的编号按其"货物区域—货架列数—货架层数—货架分段"的"四位编码"顺序来编排,便于拣货人员熟悉货位。

2. 在台架上保管的商品应采用单一分拣

某些货物,特别是一些单品货物,不是存放在货架上,而是平放在台架上。这种情况下,采用单一分拣效率较高。

3. 利用重力式货架提高分拣效率

利用重力式的货架分拣,可以使商品补充不间断自动进行,并完全满足先进先出要求,提高分拣和商品补充的效率。

4. 重视分拣信息的利用

利用信息设备作为分拣的支援系统除了计算机,还可以利用各种各样的信息设备和方法,如条码技术、射频识别技术、销售时点系统等。信息设备在分拣的同时,也可以提高分拣效率,并进行实时再处理,如更新当前库存量等。

5. 采用数字化分拣

采用数字化分拣,能够防止货架编码等信息出现错误造成拣选错误,带来经济损失,还能进一步提高拣选效率。数字化分拣的优点如下。

(1)分段分拣时,利用分拣配货单分拣比一般分拣提高 4 倍以上的速度。

(2)减少商品编号的确认和配货单的错误,从而减少分拣损失。

(3)面向较大区域内的配送和超市供货的配送,采用数字化分拣,可降低成本,提高库内作业的机械化、自动化水平。

(4)利用旋转式货架分拣。特别是小型商品,利用多段式旋转货架分拣商品,不间断地搬运到配货场前,不需走路就能完成分拣,进一步提高分拣效率。

(5)充分利用运输机将分拣的商品输送到下一道工序。

(6)分拣频率高的商品,放在便于存取的货架,靠近出入口及主要通道。

(7)空货箱利用运输机或输送带收集起来再次利用。

(8)分拣中遇到缺货问题,利用现代化的通信手段能够实时联系。

(9)面向不同的业态、不同的顾客,分别设立分拣系统。

任务二　拣货管理

案例导入

作为物流行业的领军者,苏宁物流在科技的加持下,高效协调运力资源,通过灵活多元的运营模式实现包裹有温度的交付,以沉着稳健的姿态迎接"双11"大考。

"双11"期间,苏宁易购自营产品实现免运费。加上10亿元购物补贴,苏宁易购App从10月30日至11月5日,连续7天霸榜购物类App TOP1,4次登顶应用榜榜首。苏宁数据显示,仅11月1日至5日,苏宁易购平台自营低于86元的订单量同比增长186%。

南京苏宁物流超级云仓里,各类包裹正在分拣、出库……"双11"期间订单虽多,但整体运营有序。上海苏宁机器人仓内,AGV机器人承重800 kg的货架自如行走。整件商品拣选效率超过人工10倍,单件商品平均拣货时间为10秒,拣选准确率达到99.99%以上。苏宁物流超级云仓,实现从入库、补货、拣选、分拨到出库全流程的智能化作业,日处理包裹数最多达到181万件,每个订单最快可在30分钟内出库。

苏宁物流相关负责人表示,虽然订单量井喷,但苏宁凭借自建体系和科学的发货方式,大大降低了爆仓的可能性。苏宁全国万家智慧门店,已然成为小型仓储,前置仓、门店仓等多种仓储形式铺设,使订单不再单一从仓库发出,而采用各类门店就近发货的形式,降本增效效果显著。

黑科技的巧妙运用与物流工作人员的熟练手法相结合,服务的速度与温度同在。

任务目标

通过本项目的学习,了解拣货资料的形成,能够制订完善的拣货计划,并在拣货计划的指导下利用一定的拣货信息恰当选择拣货方法、优化拣货路径。

任务学习

一、制订拣货计划

拣货作业计划是对拣货作业的货物品种、数量、所用设备及人工、投入时间和出产时间的具体安排,详细规定每一拣货环节在某一时期内应完成的拣货任务和按日历进度安排的拣货进度。

制订拣货作业计划可以使企业配送货物满足客户的交货期要求,降低企业在库货物库存量,缩短企业的拣货作业平均流程时间,为企业的各个部门提供准确的货物状态信息,提高企业机器/工人的时间利用率,减少调整准备时间,降低企业的生产和人工成本。

（一）拣货计划的制订步骤

拣货作业工作量大且程序繁杂，为了顺利完成拣货作业，在拣货前需要根据订单上的货物品种、数量具体要求等情况，进行拣货计划的制订，具体可按以下步骤进行。

1. 收集拣货资料

拣货资料是拣货作业的基本依据，不同企业有不同的拣货资料形成方式，不同订单的拣货要求也不同。在拣货前要将需要拣货的单据收集齐全，为后续拣货工作做好准备。

2. 分析拣货资料

拣货资料中涵盖多种信息，应从不同角度全面分析。

(1) 分析客户配送需求：每个客户对货物配送的需求不尽相同，因此拣货前需了解每位客户的具体要求，针对客户具体需求采取相应的拣货方式，提升服务水平。

(2) 分析货物特性：配送企业货物品种繁多，储存方式各异，不同的货物要求不同的拣货设备，对人员的作业水平要求也不一样，因此在拣货前还必须进行货物特性的分析。

(3) 选择拣货方式及拣货策略：每种拣货方式都有不同的适用条件，需要根据企业配送的实际情况进行选择。

(4) 选择拣货路径：根据货物在仓库存放的位置，安排合理的拣取路径，使拣货作业人员能以最少的时间最短的行走路程将货物拣取出来。

(5) 确定拣货时机：根据交货时间要求及本中心的拣货作业标准时间，安排货物的拣选时机，确保其准时送达客户手中。

(6) 安排拣货人员和设备：根据拣货方法和时间安排，选择相应设备并配备恰当数量的作业人员，保证按时完成拣货任务。

3. 分析拣货作业工作事项

在拣货方式、拣货设备、拣货路径、拣货人员等要素分析完成后，还需分析在拣货作业中的寻找、拣取、搬运等工作事项且对这些工作事项进行具体安排。

4. 编制拣货作业计划

在资料齐全、分析到位以后，按照相关信息及要求，完成拣货作业计划的编制。

（二）拣货作业计划编制方法

1. 关键日期表

关键日期表是最简单的一种进度计划表，它只列出一些拣选关键活动和进行的具体时间。拣货作业的关键日期表是将拣货组作业活动或具体流程安排在表中列出，注明其起止时间、重要程度的一种日程安排。关键日期表简洁、编制时间短、费用低，但较为粗略、表现力差、优化调整困难。

2. 甘特图

甘特图（Gantt chart）又称为横道图、线条图，以图示方式通过活动列表和时间刻度表示出特定项目的顺序与持续时间。横轴表示时间,纵轴表示项目,线条表示期间计划和实际完成情况。其直观表明配送计划何时进行,将进展与要求进行对比,便于管理者弄清项目的剩余任务,评估工作进度。甘特图不仅能显示拣选每一项任务的时间长短和进展情况,还可以看到任意时间点在执行哪项任务,帮助配送企业安排拣选项目、拣选工时等。

3. 网络计划技术

网络计划技术是指以网络图为基础的计划模型,其最基本的优点就是能直观地反映工作项目之间的相互关系,使一项计划构成一个系统的整体,为实现计划的定量分析奠定了基础。同时,它运用数学最优化原理,揭示整个拣选计划的关键工作以及巧妙地安排计划中的各项工作,从而使计划管理人员依照执行的情况信息,有科学根据地对未来做出预测,使得计划自始至终在人们的监督和控制之中,使用尽可能短的时间、尽可能少的资源、尽可能好的流程、尽可能低的成本来完成拣选作业。

二、形成拣货资料

拣货信息是拣货作业的原动力,指示拣货人员或设备如何拣货,信息来源于客户的订单。为了使拣货人员在既定的拣货水平下正确而迅速地完成拣货,拣货信息成为拣货作业规划设计中重要的一环。拣货作业开始前,指示拣货作业的单据或信息必须先行处理完成。拣货信息的传递有传票、拣货单等纸质形式,也有电子标签、计算机指示等现代化的自动传输。常见的拣货信息传递形式有以下几种。

(一)传票

一些配送中心直接利用客户的订单(分页、复印或影印本)或以公司的交货单作为拣货指示凭据,这就是传票。传票是最为原始的拣选信息,拣选人员需要一边看订货单的品名、数量,一边按照自己的记忆寻找货物,来回走动才可拣完一张订单。

1. 传票的优点

接到订单即可拣选,不需利用计算机设备处理拣货信息,适用于订购品项数较少或少量订单的情况。

2. 传票的缺点

(1)传票容易在拣货过程中受污损,或存货不足、缺货等备注信息直接写在传票上,拣货员识别不清,导致作业过程发生错误,甚或无法判别确认。

(2)传票中没有标明产品储位,必须靠拣货人员的记忆在储区中寻找存货位置,造成许多无谓的搜寻时间及行走距离。

所以大多数拣货方式仍需将原始传票转换成拣货单或电子信号,使拣货作业更加有效,但这种转换仍是拣货作业中的一大瓶颈。因此,如何利用电子自动订货系统(EOS)、便携式订购终端(Portable Ordering Terminal,POT)将订货信息通过计算机快速及时地转换成拣货单或电子信号,是现代配送企业需要研究的重要课题。

（二）拣货单

拣货单是将原始的客户订单输入计算机后进行拣货信息处理再打印出来的。拣货单一般按照货位及拣选路径排列货品，拣货人员拿着拣货单，直接按照上面的储位指示及顺序指示，无须自己记忆储位，一趟就能拣完一张订单。

1. 拣货单的优点

（1）设计规范，项目齐全，能减少拣货次数，优化路径，缩短拣货时间，提高拣货效率。

（2）利用拣货单拣取，避免传票在拣取过程中受污损，在拣取后复查过程中，可与传票两相核对，从而发现拣货过程中的错误或拣货单打印错误。

（3）拣货单上显示产品储位编号并按顺序排列，可引导拣货人员按最短路径拣货。

（4）可配合分区、分割、分批、分类等拣货策略设计拣货单，提高拣货效率。

2. 拣货单的缺点

（1）生成拣货单并打印，耗费人力、时间。

（2）拣货完成后需要检查商品品种、数量是否正确无误。

如下所示，表 4-1 为分户拣货单，一般适用于按单拣选，每次拣取一个客户的订单；表 4-2 为品种拣货单，一般适用于批量拣取，每次拣取一种商品，然后分发给多个客户。

表 4-1　分户拣货单

拣货单编号：								用户订单编号：		
用户名称：										
订货时间：								出货货位号：		
出货时间：	年　　月　　日至　　年　　月　　日							拣货人：		
核查时间：	年　　月　　日至　　年　　月　　日							核查人：		
序号	储位号码	商品名称	规格型号	商品编码	包装单位			数量		备注
					箱	托盘	单件			

表 4-2　品种拣货单

拣货单号				包装单位			储位号码
商品名称				箱	整托盘	单件	
规格型号			数量				
商品编码							
生产厂家							
拣货时间：	年　月　日至		年　月　日		拣货人：		
核查时间：	年　月　日至		年　月　日		核查人：		
序号	订单编号	用户名称	包装单位			数量	出货货位	备注
			箱	整托盘	单位			

（三）拣货标签

拣货标签取代了拣货单，由印表机印出的拣货标签包含了所需拣货物品的品名、位置、价格等具体信息，标签数量等同于拣取量，在拣取的同时将标签一一贴附于物品上，以作为确认数量的方式。将标签贴上物品的时候，物品与信息同步，建立了一种对应关系，所以拣货的数量一般不会产生错误。

在标签上，不仅要印上货品名称及料架位置，而且连条码也要一并印上。这样可以利用扫描器来读取货品上的条码，有利于该货品的追踪调查。拣货标签一般用于高单价的货品拣货，也可用于商店供货拣货。

1. 拣货标签的优点

(1) 拣取与贴标签的动作合二为一，缩短整体作业时间。

(2) 拣取的同时即完成清点，提高了拣货的正确性。如果拣取未完成但标签已经贴完，或拣取完成但标签却仍有剩余，则拣取过程可能存在错误。

2. 拣货标签的缺点

(1) 若标签中需要显示价格内容，则必须统一下游售卖点商品价格及标签形式。

(2) 价格标签必须贴在单品上，不适合整箱或托盘作业。

（四）电子标签

电子标签拣选是一种计算机辅助无纸化拣货系统，利用计算机控制将订单信息传输到数字显示器内，拣货人员根据电子标签指示进行拣货。最初为在货品料架上安装灯号来显示出拣货位置，后发展成将网络连接的电子标签或者液晶显示器，安装在货架或料架上，灯亮指示商品的位置，显示器上显示的数字即为应当拣取的数量。

这种方式由计算机负责繁杂的拣货顺序的规划和记忆工作，拣货人员只需按照计算机指示执行拣选作业。这是一种可防止拣货错误，使人员直接反应动作以提高效率的有效方式，拣货人员无须手持并阅读拣货单据，解放了双手，避免发生错读现象；同时无须寻找，无须核对，也不会拿错，作业效率更高。电子标签拣货不仅在流动棚架上可行，在栈板料架及一般货品棚架上也可被使用。

（五）条码或射频识别装置

仓库中所有商品基本都贴有条形码。条形码被称为商品的"身份证"，是条形和空格构成的代表商品信息的符号。其代替商品外包装上的号码数字，贴在商品或货箱的表面，利用条和空对光线的反射率不同来传递不同的信息，便于条码扫描器识读。利用扫描器来读取商品条码后，可马上反馈出商品储存位置及储存数量信息，能提升库存管理精度，削减剩余库存，对缩短寻找货品时间及掌握实际库存量有很大的帮助。

射频识别装置又称为资料携带器、无线电辨识器，其运作方式为：将射频识别装置安装在移动设备上，将能接收并发射电波的RFID卡或标签等信息反应器安装在货品或储位上，当装有识别器的移动设备接近信息反应器时，识别装置立即读取反应器上的信息，通过天线由控制器辨别识读并传输至计算机，进行控制管理。

（六）无线通信

在拣选设备上安装无线通信设备，利用无线通信设备，把应该移至哪个通道、从哪个货位的哪个栈板拣取多少数量的某货品的信息，通过屏幕显示或者语音指示等方式传递给拣选设备上的拣货人员。

（七）自动拣货系统

自动拣货系统目前已发展成熟并且应用于一些大型配送中心。在自动拣货系统中，订单输入后自动转化为电子信息，指示机械完成拣货作业，无须人工介入。自动拣货系统效率高、出错率极低，能减少人员的使用，降低人工劳动强度，但设备成本非常高，初期投资大，后期维护费用也高。

三、选择拣取方法

在选择拣取方法时，需要综合多方面因素，订单的订货品种数、订货数量、品种重合度、出库频率、配送企业的每天接单量等都会影响拣选方法的选择。下面以按单拣选和批量拣选为例来说明如何选择拣取方法。

（一）按单拣选适用情况

（1）订单量不稳定，需求波动较大；

(2)订单之间品种重合度低,共同需求少,差异大;
(3)订单需求货物品种较多,不便于统计和合并、共同取货;
(4)订单出货数量大、品种少;
(5)客户要求的配送时间不一致,且对配送时间要求严格;
(6)订单需求货物品种多、数量少,但识别条件多,较容易跟其他商品混淆;
(7)订单需求货物品种体积小而单价高;
(8)便利店的配送作业;
(9)传统仓库改建的配送中心。

(二)批量拣选适用情况

(1)订单量稳定,数量较多;
(2)订单之间品种重合度高,共同需求多,差异小;
(3)订单需求货物品种较少,便于统计合并、共同取货;
(4)客户对配送时间要求不严,可集中一批送货;
(5)配送中心专业性强。

除以上两例外,商品体积小、重量轻、数量少的订单适合一人分拣,可以采用人工作业;商品体积大、重量大、数量多的情况可采用机械分拣法或者自动分拣法;配送中心规模大、占地面积广可采用分程传递法或者区间分拣法;商品性质差别较大、尺寸形状各异的可以采用分类分拣法。配送企业需要根据实际情况来选择恰当的拣货方法。

四、选择拣货单位

拣货单位是指拣货作业中拣取货物的包装单位,其因货物品种及储存方式及批量不同而有不同的形式。常规商品拣货单位可分成托盘、箱和单件三种形式。一般来说,托盘是体积、重量最大的拣货单位,其次为箱,最小的为单件。

(1)单件:单件商品包装成独立单元,如包、瓶、盒等,以该单元为拣取单位,是拣取的最小单位,多用人工操作。
(2)箱:由单件装箱而成,拣货过程以箱为拣取单位。
(3)托盘:由箱在托盘上堆码而成,托盘装载后加固,每只托盘码放数量固定,拣货时以整只托盘为拣取单位,必须配合叉车等机械设备使用。

除了常规商品,还有一些无法用箱、托盘等包装的特殊品:体积过大、形状特殊,或必须在特殊条件下作业者,如大型家具、桶装油料、散装颗粒、长杆形货物、冷冻货品等,都属于具有特殊性质的商品,拣货时需以特定的包装形式和包装单位为标准,拣货系统的设计也严格受限于此。

拣货单位的确定通常由订单分析的结果确定,从历史订单资料、商品特性、订货单位合理化等方面进行分析确定。如果订单中最小的订货单位是箱则不需以单件为单位,如果大批量订货则可以托盘为单位,库存中每一种货物都要根据实际情况来选择合适的拣货单位,

一种货物可能需要两种以上拣货单位。与客户沟通协商,引导客户,尽可能避免订单中出现过小的订货单位。过小的订货单位会增加拣货作业量,并引起作业误差。配送企业应进行合理整合、归类整理,最终确定拣货单位。

五、安排拣选路径

安排拣货路径是确定拣选的先后顺序和取货行走的线路,目的是在尽可能短的时间内完成拣货作业。

(一)影响拣货路径的因素

拣货路径的规划与订货批量和货物种类、货物特性、拣货设备、拣货区域布局、拣货方式及策略等因素相关。

1. 订单批量及货物种类

订单批量及货物种类决定了在拣货过程中拣货方法、拣货策略等的应用。这间接影响着拣货员在拣货区的行走路线。

2. 货物特性

货物特性影响了包装单位及拣货机械设备的使用,不同的包装可能在配送企业中规划了不同的路线,不同层次的单品如小件商品、箱装商品、托盘商品,要采用不同的拣货途径。

3. 拣货设备

不同的拣货设备具有不同的应用条件、不同的库区及通道要求,这决定了不同货物在拣选时需采用不同的拣货设备,因而每种货物在拣货路径设计时都应该考虑拣货设备。

4. 拣货区域布局

拣货区域中货架形态,货架排列格局,货架长度、宽度、深度,格道数量,宽度等都是影响拣货路径的重要因素。

5. 拣货方式及策略

拣货方式、策略的不同组合确定了拣货单上货物的不同拣选顺序,再由拣货员从其储位上取出,这就决定了拣货人员的行走路线,影响了拣货路径。

(二)拣货路径的选择

为了提高拣货的效率,缩短作业人员在仓库内的行走距离,需要精心设计拣货路径。无论采用何种拣货路径,均要考虑如何快速、准确、低成本地将货物拣出,同时还要考虑到操作方便、减少人工负荷等问题。通常有两种类型的路径可供选择:

1. 无顺序的拣货路径

无顺序的拣货路径就是由拣货人员自己决定在拣货区域内各通道拣选的顺序,以传票为拣货信息的拣货方式就是一种典型的无顺序拣货路径。在这种情况下,因为拣货信息不指示储位,也不按顺序排列货物,拣货人员完全靠自己的记忆进行寻找,所以完成一批订单很可能要在同一路径上重复行走,增加寻找时间、行走距离,增大劳动强度,拣货效率低下。

2. 有顺序的拣货路径

有顺序的拣货路径是指拣货信息按照拣选顺序逐一指示拣货人员进行拣取。按照这样的拣货路径,拣货人员一次走完全程就可以把订单上的所有货物取出,可以缩短拣货人员的行走距离,降低劳动强度,减少拣货误差,提高拣选效率。有顺序的拣货路径一般有以下几种设计:

(1)订单批量不大,订货品种不多,但拣选区域较广,货位分布较散时,可避开不需要拣选货物的通道,直接找到所需货位进行顺序拣选。

(2)订单批量大,订货品种多时,可以将订单拆分为多张拣选单,这些拣选单采用并联拣选的方式同时进行拣货。

(3)订单批量不大,但是订货品种较多时,可采用 S 形路线,一次走完全部通道,进行拣选。

六、行走搬运拣取

(一)行走搬运

拣货过程中,拣货作业人员或机器必须直接接触并拿取货物,因此形成拣货过程中的行走与货物的搬运,这一过程有三种完成方式。

1."人—物"方式

即货物静止,位置固定,拣货人员以步行或搭乘拣货车辆的方式到达货物储存位置。这一方式的特点是货物处于静态,主要移动方为拣取者。拣取者不仅包括拣货人员,还包括拣取机械、拣货机器人。主要涉及设备如下。

(1)储存设备:栈板储架(Pallet Rack)、轻型储架(Shelves)、货柜(Cabinet)、流动储架(Flow Rack)、高层储架(High Bay Rack)、数位显示储架(Digital Display Rack)。

(2)搬运设备:无动力台车(Picking Cart)、动力台车(Picking Vehicle)、动力牵引车(Tractor Vehicle)、堆高机(Forklift)、拣货堆高机(Picking Truck)、搭乘式存取机(Man Abord AS/RS)、无动力输送带(Free Conveyor)、动力输送带(Power Conveyor)、电脑辅助拣货台车(Computer Aided Picking Cart)。

2."物—人"方式

即拣货人员位置固定,不必行走寻找货物,主要移动方是货物,设备会把货物送至拣货人员面前。这种方式的特点是货品保持动态,如单元负载自动仓储、水平旋转自动仓储等。主要涉及设备如下。

(1)储存设备:单元负载自动仓储(Unit-load AS/RS)、轻负载自动仓储(Mini-load AS/RS)、水平旋转自动仓储(Horizontal Carousel)、垂直旋转自动仓储(Vertical Carousel)、梭车式自动仓储(Shuttle And Server System)。

(2)搬运设备：堆高机、动力输送带、无人搬运车（Automatic Guided Vehicle）

（二）拣取

拣货人员能够接触到货物时，一般采取两个动作，即拣取与确认。拣取是抓取物品的动作，确认则是确定所抓取的物品品种、数量是否与拣货指示相同。传统作业中多采用人工读取品名与传票或拣货单一一对比的确认方式；现代化的作业方法是利用阅读器读取条码后，再由电脑进行确认。

对体积小、批量小、重量轻、在人力搬运范围内且出货频率不是特别高的货物，多采取手工方式拣取；对体积大、重量大的货物，多利用台车、升降叉车等搬运机械辅助作业；对出货频率很高的货品则采用自动分拣系统进行拣货。

七、分类与集中

批量拣取出来的货物是多个客户的订单货物，拣取完毕后需要根据不同的客户或送货路线进行货物分类集中，有些需要进行流通加工的商品还需根据加工方法进行分类，加工完成后再按一定方式分类出货。

分货过程中多品种货物分货的工艺过程较复杂，难度也大，容易发生错误，必须统筹安排以形成规模效应，同时从细节入手，提高分货作业的精确性。在物品体积小、重量轻、订单数量不多的情况下，可以采取人力分货或旋转货架分货，大型配送中心还可利用自动分货机将拣取出来的货物进行分类与集中。分类与集中完成后，整个订单的拣取过程就结束了。

八、拣货策略

拣货策略主要包括分区、订单分割、订单分批、分类四种，具体如图 4-2 所示。

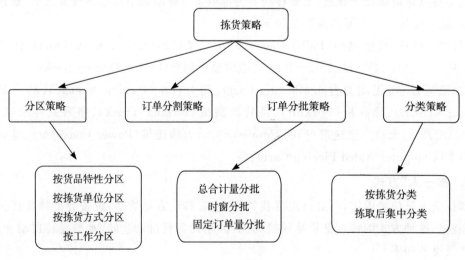

图 4-2 拣货策略

(一)分区

分区就是将作业场地进行区域划分,在设计拣选分区之前,必须先对作业场地进行了解、规划,才能使系统整体的配合完善。可以通过以下四种方式进行分区:

1. 按货品特性分区

货品特性分区就是根据货品原有的特性,按需要将货品分隔,如将体积、重量、外形差异大的货品分别存放,将需要特别储存搬运或分离储存的货品进行分隔,并且考虑货品同一性、类似性、相容性、互斥性,以保证货品在储存期间品质良好。这种分区往往与货品储存分区一致,在拣选单位的决定过程中,货品分组已按其特性完成,接着要做的就是根据不同的分组特性设计储存区域。该过程的原则是尽量使用共同设备,以降低设备操作成本。

2. 按拣货单位分区

按拣货单位分区,可划分为箱装拣货区、单件拣货区、有特殊性的冷冻拣货区等。这种分区方式将储存单位与拣货单位统一,以便拣取与搬运,使分拣作业单纯化。图 4-3 为按拣货单位分区示意图。

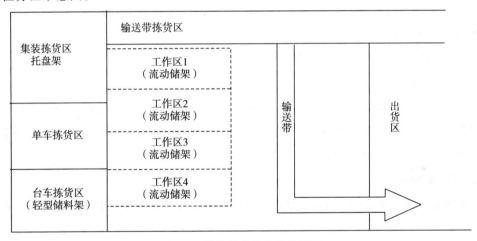

图 4-3 按拣货单位分区示意图

3. 按拣货方式分区

拣选方式除有批量拣货和按单拣货的分别外,还包括搬运、分拣及其设备等差异。若想在配送中心采取不同的拣选方式或设备,就必须考虑拣选方式的分区。通常拣选方式分区中,要考虑的重要因素是货品被订购的概率及订购量。概率和订购量越大、越多,则采取越具有时效的拣选方式和设备。这种分区方式可提高设施设备利用率,使作业区单纯化、一致化。

4. 按工作分区

先预计工作分区拣货能力,再算出所需的工作分区数,将拣货作业场地细分,由一个或一组固定的拣货人员负责拣取固定区域的货物。工作分区后,员工负责的作业区缩小,能减少拣货人员所需记忆的存货位置及移动距离,短时间内共同完成订单的拣取,但需注意拣取量平衡问题。图 4-4 为按工作分区示意图。

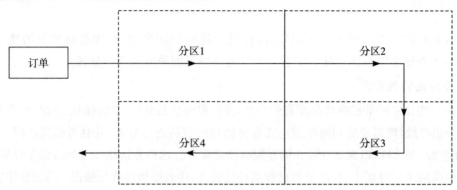

图 4-4　按工作分区示意图

（二）订单分割

订单分割就是将订单切分成若干个子订单,交由不同的拣货人员同时进行拣货作业。当订单上所购的商品种类较多,或者客户需求较为紧急,要求及时处理时,为了能在短时间内完成拣货处理,可利用订单分割策略加速拣货的完成。

订单分割分为按区域分割和按种类分割两种。

1. 按区域分割

一般是与分区策略配合运用的。对于采用拣选分区的配送中心,其订单处理过程的第一步就是要按区域进行订单的分割,然后各个拣选区根据分割后的子订单进行分拣作业。各拣选区子订单拣选完成后,再进行订单的汇总。

2. 按种类分割

对没有进行分区的配送中心,可以将订单里的货物按品种分类,切割成几个子订单进行拣选。

（三）订单分批策略

订单分批是把多张订单集合成一批进行批次拣货,其可以提高拣货作业效率。若将每批次订单中的同一商品进行汇总拣取,形成一张拣选单,然后把集中取出的货品分类至每一顾客订单,则形成批量拣取。这样不仅能缩短寻找时间,还能缩短行走距离。订单分批方式有以下四种:

1. 总合计量分批

合计拣货作业前所有累积的订单中每一商品项目的总量,再按总量进行拣取。这样可将拣取路径缩至最短,也有利于储存区域单纯化,但计算复杂,需要计算机分类系统来支持。此种方式适用于稳定需求、周期性配送,例如可在中午前将所有的订单搜集起来,在下午做订单合计处理,隔日一早再进行拣取分类作业。

2. 时窗分批

当订单要求紧急发货时，可利用此策略，开启短暂而固定的时窗，将这一时间段内收到的订单合成一批，进行批量拣取。时窗分批适用于到达时间间隔短而均匀，同时订购量及种类不宜太多的订单。时窗分批会因每个时窗到达的订单量不同而产生拣货量的不平衡以及作业等待问题。因此，如果将作业等待的时间缩短，则能大幅度提高拣货的产出效率。这种分批方式较适用于密集频繁的订单，且能应付紧急插单的需求如图 4-5 所示。

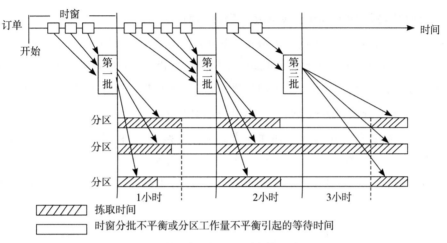

图 4-5　时窗分批示意图

3. 固定订单量分批

订单分批按先到先处理的原则，当订单量累计达到某一固定数量时开始进行拣货作业，如图 4-6 所示。这种方式类似于时窗分批，但固定订单量分批每次拣选固定数量的订单，作业效率更加稳定，不过有时候需要等单，处理速度慢于时窗分批方式。

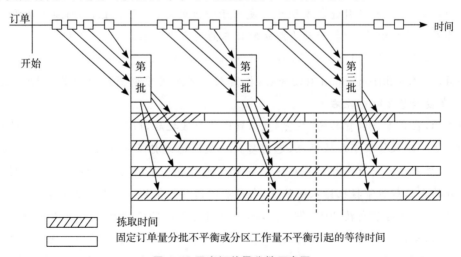

图 4-6　固定订单量分批示意图

4. 智慧型分批

将订单输入计算机汇总,经系统处理后,将拣货路径相似的订单分为一批。

(四)分类策略

若采用分批拣货策略,拣选完后还必须进行分类,即将集中批量拣选出的商品分至各订单或用户项下,因此需要与之相配合的分类策略。分类策略具体可分为以下两类:

1. 拣货时分类(SWP:Sort—While—Picking)

在拣取货物的同时将货物按订单分类,这种分类方式常与固定订单量分批方式或智慧型分批方式配合,因此须使用计算机辅助台车作为拣货设备,才能加快拣货速度并避免错误发生。这种方式较适合品种多数量少的货物拣选,每批次的客户订单量不宜过大。

2. 拣取后集中分类(SAP:Sort—After—Picking)

拣取完成后再进行集中分类。按作业方式又分为两种:一种是人工作业,将拣选货物搬运到空地上进行分发,考虑到人工负荷,每次货物总量不宜过大;另一种是机械作业,利用分类输送等设施设备进行集中分类。当订单分批较细、分批品种较多时,常使用机械分类。

任务三 拣货技术

案例导入

新兴市场国家的机器人企业正相继进入日本的物流领域。中国的上海快仓智能科技通过销售公司,2019年夏季开始向日本出售自动搬运机器人,可将从事货品提取工作的人员最多减为四分之一,而且引进成本低廉。发源于印度的Grey Orange也与日本大和房建工业等携手发动销售攻势,开拓劳动力短缺的日本的省力化需求。

据《日本经济新闻》网站7月30日报道,快仓智能科技最近已通过2018年12月设立的销售公司——Quicktron Japan启动营业,机器人计划应用于电商运营商等的物流设施,力争2019年度销售200台左右。

报道称,在负责提取货品的"拣货"员工到达作业区之后,搬运机器人将走向存放被订购商品的货架。进入货架下部的缝隙,连同货架一起搬运到拣货人员处。在拣货人员拿出必要数量后,机器人可将货架放回存放区。拣货人员无须为寻找商品而到处走动。利用嵌入核心系统的人工智能掌握机器人的位置,向最靠近商品货架的机器人发出取货指令。

据报道,快仓智能科技2014年设立,已向中国阿里巴巴集团旗下的仓库交付约700台搬运机器人,总计已有约5000台被投入使用。在中国的"双11"等电商的大规模促销活动时期进行大量商品拣货的人工智能学习,并积累了将机器人移动距离变得更短的方法,能提高作业效率。

报道称,在日本,大福等制造物流设施省力化设备的企业也很多。日本企业在运输商品的传送带等固定型机器人领域具有优势,在大型仓库,与自动搬运机器人相比,具有更快完成作业的优点,但快仓智能科技的搬运机器人无须对仓库进行大规模改建即可引进。其价格仅为固定型的三分之二到一半,引进所需的时间也仅为一半左右。

报道指出,在劳动力短缺的日本寻找商机的海外自动搬运机器人企业很多。印度的 Grey Orange 的"Butler"被大型综合家居企业似鸟公司等采用。2019 年秋季,该公司计划向机械工具批发商旗下的埼玉县内物流仓库交付约 70 台 Butler。此外,中国的极智嘉(Geek+)2017 年进入日本,被大型服装企业等引进。

据报道,调查公司富士经济统计数据显示,到 2025 年日本的新一代物流系统与服务市场业绩(包括日本企业的海外业绩)约为 3.9 万亿日元(100 日元约合 6.34 元人民币),比 2017 年增长 89.1%。在劳动力短缺问题无法化解的同时,电商市场正在扩大,省力化的需求正在增加。即使是日本有优势的领域,与海外企业的竞争也将日趋激烈。

任务目标

通过本项目的学习,了解拣货作业设备,掌握拣货作业设备的选择,熟悉拣货的信息技术,了解自动拣货系统的运作流程。

任务学习

一、拣货作业设备

(一)储存设备

配送中心为了提高效率,根据不同的物品属性、保管要求、用户要求等采用适当的储存设备,使得货物存取方便、快捷,减少面积占用。

1. 货架的含义和功能

货架泛指存放货物的架子,由支架、隔板或托架组成的立体储存货物的设施。货架在物流配送中心必不可少,几乎无处不在。随着现代工业的迅猛发展,物流量的大幅度增加,我国企业对物流配送的重视程度不断提高,从而对配送中心也提出了更高的要求,因此货架的应用越来越普遍,而且要求具有多功能,并能实现机械化、自动化作业。

货架的功能:作为一种架式结构物,可充分利用仓库空间,提高库容利用率,提高仓库储存能力;货架上的货物互相不挤压,物资损耗小,可保证物资本身的性能,减少货物的损失;货位明确,便于清点计量;可采用防潮、防尘、通风、防盗、防破坏等措施来提高货物储存质量;存取方便,利于实现机械化、自动化作业,有利于实现仓储系统的机械化和自动化管理。

2. 货架的分类

(1)托盘货架。托盘货架专门用于存放堆码在托盘上的货物,通用性较强。一般由支柱加横梁构成。可以先将货物放置在托盘上,然后直接将托盘放置在货架上,每一个托盘占一个货位,利用叉车存取。

托盘货架可实现机械化装卸作业,便于单元化存取,提高仓容利用率,提高劳动生产率,出入库可做到先进先出。

(2)倍深式托盘货架。它是把两排托盘货架结合起来,减少通道面积,增加储位密度,其他结构与一般托盘货架基本相同。可增加单位面积储存量,但是存取性和出入库方便性略差,必须配合倍深式叉车使用。

(3)驶入式货架。驶入式货架可供叉车或者带货叉的无人搬运车驶入通道存取货物。驶入式货架除了面向通道的货位,其他货位需要叉车进入货架内部存取货物,通常单面取货建议不超过7个货位深度。托盘质量和规格要求较高,托盘长度需在1300毫米以上。储存密度高,但是存取性差,不易做到先进先出,不宜储存太长太重的物品,适用于大批量少品种,对先进先出要求不高或批量存取的货物存储。

(4)驶出式货架。也属于贯通式货架的一种,类似于驶入式货架,但通道末端没有拉杆封闭,货架是通的,因此两端均可安排存取,可实现先进先出。

(5)旋转式货架。旋转式货架设有电力驱动装置,货架沿着由两个直线段和两个曲线段组成的环形轨道运行,由开关或计算机操纵。操作简单,存取迅速,适用于多品种小物品的存取,存取效率和空间利用率较高。旋转式货架按其旋转方式分为水平旋转和垂直旋转两种。

(6)轻型货架。一般采用装配式,灵活机动,结构简单,承载能力较差;适于人工存取轻型仓库或小件货物;存放物资数量有限,是人工作业仓库的主要储存设备。

(7)重力式货架。货架两端具有一定高度差,并且都安装带有轨道的滑道,入库货物在重力的作用下,由入库端滑向出库端,直到滑道的末端已有货物单元停住为止。位于滑道出库端的第一个货物单元被取走后,后面的各货物单元在重力作用下依次向出库端移动一个货位。主要适用于大批量少品种储存货物的存放或配送中心的拣选作业中。

其优点是:货架之间没有作业通道,库房利用率高,利于货物先进先出,安装快速,搬动容易,拣选功能大于储存功能,减少了出入库工具的运行距离。

其缺点是:货架成本高,承载力有限制,对环境清洁度要求高。

(8)后推式货架。后推式货架又名压入式货架,是在前后梁间以多层台车重叠相接。存入时从外侧将单元货物置于台车推入,后储存之货品会将原先货品推往里面;取货时,前一单元货物被取走,后一单元货物自动滑向前方入口。其特点是:当某产品需求量大而又不要求"先进先出"时,能简化工作程序,效益显著;缩短拣取时间,不需要特殊的搬运设备;通道较少,仓储空间利用率高;单元货物之间不紧密接触,能避免高密度储存货架在装卸作业中常易产生的货损。

(9)移动式货架。移动式货架放置在轨道上,货架底部设有行走轮或驱动装置,靠动力或人力驱动可以沿轨道移动。在不进行出入库作业时,各货架之间没有通道相隔,紧密排列,全部封闭,可防尘、防光,并且可全部锁住,确保货物安全。其特点是:减少了通道数,地面使用率达80%;存取方便,自动运行;但建造成本较高,维护比较困难。主要适用于仓库面积有限,但数量众多的货物的存储。

(10)阁楼式货架。阁楼式货架把空间灵活设计为双层以上,适合各种类型货品的存放,上层放轻的货物。简单来说,就是利用钢梁和金属板将原有储区作为楼层区隔,每个楼层可放置不同种类的货架,而货架结构具有支撑上层楼板的作用。

阁楼式货架可有效提高空间利用率,但上层不适合重型搬运设备移动,存取作业效率低。主要用于仓库场地有限而存放物品品种很多的仓库或用于存放储存期较长的中小件货物。

(11)悬臂式货架。在立柱上装设悬臂来构成悬臂式货架,货架一般高度在 6 m 以下,空间利用率较低,约为 35%～50%。货架前伸的悬臂结构轻巧、载重能力好,适合存放长条状或长卷状、大件和不规则货物。悬臂式货架适合空间小、高度低的库房,适用于人力存取操作,不便于机械化作业。

(二)装卸搬运设备

在货场、站台中采用的主要机械设备包括桥式起重机、龙门起重机、汽车起重机、门座起重机叉车等;在库房中采用的机械设备包括起重设备中的堆垛起重机、升降平台、搬运车辆中的叉车、手推车、自动导引车等。

1. 堆垛起重机

堆垛起重机是指采用货叉或串杆作为取物装置,在仓库搬运和堆垛或从高层货架上取放单元货物的专用起重机。在立体仓库通道内来回运行,将位于巷道口的货物存入货架的货格,或者取出货格内的货物运送到巷道口,以完成对集装单元或拣选货物的出入库作业。堆垛起重机具有作业效率高、仓库利用率高、自动化程度高、稳定性好等优点,因而使用广泛。

堆垛起重机的分类有很多种,下面介绍库房中常用的几种堆垛起重机。

(1)无轨堆垛起重机。又称高架叉车,起升高度比普通叉车要高,一般在 6 米左右,最高可达 13 米,空间利用率高,机动灵活性强。

(2)有轨堆垛起重机。沿着巷道内的轨道运行,一般适用仓库高度为 6～24 米,最高可达 40 米。有轨堆垛起重机所能达到的高度比无轨堆垛起重机要高得多,需要的巷道宽度更小,定位精度更高,工作效率更高,但其机动性比高架叉车要差很多。

(3)桥式堆垛起重机。桥式堆垛起重机是横架于车间、仓库和料场上空进行物料吊运的起重设备。它的两端坐落在高大的水泥柱或者金属支架上,形状似桥。桥式堆垛起重机的桥架沿铺设在两侧高架上的轨道纵向运行,可以充分利用桥架下面的空间吊运物料,不受地面设备的阻碍。它是使用范围最广、数量最多的一种起重机械。

(4)巷道堆垛起重机。巷道堆垛起重机沿货架仓库巷道内的轨道运行,使得作业高度增加;采用货叉伸缩机构,使货叉可以伸缩,这样就可以缩小通道占地面积,提高仓库的利用率;巷道堆垛起重机一般采用半自动和自动控制装置,运行速度快,生产效率高;只能在货架巷道内作业,因此要配备出入库装置;机架有较高的制造与安装精度要求;采用特殊形式的取物装置,常用多节伸缩货叉或货板;各机构电气传动调速要求高,要求启制动平衡,停车准确,采用安全保护装置,措施齐全。

2. 叉车

叉车又称铲车、叉式装卸车,是装卸搬运机械中最常见的具有装卸、搬运双重功能的机械,是无轨运动的起重运输机械。以货叉作为主要的取货装置,依靠液压起升机构升降货物,由轮胎式行驶系统实现货物的水平搬运。叉车除了使用货叉,还可以更换各类装置以适应多种货物的装卸、搬运作业。叉车机械化程度高、机动灵活性好,可以"一机多用",可提高仓库空间利用率,堆码高度一般可达3~5米,成本低、投资少,与大型起重机械相比,经济效益好,有利于进行托盘成组运输和集装箱运输等。

叉车把水平方向的搬运和垂直方向的起升紧密结合起来,能有效地完成各种装卸、搬运作业。叉车有多种类型,用途广泛。叉车按其动力装置不同,分为内燃叉车和电瓶叉车;按其结构和用途不同,分为平衡重式叉车、插腿式叉车、前移式叉车、侧面式叉车、跨车以及其他特种叉车等。

常用的叉车类型有如下几种。

①平衡重式叉车。平衡重式叉车是叉车中应用最广泛的。它的特点是货叉伸出在车身的正前方,货物重心落在车轮轮廓之外。为了平衡货物质量产生的倾覆力矩,保持叉车的纵向稳定性,在车体尾部配有平衡重。平衡重式叉车要依靠叉车前后移动才能叉卸货物。

②低提升托盘叉车。低提升托盘叉车又分为手动与电动两种类型。以人力操作水平及垂直方向移动的搬运车称为手动托盘搬运车。电动托盘搬运车是以电瓶提供动力进行举升及搬运操作。低提升托盘叉车的操作人员进行的所有作业都可站立于地板上完成,因此该类叉车为步行式搬运车辆。

③插腿式叉车。插腿式叉车的特点是前方带有小轮子的支腿能与货叉一起伸入货板叉货,然后由货叉提升货物。由于货物重心位于前后车轮所包围的范围之内,叉车的稳定性好,无须配重。与平衡重式叉车相比,结构简单,自重和外形尺寸小,适合在狭窄的通道和室内作业,但其速度较低,行走轮直径小,对地面要求较高。

④前移式叉车。前移式叉车货叉可沿叉车纵向前后移动。取货卸货时,货叉伸出,叉卸货物以后或带货运行时,货叉退回到接近车体的位置,因此叉车行驶时的稳定性较好。前移式叉车分门架前移和货叉前移式两种。货叉前移式叉车的货叉移动而门架不动,货叉借助于伸缩结构单独前伸;门架前移式叉车的货叉与门架一起移动。

⑤侧面式叉车。侧面式叉车主要用于搬运长大件货物。门架和货叉位于车体中间的一侧,货叉不仅可上下运动,还可前后伸缩。叉车行驶时,货物置于车体平台上,整车稳定性好。

⑥拣选式叉车。拣选式叉车是操作台上的操作者可与装卸装置一起上下运动,并拣选两侧货架内物品的叉车。按升举高度可分为低位拣选叉车和高位拣选叉车,立体仓库中一般采用高位拣选叉车。该种叉车适用于少量多样出入库的特选式高层货架仓库,起升高度一般为4~6米,最高可达13米,可大大提高仓库空间利用率。为保证安全,操作台起升时,

整车只能微动运行。

3. 人力作业车辆

拣选搬运过程中,人力车辆的作业仍占有一定的比重,基于搬运活动的复杂性和用户需要的多样性,以人力作业来衔接、补充机械化的工艺流程。人力作业车辆轻便灵活,广泛应用于仓库、配送中心、工厂、百货公司、机场及医院。

(1)手推车。轻巧灵活,易操作,回转半径小,价格低,应用广泛。其中二轮杠杆式手推车是最古老的、最实用的人力搬运车,但因靠体力装卸、保持平衡和移动,所以仅适合装载较轻、搬运距离较短的场合。

(2)手推台车。手推台车每次搬运量为5~500千克,水平移动距离30米以下,搬运速度30米/分以下。根据其应用和形式的不同,手推台车可分为立体多层式、升降式、登高式等。

①立体多层式手推台车。立体多层式手推台车是为了增加置物的空间及存取方便性,而把传统单板台面改成多层式台面,此种手推车常常用于拣货场合。

②升降式手推台车。一般用于搬运某些体积较小、质量较大的金属制品或人工搬运移动吃力的场合。此种手推车除了装有升路台面来供示载物升降,其轮子一般采用耐负荷且附有利车定位之车轮以便准确定位和上下货。

③登高式手推台车。作业人员在进行拣货作业时常因货架高度较高而需爬高取物,故有些手推车旁设计附有梯子以方便取物,称为登高式手推台车。

4. 自动导引搬运车(Automated Guided Vehicle,AGV)

自动导引搬运车(AGV)是指装有自动导引装置,能够沿规定的路径行驶,在计算机的交通管制下有条不紊地运行,并通过物流系统软件集成在物流系统、生产系统中,在车体上还具有编程和停车选择装置、安全保护装置及各种物料移载功能的搬运车辆。多台不同类型、用计算机控制的自动导引搬运车组成自动导引搬运车系统(AGVS)。AGVS广泛应用于柔性生产系统、柔性搬运系统和自动化仓库中。

(三)输送设备

连续输送机械是以连续、均匀、稳定的方式沿着一定的线路从装货点到卸货点均匀输送散装货物和成件包装货物的机械,具有高效性、自控性好、通用性差的特点,主要设置在进货场、检验场、分类场、配货发送场、仓库和流通加工车间之间,是生产加工过程中构成机械化、自动化、连续化流水作业运输线不可缺少的部分,也是自动化仓库、配送中心、大型货场的生命线。

1. 带式输送机

带式输送机是以电动机作为动力,以胶带作为输送带,利用摩擦力连续输送货物的机械,是应用最为广泛、最为典型的连续输送机。带式输送机主要用于散料的输送,既可水平方向运动,又可以进行小倾角的倾斜输送。在各种输送机械中,它效率最高、输送距离最长、工作平稳、能耗小、自重轻、噪声小、操作管理容易,适用于冶金、煤炭、机械电力、轻工、建材、粮食等各个部门。

带式输送机由输送带、滚筒、托辊、张紧装置、驱动装置、动力装置构成。布置形式主要有水平的、倾斜的、带凹弧曲线的、带凸弧曲线的、带凹凸弧曲线的。

随着需求的增加,逐步出现了各种新型带式输送机,如大倾角带式输送机、花纹带式输送机、波形挡边带式输送机、双带式输送机、中间带驱动的带式输送机、气垫式输送机、管状带式输送机等,以适应不同的输送需求。

2. 辊道式输送机

辊道式输送机是由一系列以一定间距排列的辊子组成的用于输送成件货物或托盘货物的输送机械。采用辊道式输送机,货物和托盘的底部必须有沿输送方向的支承面。辊道可以是无动力的,货物由重力或人力推动,辊道也可以布置成有一定的坡度,利用货物的自重移动;辊道也可以是有动力的。辊道式输送机可以改变输送方向,为此要把锥型辊子布置成扇型。

辊道式输送机与其他输送成件货物的输送机相比,具有结构简单、运转可靠、布置灵活、输送平稳、使用方便、经济、节能的优点。最突出的特点是它与生产过程和装卸搬运系统能很好地衔接和配置,并具有多样性的功能,易于开展流水线作业,可并排组成大宽度的输送机,以运送大型成件物品。由于这些特点,其在仓库、港口、货场得到了广泛的使用。

3. 链式输送机

利用链条牵引、承载,或在链条上安装金属网、板条、辊道承载物料的输道机。

4. 刮板输送机

用刮板链牵引,在槽内运送散料的输送机叫刮板输送机,主要由封闭断面的机槽刮板链条、驱动装置及张紧装置等部件所组成,刮板链条既是牵扯引构件又是承载构件。输送物料时,刮板链条全埋在物料之中。工作时,可以由加料口将物料加入机槽内,也可在机槽的开口处由运动着的刮板从料堆取料。刮板输送机可以水平、倾斜和垂直输送粉尘状、小颗粒及小块状等散货。刮板输送机结构简单、造价低、密封性好,但物料与刮板和机槽之间有摩擦,浪费动力且容易磨损物料。

5. 提升机

提升机应用于竖直方向或当倾斜角很大时运送散粒或碎块物料或大量的成件物品。在运送散粒或碎块物料时,应用斗式提升机为宜;在运送成件物品时,应用托架提升机为宜,斗式提升机一般仅能输送粉粒状或中小块状散货。

与其他输送机相比,提升机能在垂直方向输送物料而占地面积较小;在提升高度相同时,输送路线大为缩短,使其系统的布置紧凑;能在全封闭的罩壳内进行工作,有较好的密封性,从而可减少对环境的污染。但提升机也有其不足之处:输送物料的种类受到限制;对过载敏感性强;要求均匀给料。

6. 螺旋输送机

螺旋输送机是利用带有螺旋叶片的螺旋轴的旋转使物料做沿螺旋面的相对运动,物料受到料槽或输送管臂的摩擦力作用不与螺旋一起旋转,从而将物料推移向前实现输送的机械。

优点:结构简单、紧凑,工作可靠,易于维修;便于输送易扬的、炽热的及气味强烈的物料,可有效地减少对环境的污染;物料可以在路线任意一点装载,也可以多点装载,并且输送是可逆的;料槽的刚度较大,能承受一定的弯矩作用。

缺点:单位功耗较大;螺旋和料槽容易磨损,物料也容易破碎;对超载敏感,易产生堵塞现象。

所以一般输送距离不长,生产效率较低,适于输送摩擦性较小的粉状、颗粒状或小块物料,不宜输送黏性大、易结块、磨损性强、易破碎及大块的物料。

7. 气力输送机

气力输送机是利用在管道内运动气流的能量对物料进行输送的装置,常用于大批量的散装物料,如粮食、矿砂、煤粉等的输送。根据管道内工作气流的压力状况,可分为正压输送和负压输送。

优点:因采用密封的管道输送,灰尘和热量的散发大为减少,对环境的污染少;受周围条件和气候变化的影响小;输送装置设备简单,没有回程,投资少,见效快;对输送区段的房屋无特殊要求,管道布置比较灵活,占地面积小;输送生产率高,装卸成本低;利于实现散装运输。

缺点:动力消耗较大,相应的输送物料量不够大;运送的物料潮湿时,容易造成堵塞;在输送摩擦性物料时,对管道的磨损较大;工作时有一定的噪声。

8. 空间输送设备

包括空中移载台车、垂直升降输送机、旋转滑槽式垂直输送机等。

空中移载台车悬挂在空中导轨上,通过卷扬机和升降带运行,快速、准确、安全、所占空间小;垂直升降输送机在各楼层之间输送货物,能充分利用空间;旋转滑槽式垂直输送机利用重力和螺旋倾斜滑槽工作,没有驱动装置,倾斜度在12°以内,速度缓和,可连续输送料箱,可暂存于槽内,基本没有噪声,结构简单,成本低,维修费用低。

二、拣货信息技术

现代化拣货过程中,运用了多方面信息技术,如电子标签技术、条码技术、射频识别技术等。

(一)电子标签拣货

电子标签拣货系统的工作原理是利用电子标签来实现品种、库位指示、出库数量显示以及信息确认,最终帮助拣货员完成拣货。其作业流程如下。

(1)资料输入员输入资料给计算机,自上位计算机下载订单资料。

(2)控制器及接线箱将输入资料传送至货架上电子标签。

(3)电子标签显示出拣货数量。

项目四 拣货作业管理

(4)拣货员按照实时指示,快速而准确地执行拣货指令,不必携带拣货单。

(5)拣货员按下"完成"按钮,回报完成信号给计算机,进入下一张订单。

（二）条码技术

条码是利用光电扫描识读设备来实现计算机数据输入的一种代码,它由一组规则排列、黑白相间的线条组成,每条线的宽窄不同,代表不同的数据、字母信息和某些符号。它具有简单、信息采集速度快、采集信息量大、可靠性高、灵活实用、自由度大、设备结构简单、成本低等优势。

条码技术在拣选中可以运用于收发货条码管理、拣货工具和人员的条码管理、拣选品种条码管理,此外,条码还可以用于对商品进行盘点、查询,对商品供货商的管理。

（三）射频识别技术的概念

射频识别技术(Radio Frequency Identification,RFID)的全称是无线射频识别技术,又称为电子标签,它是利用无线电波对记录媒体进行读写的。它的核心部件是一个电子标签,直径不到2毫米,通过相距几厘米到几米的传感器发射的无线电波,可以读取电子标签内储存的信息,识别电子标签代表的物品、人的身份。其优势有:防水、防磁、耐高温,使用寿命长;非接触作业;一次非接触识别多个物体;具有可读写能力;可携带大量的数据,且阅读速度非常快;难以伪造和智能化等。

射频识别技术具有广阔的应用空间,适用于物料跟踪、运载和货架识别等要求非接触数据采集和交换的场合。由于射频识别技术具有可读写能力,所以其对于需要频繁改变数据内容的场合尤为适用。

三、自动分拣系统

自动分拣系统(Automated Sorting System)作业过程可以简单描述如下:物流中心每天接收成百上千家供应商或货主通过各种运输工具送来的成千上万种商品,在最短的时间内将这些商品卸下并按商品品种、货主、储位或发送地点进行快速准确的分类,将这些商品运送到指定地点,如指定的货架、加工区域、出货站台等;同时,当供应商或货主通知物流中心按配送指示发货时,自动分拣系统在最短的时间内从庞大的高层货存架存储系统中准确找到要出库的商品所在位置,并按所需数量出库,将从不同储位上取出的不同数量的商品按配送地点的不同运送到不同的理货区域或配送站台集中,以便装车配送。自动分拣系统能连续、大批量地分拣货物,分拣误差率极低,分拣作业基本实现无人化。

自动分拣系统一般由七个部分组成,即收货输送机、分拣指令设定装置、送喂料输送机、合流装置、分拣卸货道口、分拣输送机、计算机控制器。

（一）收货输送机

货物经验收无误后,送入由多条输送带组成的分拣系统。这些输送机多使用辊筒输送机,具有积放功能,即当前面的货物遇阻时,其后货物下的输送带辊筒自动停止运转,使货物得以在滚筒输送机上暂存,请除阻碍后自动继续前进。

（二）分拣指令设定装置

通常在待分拣货物上贴上有到达目的地标记的标签,或在包装箱上写上收货方的代号,以表明货物到哪个道口分拣,并在进入分拣机前,由信号设定装置把分拣信息如配送目的地、客户名等,输入计算机中央控制器。在自动分拣系统中,将分拣信息转变成分拣指令可以采用人工键盘输入、声控、激光自动阅读物流条码、计算机程序控制等方式。

（三）送喂料输送机

货物在进入某些自动分拣机前,先经过送喂料输送机。送喂料输送机使前后货物之间保持一定间距,均衡地进入主输送机。

（四）合流装置

大规模的分拣系统分拣数量较大,往往由多条输送带传输被拣物品,它们经过各自的分拣信号设定装置后,经过合流装置汇总。

（五）分拣卸货道口

分拣卸货道口是用来接纳分拣机构送来的被拣货物的装置。一般采用斜道,上部设置动力滚道,使被拣商品进入斜滑道。

（六）分拣输送机

分拣输送机是自动分拣机的主体,包括货物传送装置和分拣机构两部分。货物传送装置把被拣货物送到指定的分拣道口位置,分拣机构把被拣货物推入分拣道口。

（七）计算机控制器

计算机控制器是整个系统的中枢神经,负责向各个执行机构传递分拣信息。

引进自动分拣系统需考虑以下两个方面的问题。

1. 一次性投资巨大

自动分拣系统一般建在立体仓库中,且库内配备各种自动化的搬运设施,需要建设机械传输线,短则40~50米,长则150~200米,还需配套安装机电一体化控制系统、计算机网络及通信系统等。这一系统占地面积大,约需2万平方米以上。库内配备这样的系统需要花10~20年才能收回成本,大都由大型生产企业或大型专业物流公司投资,小企业无力进行此项投资。

2. 对商品外包装要求高

自动分拣机只适合分拣底部平坦且具有刚性的包装规则的商品。袋装商品、包装底部柔软且凹凸不平、包装容易变形、易破损、超长、超薄、超重、超高、不能倾覆的商品不能使用普通的自动分拣机进行分拣。因此为了使大部分商品都能用机械进行自动分拣,可以采取两条措施:一是推行标准化包装;二是根据所分拣的商品包装特性定制分拣机。

项目小结

　　拣货系统是物流系统中工作量最大、最烦琐、最易出错的一个环节,它连接着进货出货,影响着库存信息的准确性。一个高效的拣货系统能使商品高效地流动,提高仓库的空间利用率;反之商品流动慢,库存积压严重,仓库的空间利用率低。拣货系统自动化水平的高低直接决定了物流中心性能的强弱。

项目四　拣货作业管理

同步练习

一、单项选择题

1. 一般来说,(　　)是体积、重量最大的拣货单位。
 A. 托盘　　　　　　B. 箱　　　　　　C. 单件　　　　　　D. 个

2. 当订单要求紧急发货时,可利用(　　)策略。
 A. 总合计量分批　　　　　　B. 时窗分批
 C. 固定订单量分批　　　　　D. 智慧型分批

3. 拣货作业的第一个环节是(　　)。
 A. 形成拣货资料　　　　　　B. 选取拣货方法
 C. 选择拣货路径　　　　　　D. 搬运和行走

二、填空题

1. 拣货策略可以分为_____、_____、_____和分类。

2. _____是最小的拣货单位。

3. 按作业程序分类,可将拣货方法分为_____、_____、_____和分类分拣法。

三、简答题

1. 什么是拣货作业?
2. 拣货信息的传递通常有哪些方式?
3. 拣货作业有哪些方式?
4. 影响拣货策略的因素有哪些?
5. 拣货作业的基本流程是什么?

四、案例分析

一间仓库,有十几台叉车加上数百名分拣、搬运、打包的工人似乎是传统仓储业的真实写照,这些传统思维和落后的软硬件设施也束缚了国内物流仓储行业的产能升级。随着B2C电商销售模式的快速发展,订单日趋个性化和复杂化。如果一份订单包含几种甚至十几种不同的品类,在传统的仓库中,工人们可能需要在货架间穿梭配货,极其耗时,差错率也高,显然不符合B2C对货物高速分拣出货的要求。

在SKU360"华东一号"仓库中,一切都发生了变化。单层立体式货架高达24米,整个中央库房空无一人,只看到各类托盘、货箱流转于各个堆垛机器和流水线之间。在SKU360的订单履行中心,我们看到货箱排着队,自动依次从拣货人员面前通过,拣货人员简单地根据屏幕上的提示,几乎是下意识地进行着拣货的动作,短短20分钟内,上千个订单就已经完成了拣货,流转到了发货的月台。而整个订单履行中心,只有8个人。自动化设备和软件技术的无缝对接使仓库日出货百万数量级实现的可能性得到了验证,电商爆仓困境有了合适的解决方案。

"华东一号"将工业4.0的理念融入仓库的设计、建造和运转中,采用最先进的自动化设备、软件技术和符合中国电商经验的运作模式,为互联网企业提供真正意义上的智慧仓储,同时也提升了仓储物流行业的整体效能。智慧仓储是"华东一号"的灵魂,所有货物都设计有严格高效的入库和出库策略,并应用了节能环保的电力回收技术,实现二氧化碳零排放。较传统仓库,其土地利用率提升了5倍,而吞吐量达到了传统仓库的20倍。

思考题

1."华东一号"智能仓库的优势体现在哪里?
2.你认为以后拣选的发展趋势是什么?

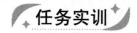

实训项目　制作拣选单

实训任务

在上一章节中同学们根据订单需求及现有库存量进行了库存分配,现在请根据库存分配结果制作拣选单。具体库位安排如下,请注意两个不同仓库需分成两张拣选单。

常温仓库货架		
伊利高钙低脂奶	伊利纯牛奶	
蒙牛特仑苏	蒙牛纯牛奶	
皇氏大红枣酸奶	皇氏紫牛奶	娃哈哈爽歪歪 C010201
康师傅冰红茶	蒙牛真果粒	统一奶茶(巧克力)

备注:C010201代指常温仓库中第一个货架、第二层、第一列的货位,请按这一规则进行货位编码。

低温仓库货架		
皇氏皇品乳	皇氏老酸奶	D010201
冠益乳八连杯	冠益乳利乐冠	蒙牛红枣酸牛奶

备注:D010201代指低温仓库中第一个货架、第二层、第一列的货位,请按这一规则进行货位编码。

项目五 流通加工与包装组织

学习目标

知识目标

1. 了解流通加工的基本概念、类型、地位和作用；
2. 掌握流通加工的不合理形式以及采取的合理化措施；
3. 了解物流包装的概念及其功能；
4. 理解物流包装分类、重点掌握配送作业包装；
5. 了解物流包装材料，常用的包装容器以及常用的物流容器的材料；
6. 了解常用包装技术及其应用方法。

技能目标

1. 能对流通加工任务进行合理优化；
2. 能够对不合理流通加工的典型案例进行分析；
3. 能够辨别各类包装标识；
4. 能够辨别不同包装材质特性；
5. 能设计简单包装以及能应用包装技术进行简单包装。

任务一　流通加工

案例导入

阿迪达斯设立流通加工的超级市场

阿迪达斯公司在美国的一家超级市场，设立了组合式鞋店，店里摆放着的不是成品鞋，而是做鞋用的半成品，款式花色多样，有6种鞋跟、8种鞋底。鞋面的颜色以黑、白为主，搭带的颜色有80种，款式有百余种。顾客进店可任意挑选自己所喜欢的各个部件，交给职员当场进行组合。只要10分钟，便可得到一双崭新的鞋。这家鞋店昼夜营业，职员技术熟练，鞋子的售价与成批制造的价格差不多，有的还稍便宜些。所以顾客络绎不绝，营业额比邻近的鞋店多10倍。

思考：

1. 上述阿迪达斯公司的超级市场设立的组合式鞋店的流通加工属于什么类型的流通加工？

2. 通过以上案例，试分析流通加工的作业有哪些。

任务目标

通过本项目的学习，了解流通加工的基本概念、类型、地位和作用、物流包装的概念及其功能、物流包装分类、配送作业包装，掌握不合理的流通加工形式以及采取的合理化措施、常用包装技术及其应用方法。

任务学习

一、流通加工概述

（一）流通加工的含义

流通与加工是两个不同的范畴。加工是指改变物资的形状和性质，形成一定产品的活动；流通则是改变物资空间状态与时间状态的过程。流通加工属于加工的范畴，是加工的一种。它是生产加工在流通领域的延伸，也可以看成流通领域在职能方面的扩大。也就是说，物流领域的流通加工是指在物品从生产地到使用地的流通过程中，为了促进销售，维护产品质量，实现物流的高效率所采取的使物品发生物理和化学变化的简单作业（包装、分割、计量、分拣、刷标签、检标签、组装等）的总称。

流通加工是流通中的一种特殊形式，是和生产一样通过改变和完善流通对象的原本形态来实现"桥梁和纽带"的作用。

从本质上来说，流通加工是将产品加工工序从生产环节转移到物流环节，是产品在流通过程中的辅助加工活动，是物流系统的构成要素之一。

（二）流通加工与生产加工的区别

加工是通过改变物品的形态或性质来创造价值，属生产活动；流通是改变物品的空间状态和时间状态，并不改变物品的形态和性质。而流通加工处于不易区分是生产还是流通的中间区域，不改变产品的基本形态和功能，只是完善产品的使用功能，提高产品的附加价值，同时提高物流系统的效率。流通加工和一般的生产加工在加工方法、加工组织、生产管理方面并无显著区别，但在加工对象、加工程度方面差别较大，其差别主要如下表。

表 5-1　流通加工与生产加工的区别

项目	生产加工	流通加工
加工对象	原材料、零部件或半成品	流通过程中的产品
所处环节	生产过程	流通过程
加工程度	复杂加工	简单加工
附加价值	创造价值和使用价值	完善使用价值
加工单位	生产企业	流通企业
加工目的	为获得利润创造条件	为流通创造条件

流通加工将产品加工工序从生产环节转移到物流环节中进行。由于仓储中的物品处于停滞状态,所以流通加工不影响物品的流通速度,能使产品及时满足市场不同客户的需求和消费变化的需求。流通加工比生产加工的成本高,但是可以根据客户需求促进销售,从整体上讲可以降低物流成本。

(三)流通加工的基本作业内容

流通加工的作业内容很多,主要有以下几种。

1. 在库物品的初始加工

常见的有原木、玻璃原片、石材或者钢板的加工,如图 5-1、5-2、5-3。

有一些物品过长、过大,为了方便储存、运输和装卸搬运,以及为了满足客户的需求,要对这些物品进行初步的加工。例如,在石材的流通加工点,将石材的荒料锯裁成各种厚度的板材(石材大板);一些天然大理石或花岗岩的碎石可以用作填充料,用水泥、石膏和不饱和聚酯树脂为黏合剂,经搅拌成型、研磨和抛光后制成人造大理石。

图 5-1　石材荒料加工

毛板加工一般有两种加工方式:砂锯,可加工宽度为 2200 毫米左右;圆盘锯,可加工最

图 5-2 毛板加工

大宽度为 1100 毫米。

图 5-3 玻璃原片切割

2. 流通物品的终极加工

有一些生产产品在生产线出品以后,为了客户需求,在出厂之前进行最后的加工。如单元板块幕墙玻璃的组装(如图5-4)。组装时要在明显处贴标识,填写对应工程名称、工序号、图纸号、操作者姓名,及检查员检验结果。

3. 配送物品的堆放

检验组装后,检验员检验合格后成品入库或者露天堆放,并按标识做好记录,以备查找(如图5-5)。

项目五　流通加工与包装组织

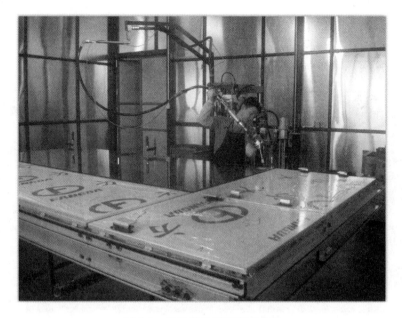

图 5-4　单元板块幕墙玻璃组装

图 5-5　单元板块堆放

4. 发货物品的集包

根据客户需求将成品按照一定的规律(品种、颜色或者工程名称)堆放整齐(如图 5-6),以备出库。

图 5-6　发货物品集包

二、流通加工的类型

(一) 根据流通加工的目的不同进行分类

1. 为弥补生产领域加工不足的深加工

有许多产品在生产领域的加工只能到一定程度,这是由于许多因素限制了生产领域不能完全实现终极加工。例如,钢铁厂的大规模生产只能按标准规定的规格生产,以使产品有较强的通用性,使生产能有较高的效率和效益;木材如果在产地制成木制品的话,就会造成运输的极大困难,所以原生产领域只能加工到圆木、板方材这个程度。进一步的下料、切裁、处理等加工则由流通加工环节完成。这种流通加工实际是生产的延续,是生产加工的深化,对弥补生产领域加工不足有重要意义。

2. 为满足多样化需求进行的服务性加工

从需求角度看,需求存在着多样化和变化两个特点。基于此,经常是企业自己设置加工环节,比如生产消费型企业的再生产往往从原材料初级处理开始。

就企业来讲,现代生产的要求,是生产型企业能尽量减少流程,尽量集中力量从事较复杂的技术性较强的劳动,而不愿意将大量初级加工工作包揽下来。这种初级加工工作带有服务性,由流通加工来完成,生产型企业便可以减少自己的生产流程,使生产技术密集程度提高。

对一般消费者而言,则可省去烦琐的预处置工作,而集中精力从事较高级、能直接满足需求的劳动。

项目五　流通加工与包装组织

3. 为保护产品所进行的加工

在物流过程中,直到客户投入使用前都存在对产品的保护问题,防止产品在运输、储存、装卸、搬运、包装等过程中遭到损失,使使用价值能顺利实现。和前两种加工不同,这种加工并不改变进入流通领域的"物"的外形及性质。这种加工主要采取稳固、改装、冷冻、保鲜、涂油等方式。

4. 为提高物流效率,方便物流的加工

有一些产品本身的形态使之难以进行物流操作,如鲜鱼装卸、储存操作困难,过大设备搬运、装卸困难,气体物运输、装卸困难等。进行流通加工,可以使物流各环节易于操作,如鲜鱼冷冻、过大设备解体、气体液化等。这种加工往往改变"物"的物理状态,但不改变其化学特性,并最终仍能恢复原物理状态。

5. 为促进销售的流通加工

流通加工可以从若干方面起到促进销售的作用。如将过大包装或散装物(这是提高物流效率所要求的)分装成适合一次性销售的小包装;将原以保护产品为主的运输包装改换成以促进销售为主的装潢性包装,以起到吸引消费者、指导消费的作用;将零配件组装成用具、车辆以便直接销售;将蔬菜、肉类洗净切块以满足消费者要求等。这种流通加工是不改变"物"的本体,只进行简单改装的加工,也有许多是组装、分块等深加工。

6. 为提高加工效率的流通加工

许多生产企业的初级加工效率不高,也难以投入先进科学技术。流通加工以集中加工形式,解决了单个企业加工效率不高的弊病。以一家流通加工企业代替若干生产企业实施初级加工,促使生产水平得到发展。

7. 为提高原材料利用率的流通加工

流通加工利用其综合性强、用户多的特点,可以实行合理规划、合理套裁、集中下料的办法,这就能有效提高原材料利用率,减少损失和浪费。

8. 衔接不同运输方式,使物流合理化的流通加工

在干线运输及支线运输的节点,设置流通加工环节,可以有效解决大批量、低成本、长距离干线运输,多品种、少批量、多批次末端运输和集货运输之间的衔接问题,在流通加工点与大生产企业间形成大批量、定点运输的渠道,又以流通加工中心为核心,组织对多客户的配送,也可在流通加工点将运输包装转换为销售包装,从而有效衔接不同目的的运输方式。

9. 以提高经济效益,追求企业利润为目的的流通加工

流通加工的一系列优点,可以形成一种"利润中心"的经营形态。这种类型的流通加工是经营的一环,在满足生产和消费要求基础上取得利润,同时在市场和利润的引导下在各个领域中有效地发展。

10. 生产-流通一体化的流通加工

依靠生产企业与流通企业联合,或者生产企业涉足流通,或者流通企业涉足生产,对生产与流通加工进行合理分工、合理规划、合理组织,统筹进行生产与流通加工的安排,这就是

生产—流通一体化的流通加工形式。这种形式可以促成产品结构及产业结构的调整,充分发挥企业集团的经济技术优势,是目前流通加工领域的新形式。

(二)根据生产资料和消费资料的标准分类

1. 生产资料的流通加工

(1)钢材的流通加工

具有代表性的生产资料加工就是钢材的加工,包括切割钢板,使用矫直机将薄板卷材展平,纵向切割薄板卷材使之成为窄幅、气割厚板,切断成形钢材。这种加工以能够适应客户需求的变化,服务客户为目的。

(2)木材流通加工

木材的流通加工一般有两种情况。一种是树木被砍伐后,先在原处去掉树枝,将原木运走,剩下的树枝、碎木、碎屑,掺入其他材料,在当地木材加工厂进行流通加工,做成复合木板。或者将树木在产地磨成木屑,采取压缩方法加大容重后运往外地造纸厂造纸。另一种情况是在消费地建木材加工厂,将原木加工成板材,或按客户需要加工成各种材料,供给家具厂、木器厂。木材进行集中流通加工、综合利用,出材率可提高到72%,原木利用率达到95%,经济效益相当可观。

(3)水泥流通加工

这是又一种具有代表性的生产资料流通加工形式。国外大量建设水泥流通服务中心,在那里将水泥、沙石、水以及添加剂按比例进行初步搅拌,然后装进水泥搅拌车,事先计算好时间,卡车一边行走,一边搅拌。到达工地后,搅拌均匀的混凝土即可直接进行浇注。

(4)玻璃流通加工

玻璃本身易碎,运输货损率较高、难度大。在消费比较集中的地区建玻璃流通加工中心,按照客户的需求对平板玻璃或者原片按照设计要求进行套裁和开片,可使玻璃的利用率从62%～65%,提高到90%以上,大大降低了玻璃破损率,增加了玻璃的附加价值。

2. 消费资料的流通加工

消费资料的流通加工以服务顾客、促进销售、提高物流效率为目的。例如,衣物的商标印制—标价粘贴,广告用的幕墙安装,家具等的组装,地毯剪接。

3. 食品的流通加工

流通加工最多的是食品。为便于保存,提高流通效率,食品的流通加工是不可缺少的。如鱼和肉类的冷冻,生奶酪的冷藏,冷冻鱼肉的磨碎以及蛋品加工,生鲜食品的原包装,大米的自动包装,上市牛奶的灭菌和摇匀。随着人们生活水平的提高,水产品、肉蛋类乃至蔬菜都趋向从产地到消费地的一贯制冷冻或冷藏状态的包装、运输和保管。因此,流通加工必不可少,其作用也越来越大。

二、流通加工的地位和作用

(一)流通加工在物流中的地位

1. 流通加工有效地完善了流通

流通加工在时间、场所两个重要效用方面,确实不能与运输和储存相比,因而不能认为流通加工是物流的主要功能要素。流通加工的普遍性也不能与运输、储存相比,流通加工不是所有物流中必然出现的。但这绝不是说流通加工不甚重要,实际上它也是不可轻视的。它是起着补充、完善、提高、增强作用的功能要素,能起到运输、储存等其他功能要素无法起到的作用。所以,流通加工是提高物流水平,促进流通向现代化发展的不可少的形态。

2. 流通加工是物流中的重要利润源

流通加工是一种低投入高产出的加工方式,往往以简单加工解决大问题。实践证明,有的流通加工通过改变装潢使产品档次跃升而充分实现其价值,有的流通加工将产品利用率一下子提高20%～50%,这是一般方法所难以企及的。根据我国近些年的实践,流通加工仅就向流通企业提供利润这一点,并不输于运输和储存,因此可以说它是物流中的重要利润源。

3. 流通加工在国民经济中也是重要的加工形态

在整个国民经济的组织和运行方面,流通加工是其中一种重要的加工形态,对推动国民经济的发展和完善国民经济的产业结构与生产分工有一定的意义。

(二)流通加工的作用

1. 提高原材料利用率

利用流通加工环节进行集中下料,是将生产厂商运来的简单规格产品,按使用部门的要求进行下料。集中下料可以优材优用、小材大用、合理套裁,有很好的技术经济效果。

2. 进行初级加工,方便用户

用量小或临时需要的使用单位,缺乏进行高效率初级加工的能力,依靠流通加工可使使用单位省去进行初级加工的资金、设备及人力,从而激活供应,方便用户。目前发展较快的初级加工有将水泥加工成生混凝土、将原木或板方材加工成门窗、冷拉钢筋及冲制异型零件、钢板预处理、整形、打孔等。

3. 提高加工效率及设备利用率

建立集中加工点,可以采用效率高、技术先进、加工量大的专门机具和设备。

4. 充分发挥各种输送手段的最高效率

流通加工将物品运输分成两个阶段:从生产点到流通加工点,这是大批量、远距离的运输;从流通加工点到消费者手中,这是短距离、多品种、小批量的运输。根据这两个阶段的特点选择对应的运输工具,发挥几种运输方式的最高效率,加快输送速度,节省运力运费。

三、流通加工的合理化

流通加工是在流通领域中对生产的辅助性加工,从某种意义来讲,它不仅是生产过程的延续,实际上也是生产本身或生产工艺在流通领域的延续。这个延续可能有正反两方面的作用,即一方面可能有效地起到补充完善的作用,另一方面可能对整个过程产生负效应。各种不合理的流通加工都会产生抵消效益的负效应。

(一)不合理流通加工形式

1. 流通加工地点设置不合理

流通加工地点设置即布局状况是决定整个流通加工效果的重要因素。一般来说,衔接单品种大批量生产与多样化需求的流通加工,加工地点设置在需求地区,才能发挥大批量的干线运输与多品种末端配送的物流优势。如果将流通加工地点设置在生产地区,一方面,为了满足用户多样化的需求,会出现多品种、小批量的产品由产地向需求地的长距离运输;另一方面,在生产地增加了一个加工环节,同时也会增加近距离运输、保管、装卸等一系列物流活动。

2. 流通加工方式选择不当

流通加工包括流通加工对象、流通加工工艺、流通加工技术、流通加工程度等。正确的流通加工实际上是与生产加工的合理分工。分工不合理,把本来应由生产加工完成的作业错误地交给流通加工来完成,或者把本来应由流通加工完成的作业错误地交给生产过程去完成,都会造成不利影响。

3. 流通加工作用不大,形成多余环节

有的流通加工过于简单,或者对生产和消费的作用都不大,有时由于流通加工的盲目性,未能解决品种、规格、包装等问题,甚至增加了作业环节,这也是流通加工不合理的重要表现。

4. 流通加工成本过高,效益不好

流通加工的一个重要优势就是它有较大的投入产出比,因而能有效地起到补充、完善的作用。如果流通加工成本过高,则不能实现以较低投入实现更高使用价值的目的,势必会影响它的经济效益。

(二)流通加工合理化措施

流通加工合理化的含义是实现流通加工的最优配置,不仅要做到避免各种不合理,使流通加工有存在的价值,还要做出最优的选择。

1. 加工和配送相结合

将流通加工点设置在配送点中,一方面按配送的需要进行加工,另一方面加工又是配送业务流程中分货、拣货、配货中的一环。加工后的产品直接投入配货作业,这就无须单独设置一个加工的中间环节,使流通加工有别于独立的生产,而与中转流通巧妙结合在一起。同时,配送之前有加工,可使配送服务水平大大提高。

2. 加工和配套相结合

在对配套要求较高的流通中,配套的主体来自各个不同的生产单位。但是,完全配套有时无法全部依靠现有的生产单位,进行适当流通加工可以有效促成配套,大大增强流通的桥梁与纽带功能。

3. 加工和合理运输相结合

流通加工能有效衔接干线运输和支线运输,促进两种运输形式的合理化。利用流通加工,在支线运输转干线运输或干线运输转支线运输这一本来就必须停顿的环节中,不进行一般的支转干或干转支,而是按干线运输或支线运输的合理要求进行适当加工,从而大大提高运输及转载水平。

4. 加工和合理商流相结合

通过加工有效促进销售,使商流合理化,也是流通加工合理化的考虑方向之一。加工和配送结合,通过加工提高配送水平,强化销售,是加工与合理商流相结合的一个成功的例证。

任务二 包装组织

案例导入

索尼公司电子产品的新包装

索尼公司坚持"四原则"(包装材料减量化、使用后包装体积减小、再循环使用、减轻环境污染)来改进公司的产品包装。他们不但遵循"减量化、再使用、再循环"的循环经济"3R"原则,而且还在替代使用上想办法,对产品包装进行改进。我们来看几个实例:1998年该公司对大型号的电视机的泡沫塑料(EPS)缓冲包装材料进行改进,采用八块小的EPS材料分割式包装来缓冲防震,减少了40%EPS的使用;有的产品前面使用EPS材料,后面使用瓦楞纸板材料,并采用特殊形状的瓦楞纸板箱为外包装,以节约资源;另外,对小型号的电视机采用纸浆模塑材料替代原来的EPS材料。

任务目标

通过本项目的学习,了解包装的基本概念、功能,了解包装的分类,知道包装的常用材料,掌握常用包装技术及其应用方法。

任务学习

一、包装概述

(一)包装概念

包装指在物流过程中为保护产品,方便储运,促进销售,按一定技术方法而采用容器、材料及辅助物等将商品包封并予以适当的装潢和标记的工作的总称。也指为了达到上述目的而在采用容器、材料和辅助物的过程中施加一定技术方法等的操作活动。

由以上定义可以看出,包装有两层含义:

(1)指盛装产品的容器、材料及包装辅助物,如包装箱、包装袋、包装纸以及捆扎绳等。

(2)指产品盛装、包扎和装潢的操作过程,如装箱、封口以及打捆等。

(二)包装的功能

1. 保护商品

保护是产品包装最基本的功能。产品从生产领域向消费领域转移的过程中,必然会经过多次不同情况和不同条件的空间移动、冲击或震动,以及受到外界因素(如温度、湿度和微生物等)的影响,如果包装不当,产品就可能发生破损、变形、霉变、腐烂、生锈等变化或遭受鼠虫侵食,造成损坏、损耗或变质等。而科学的包装能有效地保护产品的数量和质量,保护产品的使用价值。

2. 容纳功能

容纳也是产品包装的基本功能。有些产品本身没有单位形态(如气态、液态和粉状等),只有依靠包装的容纳才具有特定的形态,从而进行运输、储存以及使用等。包装的容纳功能有利于保持产品数量完整和质量安全,便于产品流通。

3. 便利功能

便利是产品包装的又一重要功能。包装为产品从生产领域向流通和消费领域转移,以及在消费者使用过程中提供了一切便利。

例如,在物流方面方便运输、储存、装卸和开箱等;在销售方面方便陈列、销售、计价、计数以及自动售货等;在环保方面方便回收和处理等。

便利功能的延伸是复用功能和改用功能。其中,复用功能是指产品包装仍可重复使用,如周转箱和啤酒瓶等均可多次使用;改用功能是指产品包装可有其他用途,如罐头瓶和巧克力盒等可用作小器皿。

4. 促销、满足消费者需求

宣传美化商品,便于陈列、识别、选购,同时也方便携带、使用和销售。

在众多的产品包装功能中,促销功能随着市场经济的发展,越来越被人们所重视,得到了不断开发和运用。

二、包装的分类

(一)按包装材料分类

1. 纸制包装

纸制包装是用纸和纸板为原料制成的包装,主要有纸箱、瓦楞纸箱、纸盒、纸袋及纸桶等。

2. 塑料包装

塑料包装是指以聚乙烯、聚氯乙烯、聚丙烯、聚苯乙烯和聚酯等为材料制成的包装,主要有塑料桶、塑料瓶及塑料袋等。

3. 金属包装

金属包装主要是指以黑铁皮、白铁皮、马口铁、铝箔、铝合金等制成的包装,主要有金属桶、金属盒、油罐和钢瓶等。

4. 玻璃与陶瓷包装

玻璃与陶瓷包装是指以玻璃和陶瓷为原料制成的包装,主要有玻璃瓶、玻璃罐、陶瓷瓶、陶瓷罐、陶瓷坛及陶瓷缸等。

5. 纤维织物包装

纤维织物包装是指以各种纤维(如棉、麻等)织物为原料制成的包装,如麻袋、布袋和编织袋等。

6. 木制包装

木制包装是指以木材、木材制品和人造板材(如胶合板、纤维板等)制成的包装,主要有木箱、木桶、胶合板箱、纤维板箱(或桶)及木制托盘等。

7. 复合材料包装

复合材料包装简称复合包装,是指以两种或两种以上材料黏合制成的包装,如纸与塑料、塑料与铝箔和纸、塑料与铝箔、塑料与木材、塑料与玻璃等材料制成的包装等。

8. 其他材料包装

其他材料包装主要是指以竹条、藤条、草类等为原料制成的包装,如竹筐(或篓)、藤筐(或篓)、草编包和草编袋等。

(二)按包装在流通中的作用分类

1. 运输包装

运输包装主要是指以方便运输、储存为目的的产品包装。运输包装具有保障产品安全,方便储运、装卸、加速交接、盘点和验收等作用。

(1)散装:不需要也没有必要进行包装,而直接将产品装载在运输工具内。

(2)裸装：自然成件，产品能抵抗外界作用，在储运过程中可以保持原状，不必包裹。

(3)包装：需要外加包裹物，使产品形成包、箱、桶、袋或捆件等形状。

2. 销售包装

销售包装是指用于直接盛装产品并同产品一起出售的包装。销售包装被誉为无声的推销员，具有保护、美化和宣传产品，便于产品陈列展销，便于消费者识别、选购、携带和使用，增加产品附加价值的作用。

销售包装的特点是轻便、美观、造型多样等。合理的销售包装要求安全、卫生、新颖、美观且易于携带。按包装的形式和作用不同，销售包装可分为陈列展销类、识别产品类和使用类三类。

(1)陈列展销类

这类包装主要包括堆叠式和悬挂式两种。其中，堆叠式包装是指产品包装的顶部和底部都设有吻合部分，使产品在上下堆叠时可以互相吻合的包装，如罐头的包装等；悬挂式包装是指通过挂钩、吊钩和挂孔等将产品悬挂的包装，如文具的悬挂式包装等。

(2)识别产品类

这类包装主要包括透明式包装和开窗式包装两种。其中，透明式包装是指全透明的，消费者能够完全看到产品的包装，如透明包装袋等；开窗式包装是指消费者透过产品包装的窗口，能够看到产品的颜色和部分实际形态等的包装，如化妆品的开窗包装盒等。

(3)使用类

这类包装主要包括携带式包装、易开式包装、按压式包装、配套包装和礼品包装等。

携带式包装：为了便于消费者携带而设计的包装，如整箱牛奶的提手等。

易开式包装：为了便于消费者开启而设计的包装，如易拉罐等。

按压式包装：为了便于消费者挤出或喷出产品而设计的包装，如洗发水的包装等。

配套包装：将各种相互配合的产品包装在一起，便于消费者购买和使用的包装，如成套床上用品、文教用品等包装。

礼品包装：用特制的装饰材料将产品包、扎起来，使礼品显得精美的包装，如鲜花的包装等。

3. 其他产品包装分类

(1)按包装技术分类

按包装操作时采用的技术和方法的不同，产品包装可分为防震包装、防潮包装、防霉包装、防锈包装、贴体包装、泡罩包装、充气包装、真空包装和收缩包装等。

(2)按包装内容物分类

按包装内容物的不同，产品包装可分为食品包装、土特产包装、纺织品包装、医药品包装、化工产品包装、化学危险品包装和机电产品包装等。

(3)按包装容器分类

按包装容器形态与特点的不同，产品包装可分为箱型包装、盒型包装、桶型包装、袋型包装和集合包装等。

项目五　流通加工与包装组织

三、包装的常用材料

包装材料是指构成包装实体的主要物质。由于包装材料的物理性能和化学性能千差万别,所以包装材料的合理选择对保护产品有着非常重要的作用。

（一）草制包装材料

各种天然生的草类植物经过梳理,编制成的草席、蒲包、草袋等包装材料。防水、防潮能力较差,强度很低,正在逐渐被淘汰。

（二）木制包装材料

一般有木箱、木桶、木笼等,具有抗压、抗震等优点,但木材资源有限,因而不常使用。

（三）纸制包装材料

由各种纸和纸板做成的内衬、纸袋、纸箱和瓦楞纸箱等,具有价格低、质地细腻、均匀、耐摩擦、耐冲击、容易黏合、不受温度影响、无毒、无味,适合包装生产机械化等优点,因而应用最为广泛,但防潮、防湿性能较差。

（四）金属包装材料

由金属或合金压制成的薄片、薄板和型材,通常有金属圆桶、白铁皮罐、饮料罐、食品罐、储气瓶、金属丝、网、箔等,具有坚固、防水、抗腐蚀、防染,易进行机械加工等优点。

（五）纤维包装材料

是指用各种纤维制作的袋状容器。自然界天然生的纤维材料有黄麻、红麻、大麻、青麻、罗布麻、棉花等,经工业加工提供的纤维材料有合成树脂、玻璃纤维等。

（六）陶瓷与玻璃包装材料

具有耐风化、不变形、耐热、耐酸、耐磨、容易洗刷、消毒、灭菌,能保持良好的清洁状态等优点,同时可以回收利用,有利于包装成本的降低。但其最大弱点是在一定的冲击力作用下容易破碎。

（七）合成树脂包装材料

合成树脂包装材料是指用合成树脂制作的各种塑料容器、塑料瓶、塑料袋和塑料箱等。主要有聚乙烯、聚丙烯、聚氯乙烯、聚苯乙烯、酚醛树脂、氨基塑料等,具有透明,强度适中,防水、防潮、防霉、耐药、耐油、耐热、耐寒性能较好,防污染能力较强和密封性较好等特性与优点,在现代包装中的地位越来越重要。

(八)复合包装材料

复合包装材料是指两种以上具有不同特性的材料复合在一起形成的新包装材料,它可以改进单一包装材料的性能,发挥多种包装材料的优点。常见的是薄膜复合材料,主要有塑料基复合材料、纸基复合材料、金属基复合材料等。

四、常用的包装容器

(一)包装袋

包装袋是柔性包装中的重要种类,包装袋材料是抗震性材料,有较高的韧性、抗拉强度和耐磨性。一般包装袋是筒管状结构,一端预先封死,在包装结束后再封装另一端。包装操作一般采用充填操作。包装袋广泛适用于运输包装、商业包装、内装、外装,因而使用较为广泛。

包装袋一般分成以下三种类型。

1. 集装袋

集装袋是一种大容积的运输包装袋,盛装重量在1吨以上。集装袋的顶部一般装有金属吊架或吊环等,便于铲车或起重机吊装、搬运,卸货时可打开袋底的卸货孔进行卸货,非常方便。适用于装运颗粒状、粉状的货物。集装袋一般多用聚丙烯、聚乙烯等聚酯纤维纺织而成。集装袋由于装卸、搬运货物都很方便,装卸效率高,近年来发展很快。

2. 一般运输包装袋

这类包装袋的盛装重量是0.5千克~100千克,大部分是由植物纤维或合成树脂纤维纺织而成的织物袋,或者是由几层抗震性材料构成的多层材料包装袋,例如,麻袋、草袋、水泥袋等。主要用于包装粉状、粒状和个体小的货物。

3. 小型包装袋(或称普通包装袋)

这类包装袋盛装重量较轻,通常用单层材料或双层材料制成。某些具有特殊要求的包装袋也由多层不同材料复合而成。包装范围较广,液状、粉状、块状和异形物等可采用这种包装袋。

上述几种包装袋中,集装袋适用于运输包装,一般运输包装袋适用于外包装及运输包装,小型包装袋适用于内装、个别包装及商业包装。

(二)包装盒

包装盒是介于刚性包装和柔性包装两者之间的包装种类。包装盒材料有一定抗震性,不易变形,有较高的抗压强度,刚性高于袋装材料。包装结构是规则几何形状的立方体,也可是其他形状,如圆盒状、尖角状。一般容量较小,有开闭装置。包装操作一般为码入或装填,然后将开闭装置闭合。包装盒整体强度不大,包装量也不大,不适用于运输包装,适用于商业包装、内包装,适合包装块状及各种异形物品。

1. 包装箱

包装箱是刚性包装中的重要一类。包装箱材料为刚性或半刚性材料,有较高强度且不易变形。包装结构和包装盒相同,只是容积、外形都大于包装盒,两者通常以升为分界。包装操作主要为码放,然后将开闭装置闭合或将一端固定封死。包装箱整体强度较高,抗变形能力强,包装量也较大,适用于运输包装、外包装,包装范围较广,主要用于固体杂货包装。

2. 包装瓶

包装瓶是瓶颈尺寸有较大差别的小型容器,是刚性包装中的一种。包装瓶材料有较高的抗变形能力,刚性、韧性要求一般也较高,个别包装瓶材料介于刚性与柔性之间,瓶的形状在受外力时可发生一定程度的变形,外力一旦撤除,仍可恢复原形。包装瓶结构是瓶颈口径远小于瓶身,且在瓶颈顶部开口;包装操作是填灌操作,然后将瓶口用瓶盖封闭。包装瓶容量一般不大,适合美化装潢,主要用于商业包装、内包装,包装液体、粉状货物。

3. 包装罐(筒)

包装罐是刚性包装的一种。包装罐材料强度较大,罐体抗变形能力强。包装操作是装填,然后将罐口封闭。可用于运输包装、外包装,也可用于商业包装、内包。

五、包装技法

包装技法是指包装操作时采用的技术和方法。包装技法与包装的各种功能密切相关。随着科学技术的进步,包装技法也在不断发展。

按主要目的的不同,包装技法可分为运输包装技法和销售包装技法两大类。

(一)物品运输包装技法

物品运输包装技法是指在运输包装作业过程中所采用的技术和方法,可分为一般包装技法和特殊包装技法两大类。

1. 一般包装技法

一般包装技法是指大多数货物都需要考虑的包装技术和方法,这种包装技法主要与货物的不同形态有关。

(1)对内装物进行合理放置、固定和加固

在运输包装中装进形态各异的产品,需要具备一定的技巧,只有对产品进行合理置放、固定和加固,才能达到缩小体积、节省材料并减少损失的目的。例如,对于外形规则的产品,要注意套装;对于薄弱的部件,要注意加固等。

(2)对松泡产品进行压缩包装

一些松泡产品,包装时占用容器的空间太大,相应地也就占用了较多的运输空间和储存空间,增加了运输和储存费用,所以要压缩其体积。例如,对枕头进行真空包装,对海绵类产品进行压缩包装等。

(3)合理选择内、外包装的形状和尺寸

有的物品运输包装件,还需要装入集装箱,这就要求包装件与集装箱的尺寸合理配合。

包装尺寸的合理配合主要指容器底面尺寸的配合。除此之外,还应避免过高、过扁、过大、过重包装。过高的包装重心不稳,不易堆码;过扁的包装不易印刷标志;过大的包装量太多,不易销售,而且体积大难于流通;过重的包装装卸困难,且包装容易破损等。

(4)外包装的捆扎

外包装捆扎对包装起着重要作用,捆扎的主要目的是将单个对象或数个对象捆紧,以便储运和装卸。此外,捆扎还能起到防止失盗、压缩容积、减少保管费和运输费、加固容器等作用。捆扎的方法有多种,一般根据包装形态、运输方式、容器强度、内装物重量等不同情况,分别采用井字、十字、双十字和平行捆扎等不同形式。

2. 特殊包装技法

(1)防震包装技法

防震包装技法又称缓冲包装技法,是指将缓冲材料(常用的有泡沫塑料、充气型塑料薄膜、木丝和弹簧等)适当地放置在内装物和包装容器之间,用以减轻冲击和振动,使内装物免受损坏的技术和方法。防震包装技法分为全面防震、部分防震和悬浮式防震三类。

① 全面防震包装技法

这种包装技法是指将产品周围空间全部用缓冲材料衬垫,如包装精密仪器、电子产品等常在其周围填满防震填充剂。

② 部分防震包装技法

这种包装技法是指仅在产品或内包装的拐角等局部地方使用缓冲材料衬垫,常用的有天地盖、左右套、四棱衬垫、八角衬垫和侧衬垫等。这样既能达到减震效果,又能降低包装成本,如家用电器等通常采用此类包装。

③ 悬浮式防震包装技法

这种包装技法是指用绳索、弹簧等将产品或内包装物悬吊在包装箱内,通过弹簧、绳索的缓冲作用保护商品,一般适用于极易受损,价值较高的产品,如精密机电设备、仪器等。

(2)防潮包装技法

防潮包装技法是为了防止水蒸气侵入包装件,影响内装物质量而采取一定防护措施。

一定厚度和密度的包装材料,可以阻隔水蒸气的透入。其中金属和玻璃的阻隔性最佳,防潮性能较好;纸和纸板、纤维织物等结构松弛,阻隔性较差,因此需要在其表面涂抹防潮材料,从而达到防潮的目的。常见的防潮包装技法有以下几种。

① 涂布法

涂布法是指在容器内壁和外表加涂各种涂料,如在布袋、塑料编织袋内涂树脂涂料,纸袋内涂沥青等。

② 涂油法

涂油法是指在表面涂上光油、清漆或虫胶漆等,如在瓦楞纸板上涂油等。

③ 涂蜡法

涂蜡法是指在表面涂上蜡质材料,如在瓦楞纸板表面涂蜡或楞芯渗蜡等。

④ 涂塑法

涂塑法是指在表面涂上一层塑料薄膜,如在纸箱表面涂聚乙烯醇丁醛(PVB)等。

此外,还可在包装容器内放干燥剂(如硅胶、泡沸石和铝凝胶等),对易受潮和透油的包装内衬一层或多层防湿材料(如牛皮纸、柏油纸、邮封纸、上蜡纸、防油纸、铝箔和塑料薄膜等),用一层或多层防潮材料直接包裹商品等。

(3)防霉包装技法

防霉包装技法是防止包装和内装物霉变而采取的一定防护措施的包装技法。

① 药剂防霉法

药剂防霉法是指在生产包装材料时添加防霉剂、用防霉剂浸泡包装容器或在包装容器内喷洒适量防霉剂等,以防止商品霉变的方法。如纸与纸制品、皮革、木材和棉麻织物等包装材料的防霉。

② 气相防霉处理

气相防霉处理是指在包装内填充多聚甲醛,充入氮气或二氧化碳气体等,从而防止商品霉变。

此外,要尽量选用耐霉腐和结构紧密的材料(如铝箔、玻璃、高密度塑料及其复合薄膜等),使微生物不易透过;选用密封性较好的容器,从而阻隔外界潮气侵入包装,抑制霉菌的生长和繁殖。

(4)防锈包装技法

防锈包装技法是指为了防止金属制品锈蚀而采用一定防护措施的包装技法,主要有以下几种。

① 金属表面镀层处理

在金属表面镀锌、锡和铬等,不但能阻隔钢铁制品表面与大气接触,且发生电化学作用时镀层先受到腐蚀,保护了钢铁制品的表面。

② 化学防护法

这种方法主要有氧化处理(俗称发蓝)和磷化处理(俗称发黑)等。

③ 采用涂油、涂漆防锈

涂油防锈:在五金制品表面涂一层防锈油,再用塑料薄膜封装。

涂漆防锈:对薄钢板和某些五金制品先进行喷砂等机械处理,然后再涂上不同的油漆。

④ 气相防锈

气相防锈是利用气相缓蚀剂在常温下的挥发特性,使之在很短的时间内挥发或升华出缓蚀气体,充满整个包装内的每个角落和缝隙,同时吸附在金属制品的表面上,从而起到抑制大气对金属锈蚀的作用。

此外,若包装空间过大,可填加适量防锈纸片或粉末,或采用普通塑料袋封存、收缩或拉伸塑料薄膜封存、可剥性塑料封存和茧式防锈包装、套封式防锈包装以及充氮和干燥空气等方式防锈。

(二)商品销售包装技法

商品销售包装技法是对商品销售包装采用的技术和方法,常用的有以下几类。

1. 泡罩与贴体包装技法

（1）泡罩包装技法

泡罩包装技法是指将商品封合在由透明塑料薄片形成的泡罩与底板之间的一种包装技法，如小五金工具的泡罩包装等。

（2）贴体包装技法

贴体包装技法是指将商品放在能透气的、用纸板或塑料薄片制成的底板上，上面覆盖加热软化的塑料薄片，通过底板抽真空，使薄片紧密包贴商品，且四周封合在底板上的一种包装方法，如牙刷的贴体包装等。

2. 充气和真空包装技法

（1）充气包装技法

充气包装技法是指采用二氧化碳气体或氮气等不活泼气体置换包装容器中空气的包装技法。这种包装技法能够改变包装容器中的气体组成，降低氧气浓度，从而达到防霉腐和保鲜的目的，如膨化食品的充气包装等。

（2）真空包装技法

真空包装技法是指将制品装入气密性容器后，再抽真空，使密封后的容器内基本上没有氧气的包装技法。一般肉类食品、谷物加工食品及一些易氧化变质食品都可采用此方法包装，如卤蛋、榨菜的真空包装等。

3. 收缩包装技法

收缩包装技法是指以收缩薄膜为包装材料，包裹在商品外面，通过适当的温度加热，使薄膜受热自动收缩，紧包商品的一种包装技法。

收缩包装具有透明、紧凑、均匀、稳固和美观的特点，同时由于密封性好，还具有防潮、防尘、防污染以及防盗窃等保护作用。收缩包装技法适用于食品、日用工业品和纺织品的包装，特别适用于形状不规则商品的包装，如一打瓶装饮料、一篮水果等的包装。

4. 拉伸包装技法

拉伸包装技法是指用具有弹性（可拉伸）的塑料薄膜，在常温和张力下，裹包单件或多件商品，在各个方向牵伸，使商品紧裹并密封的包装技法。这种包装技法与收缩包装技法的效果基本一样，其特点有：

（1）可以准确地控制裹包力，防止产品被挤碎；

（2）不需加热设备，可节省设备投资和设备维修费用，还可节约能源。

5. 脱氧包装技法

脱氧包装技法又称除氧封存剂包装技法，其利用各种脱氧剂，除去密封包装内氧气，从而有效地阻止微生物的生长和繁殖，起到防霉、防虫蛀和保鲜的目的。

脱氧包装适用于某些对氧气特别敏感的商品以及有微量氧气也会变质的食品等，如茶叶、烟草等。

6. 高温短时间灭菌包装技法

这种包装技法是指将食品充填并密封于复合材料制成的包装内，然后使其在短时间内保持135℃左右的高温,从而杀灭包装容器内细菌。

这种技法可以较好地保持内装食品的鲜味、营养价值及色调等,适用于鲜奶、肉类、蔬菜等的包装,如鲜奶和罐头的包装等。

7. 保鲜包装技法

保鲜包装技法是指采用固体或液体的保鲜剂,进行鲜果和蔬菜的保鲜包装。

(1)固体保鲜剂法

这种方法是指将保鲜剂装入透气小袋封口后再装入内包装,以吸附鲜果、鲜菜散发的气体而延缓后熟过程。

(2)液体保鲜剂法

这种方法是指将鲜果浸入保鲜液后取出,此时鲜果表面形成一层极薄的可食用保鲜膜,既可堵塞果皮表层呼吸气孔,又可防止微生物侵入。

六、包装的发展趋势

(1)销售包装更多考虑人的因素,小巧轻便,以妇女也能轻松取用为标准。

(2)运输包装趋向集体化、大型化。

(3)新材料大量出现,不断采用新技术。

(4)绿色包装将席卷全球。

绿色包装的优点如下:

材料最省、废弃物最少,节约资源和能源;

易于回收再利用和再循环;

废弃物燃烧产生新能源而不是二次污染;

包装材料用量且可以自行分解,不污染环境。

项目小结

本项目介绍了流通加工的概念、类型、地位以及作用,流通加工的不合理形式以及采取的合理化措施、包装的概念与功能、包装的分类、商品包装材料的性能要求、物品包装技法以及包装的发展趋势。

同步练习

一、单项选择题

1. 关于流通加工的理解正确的是（　　）。

   A. 流通加工的对象不进入流通过程，不具有商品的属性，因此流通加工的对象不是最终产品，而是原材料、零配件、半成品

   B. 一般来讲，如果必须进行复杂加工才能形成人们所需的商品，这种复杂加工应设生产加工过程，流通加工大多是简单加工，而不是复杂加工，因此流通加工可以是对生产加工的取消或代替

   C. 从价值观点看，生产加工的目的在于创造价值以及使用价值，而流通加工的目的则是在完善使用价值并在不做大改变的情况下提高价值

   D. 流通加工的组织者是从事流通加工工作的人，能密切结合流通的需要进行这种加工活动，从加工单位来看，流通加工与生产加工都由企业完成

2. 将钢板进行剪板、切裁，将钢筋或者圆钢裁制成毛坯，将木材加工成各种长度以及大小的板材、方材等加工方式是（　　）加工。

   A. 生产　　　　B. 来样　　　　C. 来料　　　　D. 流通

3. 以下四个选项中，不属于实现流通加工合理化的措施的是（　　）

   A. 加工和配套结合　　　　　　B. 加工和配送分离

   C. 加工和合理运输结合　　　　D. 加工和合理商流相结合

4. 超市对各类肉末、鸡翅、香肠等在上架之前进行加工，如清洗、贴条码、包装等，属于（　　）

   A. 冷冻加工　　B. 分选加工　　C. 精致加工　　D. 分装加工

5. 我国常用的主要流通加工形式有剪板加工、集中开木料、燃料掺配加工、冷冻加工和（　　）等。

   A. 产品加工　　B. 精致加工　　C. 配额加工　　D. 库存加工

6. 商品包装分为内销包装箱、出口包装箱、特殊包装箱，是按（　　）标准进行分类的。

   A. 商业经营习惯　　　　　　B. 包装形状和材料

   C. 防护技术方法　　　　　　D. 流通领域中的环节

7. 销售包装材料透明度好，表面光泽，造型和色彩美观，产生陈列效果，能提高商品价值和激起消费者的购买欲望，体现了（　　）。

   A. 保护性能　　B. 操作性能　　C. 附加值性能　　D. 方便使用性能

8. 将商品包装分为贴体、透明、开窗、收缩、提袋、易开、喷雾、蒸煮、真空等形式，是按（　　）分类的。

   A. 包装形状和材料　　　　　　B. 防护技术方法

   C. 商业经营习惯　　　　　　　D. 流通领域中的环节

9. 在进行防潮包装时，不属于注意事项的是（　　）。

A. 防潮阻隔性材料应具有平滑均一性,无针孔、沙眼、气泡、破裂现象
B. 尽量缩小货物的体积和防潮包装的总面积、总体积
C. 采用悬浮式包装
D. 若产品有尖突部位,可能损伤防潮包装隔层,要预先采取包扎措施

二、简答题

1. 流通加工与生产加工的区别是什么?
2. 流通加工的作用是什么?
3. 实现流通加工合理化主要考虑哪些方面的内容?
4. 包装的功能有哪些?
5. 如何实现包装合理化?

三、案例分析

益乐食品公司是一家生产加工生鲜产品的企业。该公司打算在当地市场投放牛奶制品。为此,公司指派两名经理去研究当地的市场营销和物流需求。益乐食品公司还寻求与专业厂商盛易公司的合作。盛易公司是益乐食品公司的包装供应商之一,经营着一家大型包装公司。

当地新鲜牛奶短缺,而人口中有一半年龄在18岁以下,是喝牛奶的主要群体。因为政府限价,没有动力促使批发商和零售商推销该产品。在投入项目之前,益乐食品公司首先通过建立一家合资企业把目标对准当地的奶制品市场。该合资企业期望配送商有经验处理益乐食品公司的牛奶和奶制品,将其装运到附近城镇。目前,当地消费者消费益乐食品公司13种奶制品。益乐食品公司的合资企业仍然需要解决如下几个问题。

(1)冷藏问题。绝大部分产品是在小型超市里出售的,这类小型超市目前没有基本的冷藏设备。因为产品的堆放空间缩小了,在货架上的保存期也缩短了,所以益乐食品公司就把加仑塑料壶包装改成小纸箱包装。

(2)超市停电问题。这些超市常常通宵停电,造成冰激凌产品反复融化和冻结,以致影响了产品质量。益乐食品公司正在考虑的一个解决办法就是自己购买冰箱,并对超市24小时维持供电进行补贴。

(3)当地缺少奶牛场。当地缺少奶牛场迫使益乐食品公司考虑发展与原奶生产商的关系,而不是实际经营这些奶牛场。

(4)牛奶质量问题。所出售的全部牛奶中有40%未经巴氏法灭菌就直接送到消费者手中。

思考题

针对案例中提到的问题,益乐食品公司应该如何完善牛奶的包装配送?

任务实训

实训项目　练习识别物品外包装上的标志

实训目标

(1)检查学生对物品包装知识的理解情况。

(2)培养学生收集信息和整理材料的能力。

(3)激发学生的学习兴趣。

(4)培养学生了解、适应社会以及理论联系实际的能力。

实训要求

(1)学生单独(也可分组)进行调查、判别与整理。

(2)所整理资料需真实、全面,避免空泛。

(3)汇总成800字以上报告并上交。

实训内容

(1)准备三种不同种类的商品运输包装。

(2)准备食品(如酒、饮料、奶粉等)、日用品(如化妆品)、家电商品(如电视机)、服装商品的销售包装(包装标志要齐全)。

(3)指出哪几种是运输包装,哪几种是销售包装。

(4)指出运输包装上的标志类型及含义。

(5)指出销售包装上的标志类型及含义。

成绩评定

教师根据材料的真实性、个人态度、个人观点、卷面整洁度等打分。其中个人态度、卷面分占10%,填表占60%,个人观点占30%。

项目六 送货作业管理

学习目标

知识目标

1. 掌握送货作业计划的制订步骤及计划实施过程中的调度方法；
2. 掌握配送路线优化的方法及其约束条件；
3. 掌握车辆配载的方法，了解配载的原则和注意事项。

技能目标

1. 能够根据实际情况规划出最优配送线路；
2. 能够根据客户要求和车辆的具体情况进行车辆的配载。

任务一 送货作业计划与调度

案例导入

捷运公司是一家家电连锁企业的配送业务承包商，负责该家电企业在 N 市的流通仓库送货业务，即该家电连锁企业在 N 市的所有卖场卖出家电后，均通知该流通仓库送货上门。送货部门的张经理近来愁上眉头：随着国家家电下乡，以旧换新等政策的出台，该家电企业的销售情况持续火爆，配送车辆总是不够用，流通仓库在接到卖场的发货通知后将要发出的家电产品送到出货口时，经常面临无车可装的窘境，不得不堆在仓库的出货口。这使得产品配送的准时到达率非常低，甚至出现了与客户约好上午 11 点送到但直到下午 4 点多才送到的情况。部门的送货成本费用也直线上升。张经理于是认为问题的症结在于运力不足，所以提交了好几份申请，要求购买或租赁货车。而财务部谢经理对此却持强烈的反对意见，认为该部门成本已经在直线上升了，再添置新车，公司总成本的压力实在太大。而且财务部通过分析以往的数据，提出疑问：现在有 8 辆 5 吨的货车，如果每辆车平均每天送货两次，那就有 80 吨的运力；而现在平均每天的送货量大约为 50 吨，即使最高峰的时候，也不超过 65 吨。这样算下来运力利用率也只不过 60% 而已，怎么可能运力不足呢？可张经理认为财务部的人不开车，纯粹是站着说话不腰疼！要是把货车都装满了，按 N 市现在糟糕的交通状况，那一天就跑不了两趟；而且货车装满了，装、卸货时间将大大增加，也许一趟货都送不完，效率反而要下降。

为了让谢经理转变对送货部门运力使用不充分的看法，张经理邀请谢经理一同到送货作业现场实地查看。在流通仓库的出货口，远远就看见几个工人坐在一边，无所事事。看到张经理走过来，他们似乎有些不好意思地站了起来。出货口的情况不容乐观，一堆堆的各种纸箱包装的家电静静地待在那里，几乎堵塞了仓库出货口的通道。墙上的挂钟显示马上要到上午9点了。每天早上9点、下午3点是送货车的发车时间。"这些货为什么不装车啊？"谢经理问道。张经理苦笑着回答道："是我让他们不要再装了。现在订单越来越多，可我们一趟最多只能送那么多了。"说着张经理打开了旁边一辆正准备出发的货车的车厢门。谢经理看了看车厢内的装车情况，发现充其量只装了1/3的车厢空间。"怎么可能呢？这些货差不多只是二十几个客户的订单，你们从早上8点上班到下午5点下班，一天跑两趟还送不完？"谢经理看了送货单之后问张经理。张经理没有直接回答，而是与谢经理一起坐上这辆送货车，实地考察送货的过程。

随着送货车辆穿街走巷，时间飞快地过去。说实话，司机的驾驶水平无可挑剔，司机对路况了如指掌，送货车在大街小巷内穿梭，巧妙地避开了那些车流拥挤的道路。可出乎意料的是，尽管送货车一刻不停，车厢里货物的减少速度却慢得出奇，一整天奔波下来，却只能跑十几家客户。谢经理对送货员工的勤奋和技术没有质疑，可同时也指出一个现象：送货车就像是在一个迷宫里打转，常常在同一个地方、同一条马路上来回好多次。偶尔还会与本公司的其他送货车擦身而过，其中一辆车甚至在视线中出现过三四次。简而言之，送货车从头到尾都在走迷宫，在城里像无头苍蝇一样乱撞。回来后，谢经理在与张经理商谈时说："一定有什么地方出错了。"张经理也表示同意，但现在业务量这么大，他也一时想不出什么好的办法，迫不得已才申请送货车辆。

第二天谢经理与张经理一同来到公司领导的办公室，各自汇报了情况与想法。了解了这些情况后，公司领导决定：送货部门先尝试挖掘现有潜力，财务部门也提前做好预算规划，如果最后确实有必要，可以增购送货车辆。

张经理于是召开了部门会议对现状进行讨论和分析。很显然，目前面临的情况是：如果不装满，那么将不能完成当日送货总量；如果满载，则在规定时间内无法完成交付的作业。问题症结到底在哪里呢？是路线选择问题、送货顺序问题，还是车辆配载问题？

经过激烈讨论，最后的结论分为两方。

一方认为，最大的问题是送货作业的出发时点过于迁就客户，结果欲速不达。在同一地区同一天的不同时间段往往出现几个客户要送货，结果只考虑满足客户的时间和频率要求，派几个车次分别送货，运力浪费极大，车辆自然就不够用。如果送货前与客户充分协商，让客户能接受的送货需求与送货车辆的利用率及送货成本最大限度地协调起来，这样一来，车辆的载重量及空间就都能得到最充分的利用，那现有的运力就能够满足需要，而且成本还可以降低。

另一方则认为，问题的根本在于目前的送货作业规划存在不足。应该在划分作业片区、构建片区送货路线网络图、合理分配送货资源、合理安排送货计划及实施调度方面加以改进。

思考题

你认为问题症结到底在哪里？如果你是张经理，你觉得应该采纳哪一方的意见？采纳意见后如何具体实施呢？

任务目标

通过本任务的学习，了解送货作业计划制订的依据和内容，掌握送货作业计划制订的步骤，能够在计划实施过程中对计划进行实时调整和对车辆进行调度安排。

任务学习

一、送货作业认知

（一）送货作业的含义

送货作业是利用配送车辆把客户订购的物品从制造厂、生产基地、批发商、经销商和配送中心，送到客户手中的过程。送货作业以尽可能满足客户需求为宗旨，它通常是一种短距离、小批量、高频率的运输形式。

（二）送货作业的特点

送货作业是物流配送中的重要业务环节，是"配"与"送"有机结合，使送货能达到一定的规模，以利用一定的规模优势来获得较低的送货成本，从而使物流配送企业获得自己的利润。在送货作业中，要时时强调"根据客户要求""按时送达指定地点"等宗旨，在满足客户利益的基础上争取本企业的利益。配送和普通送货相比，具有如下特点：

1. 时效性

送货是从客户订货至交货过程中的最后一个阶段，也是最容易引起时间延误的一个环节，而客户又非常重视送货的时效性。因此，必须在认真分析各种因素的前提下，用系统化的思想和原则，有效协调、综合管理，选择合理的配送路线、配送车辆和送货人员，使每位客户在预定的时间里收到所订购的货物。

2. 可靠性

可靠性要求将货物完好无损地送到目的地。在配送过程中，货物的装卸作业与运送过程中的机械振动和冲击及其他意外事故、客户地点及作业环境、送货人员的素质等都可能影响货物状况。因此，在管理过程中必须遵循可靠性原则。

3. 便利性

提高客户的满意度是配送作业的宗旨。因此，应尽可能通过采用高弹性的送货系统，如采用加急送货、顺道送货与退货、辅助资源回收等方式，为客户提供真正意义上的便利服务。

4. 经济性

企业运作的基本目标是实现一定的经济利益,因此,送货不仅要满足客户的要求,提供高质量、及时且方便的配送服务,还必须提高配送效率,加强成本管理与控制。

(三)送货作业的注意事项

(1)储运科(送货部门)接到送货通知单时,经办人员应根据产品规格及订货通知单编号按顺序归档,如果发货内容不明确,应及时反馈至业务部门或货物托运人进行确认。

(2)因客户业务需要,收货人非订购客户或收货地点非客户营业所在地的,按下列规定办理。

①如果收货人非订购客户,则应有订购客户出具的收货指定通知,方可办理交运。

②如果客户所订货物的交货地点非其营业所在地,其订货通知单经业务部门主管核签后方可办理交运。

③储运科只有在接到发货通知单后才能发货,但有指定交运日期的,应按其指定日期交运。

④如果发货通知单注明不得提前发运,但因库房库位紧张,急需提前发运的,储运科应先联系业务人员和客户,经同意且收到业务部门的出货通知后才能提前交运。若紧急出货,事后要补办手续。同样,遇到暂缓出货情况时,程序同上所述,也要得到相关业务部门的批准,并办理必要的手续。

⑤发货通知单上要详细注明发货日期、送货地点、相关货物信息、送达地址信息及收货人信息。储运科要详细审核上述信息。

⑥在发货作业环节中,除在运送环节要注意安全,遵守相关的交通规则外,在装载及卸货等环节,也要遵守相关的作业规章,注意安全。

二、制订送货作业计划

送货作业的进行需要与企业自身拥有的资源、运作能力相匹配。由于企业自身的能力和资源有一定的限制,客户的需求存在多变性、多样性和复杂性,因此,制订合理的送货作业计划并调度安排实施送货作业计划是送货管理人员主要的工作内容。送货作业部门需要预先对送货任务进行估计并实时调度,对运送的货物种类、数量、去向、运货线路、车辆种类及载重、车辆趟次、送货人员做出合理的计划安排。

(一)制订送货作业计划的主要依据

1. 客户订单

一般客户订单对配送商品的品种、规格、数量、送货时间、送达地点、收货方式等都有要求。因此,客户订单是拟订运送计划的最基本依据。

2. 客户分布、运输路线、运输距离

客户分布是指客户的地理位置分布。客户位置离配送点的距离、送点到客户收货地点的路径选择直接影响输送成本。

3. 配送的各种货物的体积、形状、重量、性能、运输要求

配送货物的体积、形状、重量、性能、运输要求是决定运输方式、车辆种类、载重量、容积、装卸设备的制约因素。

4. 运输、装卸条件

运输道路交通状况、运达地点及其作业地理环境，装卸货时间、天气等对输送作业的效率也起到相当大的制约作用。

(二)送货作业计划的步骤及主要内容

1. 划分基本送货区域

首先对客户所在地的具体位置做系统统计，并对其做区域上的整体划分，再将每一客户纳入不同的基本配送区域之中，以作为配送决策的基本参考。例如，按行政区域或交通条件划分配送区域。

2. 车辆配载

由于配送货物品种、特征的差异，为了提高送货效率、确保货物品质，在接到客户订单后，应首先对货物分类，确定送货方式或运输工具。如，根据食品、冷冻食品、服装、图书等进行分类配载。然后，根据货物运输的轻重缓急，做好车辆的初步配装工作。

3. 暂定配送先后顺序

根据客户订单的交货期要求，大致确定送货的先后次序，为后续车辆积载做准备工作，有效地保证送货时间，提高运作效率。

4. 车辆安排

车辆安排要解决的问题是安排什么类型、吨位的配送车辆，是使用自用的车还是使用外值车。首先，了解有哪些车辆可供调派且符合要求，也就是了解这些车辆的容积和额定载重是否满足要求；其次，分析订单的货品信息，如重量、数量、体积、装卸要求、包装要求、运输要求等。综合考虑各方面的影响因素后，做出合适的车辆安排决策。

5. 决定每辆车负责的客户

做出配送车辆的安排，每辆车所负责的客户点的数量也就明确了。

6. 路线选择

知道了每辆车需负责的客户点后，根据各客户点的位置关联性及交通状况来选择送货路线，从而以最快的速度完成这些客户点的配送。除此之外，对于有些客户有时间要求或客户所在环境有其送达时间限制的，也要加以考虑。例如，有些客户不愿中午收货，或是有些道路在高峰时段不准卡车通行等，这些都必须尽量在选择路线时考虑进去。

7. 确定最终的配送顺序

做好车辆的调配安排及配送路线的选择后，根据各车辆的配送路线即可将客户的配送顺序确定下来。

8. 车辆装载方式

确定了客户的配送顺序，接下来就是解决将货品装车和以什么次序装车的问题。原则上，知道了客户的配送顺序先后，只要将货品依"后送达、先上车"的顺序装车即可。但有时为妥善利用空间,可能还要考虑货品的性质(怕震、怕撞、怕湿)、形态体积及重量等,进行弹性置放。此外,这些出货品的装卸方式也有必要根据货品的性质形态等来决策。

最终形成的送货作业计划应该包括两部分内容:一份一定时期内综合的送货作业计划表(见表 6-1);一份依据综合送货作业计划编制的每一车次的单车作业计划表(见表 6-2),该表交给送货驾驶员,驾驶员执行完表中计划后交回。

表 6-1 送货作业计划表

日期	送货作业任务					车(公里)	吨(公里)
	起点	讫点	送货距离	送货次数	物品名称		
效率指标	标记吨位	日行程	实载率	运量	计划完成率		
备注							

表 6-2 单车作业计划表　　　　年　月　日

发货单位					
车号及车型					
送货点					
运行周期		发车时间		预计返回时间	
车辆运行动态		到达时间	到达地点	离开时间	货物情况	收货人签字
	第一站					
	第二站					
	第三站					
	第四站					
	第五站					
	第六站					
	第七站					
备注					
驾驶员签字			调度员签字		

(四)送货作业计划的调整

送货作业过程情况复杂,在送货作业计划执行过程中,难免发生偏离计划要求的情况,而且涉及面较广。因此,必须进行详尽分析与系统检查,才能分清缘由,采取有效措施消除干扰计划执行的不利因素,保证计划实施。一般干扰送货作业计划执行的影响因素主要包括下列各项:

(1)临时变更送货路线或交货地点;
(2)装卸机械故障、装卸停歇时间超过定额、办理业务手续意外拖延等;
(3)车辆运行或装卸效率提高、作业计划提前完成;
(4)车辆运行途中出现技术故障;
(5)行车人员工作中无故缺勤、私自变更计划、不按规定时间收发车,以及违章驾驶造成技术故障和行车肇事;
(6)道路情况不利,如临时性桥断路阻、路桥施工、渡口停渡或待渡时间过长等;
(7)气候情况不利,如突然降雨、雪、大雾、冰雹,造成河流涨水、冰冻等意外。

为防止上述因素对运行作业计划产生影响,除需积极加强预报预测之外,必须采取一定措施及时进行补救与调整。在送货作业过程中,驾驶员如遇到各种障碍,应及时上报,以便管理人员及时调整变更计划。一旦作业计划被打乱,不能按原计划完成,计划人员应迅速做出变更及调整并协调相关部门或人员采取适当措施,保证计划的顺利实施。

二、送货作业的调度实施

(一)调度实施的基本原则

送货作业进行过程中常会遇到一些难以预料的问题,因此,调度管理人员需要随时掌握车况、路况、气候变化情况、驾驶员状况、行车安全情况等,以确保送货作业的顺利进行。车辆调度工作应遵循以下原则。

(1)"先重点、后一般"原则。从全局出发,保证重点、统筹兼顾。
(2)安全第一、质量第一原则。送货作业运行调度工作要始终把运行安全和质量控制放在首要位置。
(3)计划性原则。调度工作要根据客户订单要求并以运行计划为依据,监督和检查计划的执行情况,按计划进行送货作业。
(4)合理性原则。要根据货物性能、体积、重量、车辆技术状况、道路通行条件、气候变化、驾驶员状况等因素合理调度车辆,合理安排车辆的运行线路,有效降低运输成本。调度组织实施计划时,要努力减少消耗(人力、物力消耗、资金占用等),提高经济效益,以最低的送货作业成本满足客户需求。

(二)调度的实施

1. 送货前查验

由于送货车辆经常变换(经常会向外租赁车辆),驾驶人员流动也比较频繁,所以为确保送货作业安全,调度管理人员在送货车辆出发前必须仔细进行例行查验,查验内容如下。

(1)**查验驾驶证**。机动车驾驶证是由符合国务院公安部门规定的驾驶许可条件的人,接受道路交通安全法律、法规、驾驶技能培训,经公安机关交通管理部门考核合格后,取得的机动车驾驶的有效合法证件。

《中华人民共和国道路交通安全法》规定:驾驶人应当按照驾驶证载明的准驾车型驾驶机动车;驾驶机动车时,应当随身携带机动车驾驶证。

《中华人民共和国道路交通安全法实施条例》规定:机动车驾驶证由国务院公安部门规定式样并监制。机动车驾驶人初次申领机动车驾驶证后的12个月为实习期。在实习期内驾驶机动车的,应当在车身后部粘贴或者悬挂统一式样的实习标志。机动车驾驶人在实习期内不得驾驶公共汽车、营运客车或者执行任务的警车、消防车、救护车、工程救险车以及载有爆炸物品、易燃易爆化学物品、剧毒或者放射性等危险物品的机动车,驾驶的机动车不得牵引挂车。

(2)**查验车辆行驶证**。车主购买车辆以后,凭购买发票及相关材料到机动车所有人住所地的公安机关交通管理部门交验机动车,申请注册登记,经公安机关交通管理部门审验合格的,办理注册登记,申领机动车号牌、机动车行驶证。机动车行驶证对机动车的车型、颜色、发动机号等基本情况都做了详细记录,是机动车上路行驶的合法证件。驾驶员在驾驶机动车时,必须随车携带机动车行驶证。

(3)**查验道路运输证**。道路运输证是统一制定的道路运输经营活动的合法凭证,凡在我国境内从事道路运输经营活动的机动车辆,均须持有道路运输证。道路运输证是合法经营的标志,是记录运营车辆审验情况和对经营者进行奖惩的主要凭证,是考核营运车辆缴费和记录奖惩的主要依据,由车籍所在地的公路运管部门按注册营运车辆数核发一车一证,随车携带。在缴纳运输管理费后全国通行。

车主在领取道路运输证后,应按办证顺序,依次将车购费凭证、运输证明、运管费凭证夹附于道路运输证活页中,并随车携带,以备查验。县级以上道路运输管理机构是道路运输证的主管机关,并发放道路运输证。

道路运输证主证正面是车辆有关内容,背面是车辆45度角彩色照片。为推动道路运输证电子证件工作,道路运输证IC卡和在纸质道路运输证主证中间夹着的电子标签与纸质道路运输证同样有效。从事道路营运性客货运输的驾驶人员应当随车携带道路运输证。

(4)**查验运行车辆完好证明**。

①二级维护卡。二级强制维护是对汽车进行的一次较为彻底的技术维护作业,维修企业负责执行车辆的维护作业。其作业的中心内容除一级维护作业外,以检查和调查转向节、转向摇臂、制动片、悬梁等经过一定时间的使用容易磨损或变形的安全部件为主,并拆检轮

胎，进行轮胎换位。二级维护必须按期执行。未经车主允许，不得随意扩大作业范围，增加维护费用。

凡具有二类维护（含二类维护）以上经营资格的汽车修理企业或具有维修能力的不对外经营汽车运输的企业，经申请由汽车维修行业管理处审查认定，均可成为承担机动车强制维护作业的厂家。强制维护的车辆维护完成后需经汽车维修行业管理处培训的检验员检验，检验合格后在"二级维护卡"上签章。"二级维护卡"由市交通局、市人民保险分公司监制，市交通运输管理处向运输车辆发放。二级强制维护实行一车一卡，凡从事运输活动的车辆，需随车携带"二级维护卡"。

②机动车交通事故责任强制保险。机动车交通事故责任强制保险是指由保险公司对被保险机动车发生道路交通事故造成本车人员、被保险人以外的受害人的人身伤亡及财产损失，在责任限额内予以赔偿的强制性责任保险。中国保险监督管理委员会（以下称保监会）依法对保险公司的机动交通事故责任强制保险业务实施监督管理。被保险人应当在被保险机动车上放置保险标志。保险标志式样全国统一。保险单、保险标志由保监会监制。任何单位或者个人不得伪造、变造或者使用伪造、变造的保险单和保险标志。在中华人民共和国境内道路上行驶的机动车的所有人或者管理人，应当依照《中华人民共和国道路交通安全法》的规定投保机动车交通事故责任强制保险。

(5)查验驾驶、押运、装卸人员从业资格证。《道路运输从业人员管理规定》规定：为加强道路运输从业人员管理，提高道路运输从业人员综合素质，根据《中华人民共和国道路运输条例》《危险化学品安全管理条例》及有关法律、行政法规，对道路运输从业人员实施从业资格管理。从业资格是对道路运输从业人员所从事的特定岗位职业素质的基本评价。经营性道路货物运输驾驶员和道路危险货物运输从业人员必须取得相应从业资格，方可从事相应的道路运输活动。

道路运输从业人员，经设区的市级道路运输管理机构对有关道路货物运输法规、机动车维修和货物及装载保管的基本知识考试合格发给从业资格证（见图6-1）。从业资格证表明从业人员具备从业的资质。调度人员要严格审查从业人员的资格证，不得安排无证人员执行运输任务。

图6-1　从业资格证

(6)查验是否超限、超载。

运输的货物应当符合货运车辆核定的载质量,载物的长度、宽度、高度不得违反装载要求。禁止货运车辆违反国家有关规定超载运输。不得为无道路运输经营许可证或证照不全者提供服务;不得违反国家有关规定,为运输车辆装卸国家禁运、限运的物品;禁止使用货运车辆运输旅客,严格禁止客货混装。

2. 送货作业控制

车辆在送货作业进行过程中,调度管理人员要实时地掌握车辆的运行情况,及时消除其工作中偏离计划要求的不正常现象,才能使已经制定的运输计划顺利完成。因此,必须对汽车在路线上的工作进行有效控制,需要控制的内容主要包括下列几个方面:

(1)监督和指导货物的配载装运过程;
(2)监控车辆按时出车;
(3)监控汽车按时到达装、卸货地点;
(4)了解车辆完成计划的情况及不能完成计划的原因,并采取使之恢复正常工作的措施。

3. 填写调度日志

为不断改进调度管理的工作水平,调度管理人员还要进行日常统计工作。日常统计工作一般通过填写调度日志进行。调度管理人员每天工作结束前均要填写好调度日志,填写时笔迹要清晰,不要随意涂改。调度日志表式样可参见表6-3。调度日志是管理部门获得必要的统计资料的重要途径。根据调度日志统计出的资料,调度管理部门就能清楚地了解作业计划的执行情况,以便及时采取适当措施,保证完成计划。

表6-3 调度日志表

年　月　日　　　　　　　　　　　　　　　　　　制表人:

发车时间	送货线路	车辆牌照	发车前例检	调度员确认	送货点到达情况	总发运车次累计
本日累计							
应发车次			实发车次			
调度调整情况记录						
本日调度工作小结						
调度员签章:							

在每日的工作过程中,如果出现计划的临时调整,那么无论是何种情况,都应该及时地记录计划调整的时间、调整的原因、调整的方法、调整后的结果、调整人员、初步的原因分

析等。

4. 行驶作业记录管理

由于送货作业主要是短距离的公路运输,因此,送货车辆的行车作业管理也是送货作业管理的重要内容。尽管人们可以通过建立数学模型使运输路线优化,利用计算机管理软件对车辆进行合理的调度,对货物实行有效配装,配送计划可以做得非常周详,但影响货物输送效率与配送服务质量的因素很多,其中不乏不可预期的因素。在送货作业进行过程中,往往会出现因临时的交通状况变化、天气变化、行车人员在外不按指令行车或外部驾驶过程中突发安全事故等难以直接控制或不可控因素的影响而导致货物不能如期送达、货物受损等情况,从而使输送成本上升,最终影响配送服务质量与配送效益。因此,在送货作业管理中必须加强行驶作业记录管理和行车作业人员的考核与管理。

行驶作业记录管理主要有车辆行驶日报表管理、行车作业记录卡管理和行车记录器管理。

(1)车辆行驶日报表管理是通过行车驾驶人员填写表单来记录送货运输作业过程。利用日报表对送货车辆行驶情况进行记录,除了能随时对车辆与驾驶员的品质及负担作出评估调整,也能反映出送货作业计划的效果,为后续作业计划管理提供参考。

填写车辆行驶日报表主要是记录送货车辆行驶里程、驾驶员工作时间、油料使用情况。车辆行驶日报表格式如表6-4所示。

表6-4 车辆行驶日报表

车号							驾驶员姓名		
日期	地点	开车时间	终点	到达时间	行驶时间	行驶里程	主管(经办)签章	备注
合计:		小时		分		公里		
油料状况								
油料	上次结存(升)	加油(升)	消耗(升)	本次结存(升)	备注			
车辆使用油料								
发电机使用油料								

调度人员根据驾驶员交回的车辆行驶日报表填写班车运行记录表中的各项内容。在填写的时候要做到笔迹清晰,不能随意涂改。车辆的行驶里程以驾驶员交回的车辆行驶日报表的记录情况为基础,按照车辆行驶日报表上的记录填写车号、驾驶员姓名、发车地点、发车时间、终点、到达时间、行驶里程,计算出驾驶员行驶的总时间。经核实后由主管人员或经办人员签章确认。填写油料状况时要注意汽车使用的油料和车辆上次结存的油量、本次加油

量,计算出车辆本次耗油量,并认真填写好本次结存的油量。

(2)行车作业记录卡管理即对行车作业实行定时划卡制度。可参见下面的案例。

日本大型连锁集团伊藤洋华堂对配送车辆输送行车作业实行了高效率管理方式。具体的方法是设立定时配送、划卡制度。即每一台配送车辆到店时要划卡,离店时也要划卡,到店至离店的时间为卸货和验货的时间。配送中心根据信息中心获取的POS系统的信息来掌握配送车辆到店和离店的时间,分析运送作业及货物抵达后的交、接货作业的效率。如果发现配送车辆比规定的时间早到或晚到店15分钟(早到无接货人,晚到则会使商店失去最佳销售机会),总部的职能部门就要按照规定对送货的当事者处以罚款(委托运输公司送货的情况一样),对配送车辆每到一店都实行同样的划卡制度。这样,负责商品配送的配送中心就能掌握车辆在途时间,从而规划较为合理的配送路线,以确保物流的通畅,使各连锁分店能够顺利地运营。

(3)行车记录器管理。行车记录器的用途很广,其最主要的功能是掌握车辆送货过程中的行驶状况,包括时间、里程数、行驶速度等。

5. 行车作业人员考核

为了确保行车作业能按送货作业计划有效进行,需要对行车作业人员进行考核和管理。对行车作业人员进行考核的数据,可以通过驾驶成绩报告书、送货人员出勤日报表来反馈(见表6-5、6-6)。

表6-5 驾驶成绩报告书

日期: 年 月 日

车辆牌号	驾驶员姓名及工号	工作时间	行车距离	送货数量	消耗油料	备注

表6-6 送货人员出勤日报表

趟次编号: 车号: 日期:
驾驶员姓名: 送货人员姓名:

报到、交货地点	计划时间	到达时间	离开时间	途中时间	里程数	卸货量(箱/件/千克)	送货单号	备注(延迟送达原因)

（三）送达服务与交割

当货物送达交货地点后，送货人员应根据双方合同的约定，协助收货方将货物卸下车，放到指定位置，并与收货人员一起清点货物，做好送货完成签收确认和送货单签回工作。同时，请客户填写好送货服务质量跟踪表（见表6-7）。如果收货方有退货、调货的要求，则应将退调商品随车带回，并完成有关单证手续。

表 6-7 送货服务质量跟踪表

客户：

我公司承担_____货物的配送业务，我们对质量的承诺是：安全准确、文明储运、优质高效、客户至上。为了实现上述承诺，不断改进我们的服务质量，恳请您真实填写以下栏目：

1.送货车辆车牌号			
2.送货人员服务态度	好□	一般□	差□
3.送货车辆状况	好□	一般□	差□
4.装卸过程是否粗野	是□		否□
5.送达货物及送货清单是否与您的订单相符	是□		否□
6.送货前是否通知您预计送达时间、货物品种、数量、规格等信息	是□		否□
7.到货是否准时	是□		否□
8.货物污染、淋湿、破损情况及程度			
9.您的其他改进要求			

知识扩展

送货人员服务规范

（一）行为规范

(1)调整心态，不得把个人不良情绪带到工作中，要时刻保持微笑。

(2)佩戴上岗证，穿工作服上班。着装整洁，不得有明显的油渍、污渍，工作服纽扣要齐全，并要扣好。

(3)不得留长指甲，指甲长度一般不能超过手指尖。

(4)男士不得留长发，头发不宜到领口，以露出耳朵为标准。

(5)不得穿拖鞋，面对顾客时，不得戴墨镜。

(7)坐相、站姿要端庄。

(8)与客户交流保持适当距离。货品要当面核对，要有耐心，不得催促客户。帮助客户摆放货品时注意动作幅度。

(9)送货到加盟店时，车辆停放在店门侧边，不得妨碍客户出入。

(10)在进客户门之前要穿上鞋套，保持客户地板的整洁，雨天不得穿雨衣进客户家门。

(11)碰到客户正忙时,要耐心等待或做一些其他的服务工作。

(二)常规业务文明用语

(1)进客户门前,先敲门三声,并礼貌地问:"请问有人吗?"

(2)客户开门后,先向客户问好致意,热情打招呼:"您好!我是××××的送货人员。请问这是您订购的×(商品名称)吗?请查收一下。"

(3)客户正忙,没空收货时的礼貌用语:"您先忙,我等您。"

(4)对网上订购的已在线付款的客户文明回复:"您的货款已在线支付成功,谢谢您的合作。"

(5)现金结算的应唱收唱付,当面清点、收取货款时的文明用语:"您的货品已核对,货款共XX元。"收款后文明用语:"收您XX元,货款共XX元,找您XX元。"

(6)现金结算的,清点货款无误后提请客户签收确认;在线支付结算的,付款无误后直接提请客户签收确认。核对无误后,请求客人在送货单上签收,文明用语:"您的货已对,款已清,麻烦您在送货底单上签字。"

(7)服务完毕后,主动向客户征询意见和建议,了解和掌握客户的需求,做好记录。

(8)客户了解信息时,如确实不知情的应该礼貌回答:"我了解后再和您联系。"最后礼貌答谢:"谢谢您对我们公司的关心和支持。"

(9)对客户的意见、建议礼貌答谢:"谢谢您对公司工作的关心、支持,我一定向公司领导转达,我们一定改进。"

(10)结束送货前说:"谢谢您的支持,再见!"

(三)特别业务服务规范

(1)第一次送货无人接货时的服务。送货无人收货时,联系客户,约好第二次送货时间,或送到客户指定地方;无法和客户取得联系时与客服主管联系,了解原因,确定联系不上后按公司规定程序处理。

(2)验收货品质量有问题时的服务。送货当场发现,属于质量问题的,要帮助客户做好换货登记工作;不是当场发现,客户反映有质量问题的,做好详细登记,承诺在24小时内会给客户一个满意的处理方案,并将登记报表交回客服部处理。

(3)出现货品外包装破损退货情况时的服务。发现货品外包装破损,客户要求调换时礼貌用语:"对不起,由于货品搬运环节过多,货品包装破损,给您添麻烦了,我拿回去给您调换,下次给您送回,行吗?"退回货品应尽早送回。发现商品型号不对时礼貌用语:"对不起,这是我们公司员工作的失误,给您添麻烦了,我会认真排查,请放心,今天我一定给您换好。"

(4)订单出错时的服务。联系客服主管,确认订单出错的原因:因客服人员的原因出错的,征求客户意见,询问是否要退货;客户拒收的,帮助客户退货,因客户主观原因出错的,做好客户的解释工作。

(5)发现客户订单出错时礼貌用语:"对不起,由于口误或××订错货了,给您添麻烦了,您要这个货吗?如不行,……"

(6)发现货品价格出错时的服务。发现货品价格出错时礼貌用语:"对不起,给您添麻烦了。我马上联系客服部人员给您核实一下。"确认价格出错的原因:因客服人员的原因出错的,征求客户意见,询问是否要退货;如收货,按实际金额结算,并做记录;客户拒收的,帮助客户退货;因客户主观原因出错的,做好客户的解释工作。

7.促销宣传单送发时礼貌用语:"您好。这是我们最新的优惠促销活动,您感兴趣可以看看。"

(四)语言规范

(1)声音要柔和,音调音量不得过高过大。

(2)突出问候语,不得有粗俗的语言。

(3)称呼上要尊重顾客,不得称其外号、绰号。

(4)用词要准确、得体,语气要亲切、温和。

(五)严禁行为

(1)严禁截留顾客的货品或货款。

(2)严禁上班期间穿拖鞋。

(3)严禁工作期间饮酒。

(4)严禁参与黄、赌、毒等违法活动。

(5)严禁野蛮装、卸(送)货品。

(6)严禁打架斗殴、与客户发生争吵。

(7)严禁接受客户的吃请或其他财物,严禁向客户借钱、借物。

(9)严禁传播影响顾客声誉的讯息,严禁传播客户个人隐私和公司的商业秘密。

(10)严禁打击报复。

(六)服务忌语

(1)喂!你的货到了,快点拿去。

(2)货没错就快点签字。

(3)我不晓得,你问我们公司。

(4)我要赶时间,你快点收货。

(5)不是我管的,不要问我。

(6)谁管的事你找谁去。

(7)有意见你找领导。

(8)我就这个态度,怎么样?

(9)你找谁都没用。

(10)有本事你就去投诉,我才不怕你。

实例:某大家电送货上门服务规范指导

序号	工步	工作标准	可能遇到的问题	解决措施
1	接活	·保证用户信息准确,用户信息包括用户姓名、地址、联系电话、产品型号等	·信息不详,如地址不详、电话错误、无产品型号、无购买日期等	·首先同派工的责任人员核实,如无法核实则直接联系客户核实

续表

序号	工步	工作标准	可能遇到的问题	解决措施
2	联系用户	·确认上门时间、地址、产品型号、购买日期等	·路途遥远,可能无法保证按约定时间上门 ·地址、型号或故障现象不符 ·电话无人接听	·道歉说明原因并改约时间 ·按确认后的地址、型号或故障现象上门 ·改时间打电话,如再晚就不能按约定时间到达则直接按地址上门
3	准备工作	·穿着整洁、干净,带好服务卡片、鞋套、抹布	·物品带错或漏带	·出发前自检一遍,以防止出现遗漏或错误
4	出发	·出发时间要根据约定时间及路程所需时间确定,以确保到达时间比约定时间提前5分钟	·出发晚导致不能按时到达	·根据约定时间及路程所需时间倒推出发时间
5	路上	·路上不出现塞车或意外,在其他客户家不耽误,以确保到达时间比约定时间提前5分钟	·路上发生塞车或其他意外	·提前电话联系向客户道歉,在客户同意的前提下改约上门时间
6	进门前的准备工作	·仪容仪表检查(详见仪容仪表规范) ·穿着正规整洁、干净 ·确保有统一印制的服务卡片 ·精神饱满 ·眼神正直热情,面带微笑	·衣服脏、不干净 ·头发长且蓬乱、胡子过长	·平时要注意自己的修养,另外每天上班前要对自己的仪容仪表进行检查 ·敲客户家门前,要首先对仪容仪表进行自检

任务二 配送路线优化

案例导入

天地华宇全面扩展"定日达"公路快运服务

天地华宇2013年9月正式在兰州、西宁、银川等西北地区省会(自治区首府)开通"定日达"公路快运服务,首次开通兰州至上海、西宁至广州、银川至广州等12条"定日达"线路。加上同期开通的杭州往返大连、西安往返沈阳等38条新线路,天地华宇"定日达"线路达到1500条。

此次"定日达"拓展至兰州、西宁、银川,是天地华宇继在西安、成都、重庆、昆明、贵阳等西部主要城市开通上述服务后,进一步在广大西部地区尤其是在西北部地区完善"定日达"快运网络布局的重要举措。

以"准时、安全、优质服务"为主要特征的"定日达",自2009年推出以来,已帮助数百万名客户降低运输成本,提高运输时效,并成为全球财富500强公司及众多中小企业首选的公路快运产品之一。以新开通的兰州往返广州的"定日达"服务为例,单程快运时间比普通零担运输节省2天左右,将满足客户兼顾物流成本及快捷、准时、安全递送的需求。

天地华宇为国家首批"AAAAA"级物流资质企业,全球领先的快递服务提供商TNT快递在华全资子公司。天地华宇总部设在上海。作为国家一级运输资质企业,天地华宇致力于打造中国最强大、最快捷、最可靠的递送网络。公司拥有中国最大的私营公路运输网络。截至2013年7月,在全国600个大中城市拥有56个货物中转枢纽、1500多个营业网点、300余台运输车辆和1600多名员工,是中国公路运输行业的领军企业。

作为中国公路快运业的领军企业,天地华宇于2009年2月率先推出了中国首个覆盖全国的高端公路定日快运服务"定日达"。该产品以其准时、安全、高品质的服务特性,让客户以不到航空货运1/3的价格,享受堪比航空货运的高性价比服务。目前,"定日达"服务已成为包括世界500强企业在内的众多企业级客户公路快运的首选。

任务目标

通过本项目的学习,掌握配送路线优化的两种方法,并能够能够根据实际情况规划出最优配送路线。

任务学习

一、配送路线

（一）确定配送路线的目标

配送路线对配送的速度、成本、效益影响颇大,因此,采用科学合理的方法确定配送路线是配送活动非常重要的一项工作。确定路线可以采取各种数学方法和在数学方法的基础上发展、演变出来的经验方法。无论采用何种方法,都应先建立试图达到的目标,再考虑实现此目标的各种限制因素,在有约束的条件下寻找最佳方案,实现试图达到的目标。目标根据配送的具体要求而定,可以有以下多种选择。

1. 效益最高

在选择效益最高为目标时,一般以企业当前的效益为主要考虑因素,同时兼顾长远的效益。效益是企业整体经营活动的综合体现,可以用利润来表示,计算时可以用利润的数值最大化为目标值。但是效益是综合的反映,在拟定数学模型时,很难与路线之间建立函数关系,因此很少采用这一目标。

2. 成本最低

计算成本比较困难,但成本和路线之间有密切关系。在成本对最终效益起决定作用时,选择成本最低为目标实际上就是选择了效益最高为目标,比较实用,因此是可以选择的。

3. 路程最短

如果成本和路程相关性较强,而和其他因素微相关时,可以选择路程最短的目标,这可以大大地简化计算,而且可以避免许多不易计算的影响因素。需要注意的是,有时路程最短并不见得成本就最低,如果道路条件、道路收费影响了成本,单以最短路程为最优解是不合适的。

4. 吨公里最小

吨公里最小通常是长途运输的目标选择,但在配送路线选择中,吨公里最小在一般情况下是不适用的。

5. 准时性最高

准时性是配送的重要服务指标,以准时性为目标确定配送路线就是要将各客户的时间要求和路线先后到达的安排协调起来,这样有时难以顾及成本问题,甚至需要牺牲成本来满足准时性要求。当然,在这种情况下成本也不能失控,应有一定限制。

6. 运力利用最合理

在运力非常紧张、运力和成本效益又有一定相关关系时,为节约运力、充分运用现有运力,不需要外租车辆或新购车辆,此时也可以运力利用最合理为目标,确定配送路线。

7. 劳动消耗最低

以油耗最低、司机人数最少、司机工作时间最短等劳动消耗最低为目标确定配送路线也有所应用,这主要是在特殊情况下(如供油异常紧张、油价非常高、意外事故引起人员减员、某些因素限制了配送司机人数等)必须选择的目标。

知识扩展

以降成本为核心进行送货运输排程

对于连锁餐饮业来说,由于原料价格相差不大,物流成本始终是企业成本竞争的焦点。对于锱铢必较的行业来说,靠物流手段节省成本并不容易。

运输排程的意义在于,尽量使车辆满载,只要货量许可,就应该作相应的调整,以减少总行驶里程。连锁餐饮业餐厅的进货时间是事先约定好的,这就要求配送中心根据餐厅的需要,制作一个类似于列车时刻表的主班表,此表是针对连锁餐饮业餐厅的进货时间和路线详细规划的。

众所周知,餐厅的销售存在着季节性波动,因此主班表至少有旺季、淡季两套方案。有必要的话,应该在每次营业季节转换时重新审核运输排程表。安排主班表的基本思路是,计算每家餐厅的平均订货量,设计出若干条送货路线,覆盖所有的连锁餐厅,最终达到总行驶里程最短、所需司机人数和车辆数最少的目的。

规划主班表远不止人们想象的那样简单。首先,需要了解最短路线的点数,从几个到成百甚至上千个,路径的数量也相应增多到成千上万条。其次,每个点都有一定数量的货物流需要配送或提取,因此要寻找的不是一条串联所有点的最短路线,而是每条串联几个点的若干条路线的最优组合。另外,还需要考虑许多限制条件,比如车辆装载能力、车辆数目、每个点在相应时间的开放窗口等,问题的复杂度随着约束数目的增加呈几何级数增长。

在主班表确定以后,就要进行每日运输排程,也就是每天审视各条路线的实际货量,根据实际货量对配送路线进行调整,通过对所有路线逐一进行安排,可以去除几条送货路线,至少也能减少某些路线的行驶里程,最终达到提高车辆利用率、司机工作效率和减少总行驶里程的目的。

(二)影响配送路线选择的因素

以上目标在实现时都受到许多因素的影响,必须在排除这些因素干扰的前提下取得成本最低或吨公里最小的结果。一般在进行配送路线选择时,有以下几个影响因素。

1. 路线允许通行的时间限制

某些路段在一定的时间范围内,不允许某种类型的车辆通行。因此,确定配送路线时应当考虑这一因素。以武汉市长江大桥为例,过往的车辆应以牌号的末位号分单双号过桥。如果配送路线决定走这条路线则应预计好通过的时间,安排相应的车辆送货。

2. 运输工具载重的限制

运输工具载重的限制是指每辆车、船、飞机都有一定的额定载重量,如果超重就会影响运输安全,所以在安排货物的配送路线时应保证同路线货物的重量不会超过所使用运输工具的载重量。比如货物由C至B,运送的货物总重10吨,配送中心有额定载重量为8吨的货车和额定载重为10吨的货车,就应该选择后者。

3. 配送中心的能力

配送中心的能力同时包括运输和服务这两个方面的能力。所谓运输能力,是指提供适当的专门化车辆的能力,用于温度控制、散装产品以及侧面卸货等;服务能力包括利用EDI编制时间表和开发票、在线装运跟踪以及储存和整合。

4. 自然因素的限制

主要包括气象条件、地形条件。尽管现代运输手段越来越发达,自然因素对于运输的影响已相对减小,但是,自然因素仍是不可忽视的影响因素之一。如在决定采取航空运输时,就应考虑起运地和到货地是否有比较恶劣的气候。如有,就应考虑替代方案。

5. 其他不可抗力因素的限制

其他不可抗力因素主要指法律的颁布、灾害的发生、战争的爆发等。这些因素有时会产生很严重的后果,为了规避风险,应当对其进行充分估计并购买相应保险。

二、配送路线优化

(一)配送路线优化的意义

配送运输由于配送方法的不同,其运输过程也不尽相同。影响配送运输的因素很多,如车流量的变化、道路状况、客户的分布状况和配送中心的选址、道路交通网、车辆额定载重量以及车辆运行限制等。配送路线设计就是整合配送运输的各因素,适时适当地利用现有的运输工具和道路状况,及时、安全、方便经济地将客户所需的不同物资准确送达客户手中,以便提供优良的物流配送服务。在运输路线设计中,需根据不同客户群的特点和要求,选择不同的路线设计,最终达到节省时间、缩短运行距离和降低运行费用的目的。

(二)配送路线优化的约束条件

无论选择哪个目标还是实现哪个目标,都有一定的约束条件,只有在满足这些约束条件的前提下才能实现这些目标。一般在进行配送路线优化时,有以下几个约束条件:

(1)满足所有收货人对货物品种、规格、数量的要求;
(2)满足收货人对货物发到时间范围的要求;
(3)在允许通行的时间(如城区公路白天不允许货车通行)内配送;
(4)各配送路线的货物量不得超过车辆容积及载重量的限制;
(5)在配送中心现有运力允许的范围之内。

三、配送路线选择和优化的方法

(一)方案评价法

配送路线的影响因素较多,难以用某种确定的数学关系式表达,或难以用某种单项依据评定时,可以采取对配送路线方案进行综合评定的方法。综合评定以确定最优方案的步骤如下。

(1)拟订配送路线方案:以某一项较为突出和明确的要求作为依据。例如,以某几个点的配送准时性,或司机习惯行驶路线等拟订出几个不同方案,方案要求提出发车、经过地点、车型等具体参数。

(2)对各方案相关的数据进行计算,如配送距离、配送成本、配送行车时间等,并作为评价依据。

(3)确定评价项目:决定从哪几方面对各方案进行评价,如动用车辆数、司机数、油耗、总成本、行车难易度、准时性、装卸车难易度等方面,都可作为评价依据。

(4)对方案进行综合评价。

(二)数学计算法

即用经济数学模型进行数量分析。例如,可以应用线性规划的数学模型求解最近距离。当一个配送中心向一个特定客户进行专门送货时,从物流角度看,客户需求量接近或大于可用车辆的定额载重量时,需专门派一辆或多辆车一次或多次送货。货物的配送追求的是多装快跑,选择最短配送路线,以节约时间、费用,提高配送效率,这主要是寻求物流网络下的最近距离的问题。

根据送货作业的实际情况,送货作业业务中出现最多的是以下两种情况:一是从单个配送中心向单个客户往返送货;二是从单个配送中心向多个客户循环送货后返回。这两种情况的最短配送路线设计可以归结为两类问题,即一对一配送的最短路线问题和一对多配送的路线优化问题。

1. 一对一配送的最短路线问题

一对一配送的最短路线问题指的是在由一个供应点到一个客户的配送运输模式中,选择最短的配送路线,实现高效率的配送,达到快速、经济配送的经营目的。最短路线问题是线路优化模型理论中最为基础的问题之一,也是解决其他一些路线优化问题的有效工具。

(1) 模型的数学描述

假设有一个 n 个节点和 m 条弧的连通图 $G=(V_n, E_m)$,并且图点的每条弧 (i,j) 都有一个长度 c_{ij} (或费用 c_{ij}),则最短路线问题为:在连通图 $G=(V_n, E_m)$ 中找到一条从节点 1 到节点 n 的距离最短(或费用最低)的路线。

在考虑使用最短路径求解时,为了能够得到合理的、正确的解,问题模型一般需要满足一定的假设条件:

①两点之间的弧线距离为整数(在现有的算法下,该假设基本已经不需要考虑);

②在连通图中,从任何一个端点到其他所有的端点都有直接的路径;如果存在不能直接相连的端点,则可以在它们之间加上一个极大的距离,例如无穷大,表示它们之间不可能作为备选方案;

③连通图上的所有距离非负;

④连通图是有方向性的。

(2) 两点之间最短路径算法

Dijkstra 在 1959 年提出了按路径长度的递增次序,逐步产生最短路径的 Dijkstra 算法。该算法可以用于求解任意指定两点之间的最短路径,也可以用于求解指定点到其余所有节点之间的最短路径。

该算法的基本思路是:一个连通网络 $G=(V,E)$ 中,$V=(V_1, V_2, \ldots V_n)$,$E=(E_1, E_2, \ldots, E_n)$,求解从节点 V_0 到 V_n 的最短路径时,始发点作为已解节点,计算从始发点开始。首先求出从 V_0 出发的一条最短路径,再参照它求出一条次短的路径,依次类推,直到从顶点 V_0 到顶点 V_n 的最短路径求出为止,即节点 V_n 被加入路径中。而求解从 V_n 到其他所有节点的最短路径,则同样先求出从 V_0 出发的一条最短路径,再参照它求出一条次短的路径,依次类推,直到从顶点 V_0 出发的所有最短路径求出为止。

其算法步骤如下。

①第 n 次迭代的目标。寻求第 n 次最近始发点的节点,重复 $n=1,2,\ldots$ 直到最近的节点是终点为止。

②第 n 次迭代的输入值。$(n-1)$ 个最近始发点的节点是由以前的迭代根据离始发点最短路线和距离计算而得的。这些节点以及始发点称为已解节点,其余的节点是尚未解的点。

③第 n 次最近节点的候选点。每个已解的节点由线路分支通向一个或多个尚未解的节点,这些未解的节点中有一个以最短路线分支连接的是候选点。

④第 n 个最近节点的计算。将每个已解的节点及其候选节点之间的距离和从始发点到该已解节点之间的距离加起来,总距离最短的候选点即是第 n 个最近的节点,也就是始发点

到该点的最短路径。

(3)算法示例

【例题】现有如下的连通图,图中圈圈也称节点,代表起点、目的地和与行车路线交叉点;连线代表相邻两个节点之间的路线;每一条连线上的数字表示运输里程(公里)。求从配送中心 V_1 到 V_6 的最短路径。

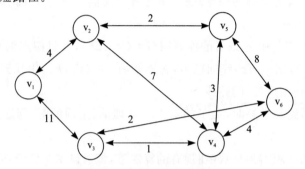

图 6-2 各节点间的连通图

分析: 由图可以看出,从 V_1 到 V_6 有很多路线可以选择,选择配送路线使总的路线长度最短,这就是配送运输规划中的最短路径问题。因此,可以利用 Dijkstra 算法进行求解。

解: 首先列出计算表,如下。

步骤	已解节点	与该已解节点直接连接的未解节点	对应路线	对应总运行距离	最短路线距离	新增的已解节点	选中的路径
1	V_1	V_2	V_1V_2	4	4	V_2	V_1V_2
		V_3	V_1V_3	11			
2	V_1	V_3	V_1V_3	11	6	V_5	$V_1V_2V_5$
	V_2	V_4	$V_1V_2V_4$	4+7=11			
	V_2	V_5	$V_1V_2V_5$	4+2=6			
3	V_1	V_3	V_1V_3	11	9	V_4	$V_1V_2V_5V_4$
	V_2	V_4	$V_1V_2V_4$	4+7=11			
	V_5	V_4	$V_1V_2V_5V_4$	6+3=9			
	V_5	V_6	$V_1V_2V_5V_6$	6+8=14			
4	V_1	V_3	V_1V_3	11	10	V_3	$V_1V_2V_5V_4V_3$
	V_4	V_3	$V_1V_2V_5V_4V_3$	9+1=10			
	V_4	V_6	$V_1V_2V_5V_4V_6$	9+4=13			
	V_5	V_6	$V_1V_2V_5V_6$	6+8=14			
5	V_3	V_6	$V_1V_2V_5V_4V_3V_6$	10+2=12	12	V_6	$V_1V_2V_5V_4V_3V_6$
	V_4	V_6	$V_1V_2V_5V_4V_6$	9+4=13			
	V_5	V_6	$V_1V_2V_5V_6$	6+8=14			

解析:第一个已解节点即是起点 V_1,与其直接相连的未解节点有 V_2、V_3。第一步,我们可以看到 V_2 距离 V_1 最近,记为 V_1V_2,V_2 由于是唯一选择,所以成为又一已解节点。第二步,列出与已解节点 V_1、V_2 直接连接的未解节点构成的线段 V_1V_3,V_2V_4,V_2V_5,计算其距离起点的运输距离,找出距离最近的为 V_5,即是 $V_1V_2V_5$,V_5 为已解节点。注意从起点通过已解节点到某一节点的运输距离应该等于到达这个已解节点的最短路线加上已解节点与未解节点之间的距离,并且找到的路线要与所有已有路线进行比较,最短才能被选中,不能仅仅只与本步骤中的路线进行比较。因此,第三步中 V_1 经过 V_2 到 V_4 的距离为 $V_1V_2+V_2V_4=11$;V_1 经过 V_5 到 V_4 的距离为 $V_1V_2+V_2V_5+V_5V_4=4+2+3=9$;$V_1$ 经过 V_5 到 V_6 的距离为 $V_1V_2+V_2V_5+V_5V_6=4+2+8=14$;$V_1$ 经过 V_5 到 V_4 的距离为9,最短,V_4 也成为已解节点。

重复上述过程直到到达终点 V_6,即第五步,最短的路线距离是12,最短路线是 $V_1-V_2-V_5-V_4-V_3-V_6$,这就是本题所求得的最短路径。

技能训练:利用上述方法求下图从1到8的最短路径。

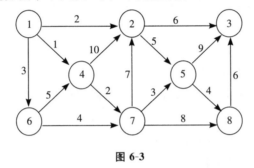

图 6-3

2. 一对多配送的路线优化问题

一对多配送是指由一个供应配送点往多个客户货物接收点进行循环配送,送货车辆送完货后再返回配送中心。由于受送货时间及送货路线里程的制约,通常不可能用一条路线为所有客户送货,而是设计数条送货路线,每条路线为某几个客户送货。同一条路线上由一辆配装着这条路线上所有客户需求货物的车,按照预先设计好的最佳路线依次将货物送达该路线上的每一个客户并最终返回配送中心。负责送货的车辆装载这条路线上所有客户货物的总量不能大于一辆车的额定载重量。其基本思路是:由一辆车装载所有客户的货物,沿一条优选的路线,依次将货物送到各个客户的货物接收点,保证客户按时收货,从而节约里程、节省运输费用。解决这种路线优化问题可以采用"节约里程"法。

(1)节约里程法的基本思想

如下图所示,假设 P 为配送中心,A 和 B 为客户接货点,各点相互的道路距离分别用 a,b,c 表示。比较两种运输路线方案:

一是派两辆车分别向客户接货点 A 和 B 送货,总的运输里程为 $2(a+b)$;

一是将 A 和 B 两地的货物装在同一辆车上,采用巡回配送方式,总的运输里程为 $a+b+c$。若不考虑道路特殊情况等因素的影响,第二种方式与第一种方式之差为:

$$2(a+b)-(a+b+c)=a+b-c$$

按照三角形三边关系定则,两边之和大于第三边。因此,此差值大于零,并且可以看出,第二种方式比第一种方式要节约里程数 a+b-c。节约里程法就是按照以上思路对配送网络的运输路线进行优化计算的。

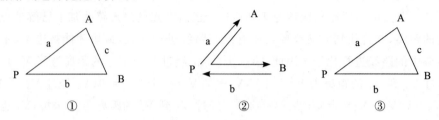

图 6-4　节约里程法的基本思想示意图

在实际情况下,如果需要配送货物的客户数量较多,应首先计算包括配送中心在内的各地点相互之间的最短距离,然后计算出各客户之间可节约的运送距离,按照节约运送距离的大小顺序连接各配送地点并规划出配送运输路线。

(2)节约里程法的适用条件

①配送中心有稳定客户群。

②各配送线路的负荷要尽量均衡。

③要考虑客户要求的交货时间,以免由于一条路线的送货总里程太长而影响向客户交货时间的准确性。

④货物总量不能超过车辆的额定载重量。

(3)节约里程法应用的注意事项

①结果不能为负,因为三角形的两边之和总是大于第三边。

②将客户点连接起来,增加了节约的里程。

③客户点之间的距离越近,而且距离配送中心越远,那么节约的里程就会越大。

④可以用时间来代替距离计算。

(4)算法示例

例题:某连锁零售店下设有一个配送中心 P 和 9 个连锁分店 A—I,配送中心和各连锁分店以及各连锁分店之间形成如下图所示的配送网络。其中 J 为中转节点,线上的数字为两点之间的最短距离(单位:千米),括号里的数字为各连锁分店的输送量(单位:吨)。该商品由配送中心统一采购并进行配送运输,配送中心有最大装载量为 2 吨和 5 吨的货车,并限定车辆一次运行距离不超过 35 千米。设送到时间均符合各连锁分店的要求,求配送中心的最优配送运输方案。

解:第一步:利用前面所述的最短路径法求解网络各节点间的最短距离。计算结果如下表所示。

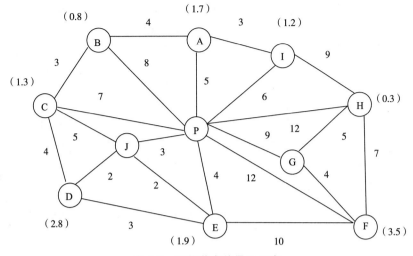

表 6-8 网络节点的最短距离

结点	P	A	B	C	D	E	F	G	H	I
A	5	A								
B	8	4	B							
C	7	7	3	C						
D	5	10	7	4	D					
E	3	9	10	7	3	E				
F	12	17	20	17	13	10	F			
G	9	14	17	16	14	13	4	G		
H	12	2	16	19	17	16	7	5	H	
I	6	3	7	10	11	10	16	14	9	I

第二步,根据最短距离和节约里程法的基本思想,计算出各客户点之间的节约里程,得出如下的节约里程表。

表 6-9 客户之间的节约里程

结点	A	B	C	D	E	F	G	H	I
B	9	B							
C	5	12	C						
D	0	6	8	D					
E	0	2	4	6	E				
F	0	0	2	4	6	F			
G	0	0	0	0	0	17	G		
H	5	4	0	0	0	17	16	H	
I	8	7	3	0	0	2	1	9	I

第三步：将节约里程由大到小按顺序排列，列出节约里程排序，如表所示。

表 6-10 节约里程排序

序号	连接点	节约里程	序号	连接点	节约里程
1	F～G	17	12	E～F	6
2	F～H	17	13	A～C	5
3	G～H	16	14	A～H	5
4	B～C	12	15	B～H	4
5	A～B	9	16	C～E	4
6	H～I	9	17	D～F	4
7	A～I	8	18	C～I	3
8	C～D	8	19	B～E	2
9	B～I	7	20	C～F	2
10	B～D	6	21	F～I	2
11	D～E	6	22	G～I	1

第四步：按照节约里程顺序表，组成配送线路图。

①初次解：从配送中心分别向各个客户节点进行配送，共有9条路线，如下图所示。其总运行距离为136千米，需要装载量为2吨的汽车7辆，装载量为5吨的汽车2辆。

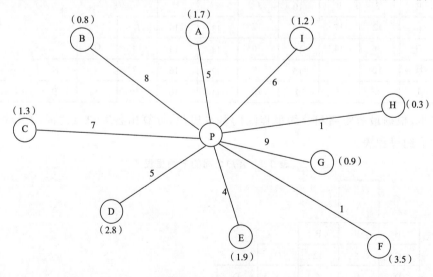

图 6-5 初次解结果

②二次解：按照节约里程大小顺序连接F－G，F－H，如下图所示。此时配送路线为7条，总运行距离为2×(5+7+8+5+4+6)+(9+4+7+12)=102千米，需要装载量为2吨的车5辆，装载量为5吨的车2辆。配送路线(1)为P－G－F－H－P，其运行距离为32千米，装载量为4.7吨。配送路线(1)不能继续添加节点，否则超过运行距离和最大装载量的限制条件。

③三次解:连接 B—C,A—B,如图所示。尝试将 H—I 加入路线(1),但载重和运行距离均超限,因此不予连接。此时的配送路线有 5 条,总运行距离为 2×(5+4+6)+(32+19)=81 千米,需要装载量为 2 吨的车 2 辆,装载量为 5 吨的车 3 辆。其配送路线(2)为 P—A—B—C—P,运行距离为 5+4+3+7=19 千米,载重量为 1.7+0.8+1.3=3.8 吨。

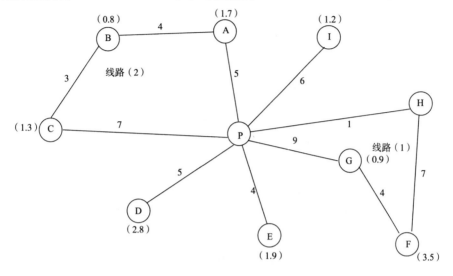

图 6-6　三次解结果

④四次解:下面的节约里程顺序是 A—I,将其连接到配送路线(2),此时的配送路线(2)为 P—I—A—B—C—P,如下图,其运行距离为 6+3+4+3+7=23 千米,载重量为 1.2+1.7+0.8+1.3=5 吨,至此因载重的限制,配送路线(2)不能再添加节点。此时,总的配送路线为 4 条,需装载量为 2 吨的车 1 辆,装载量为 5 吨的车 3 辆,总运行距离为 2×(5+4)+32+23=73 千米。

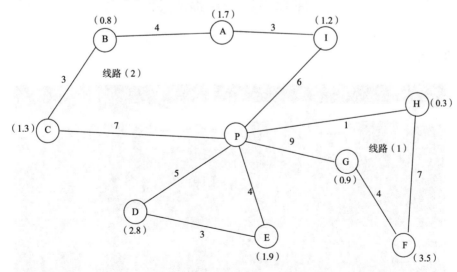

图 6-7　四次解结果

⑤最终解:连接D—E,形成配送路线(3),即为P—D—E—P。该条路线的运行距离为5+4+3＝12千米,载重量为2.8＋1.9＝4.7吨。这样就完成了全部的配送路线设计,总共有三条配送路线,运行距离为67千米,需要装载量为5吨的车3辆。

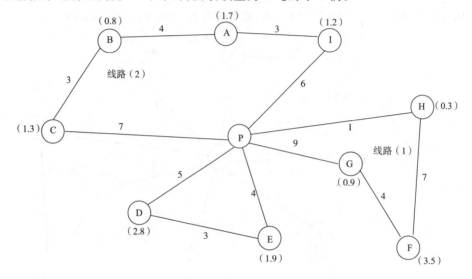

图6-8 最终解结果

配送路线分别为:

配送路线(1):P—G—F—H—P,总运行距离为32千米,装载量为4.7吨。

配送路线(2):P—I—A—B—C—P,总运行距离为23千米,装载量为5吨。

配送路线(3):P—D—E—P,总运行距离为12千米,装载量为4.7吨。

任务三　车辆配载

案例导入

物流公司的货物配载是影响物流公司收入或者单车利润的重要因素。在竞争如此激烈的情况下,各线路以及网络型物流的支线到底靠什么赚取利润?合理配载是一个绕不开的话题……

"线路赚不赚钱,很大程度靠配载",老板们总是说线路利润的获得就是靠配载,但是如何配载最合理?

在现实生活中,各种类型的货重比是不一样的,一车货几十票或上百票,它们的重抛货比不一。所以在现实生活中,想找到一个固定的模型去合理配载并不容易。

其实这是一个数学问题,就像搭积木一样。比如一批货物,有详细的尺寸,有轻重的区分,有装卸货的先后顺序以及货物运价的不同,因此最好选择不同的车型,做成一个直观的三维视图模型,把货物的重量、尺寸(体积)、运价、承重等每件货物的具体条件输入进去以后,就能够自动选择哪些货物搭配成一车并使运费最大化。

任务目标

通过本项目的学习,了解车辆配载的原则和注意事项,并能根据客户要求和车辆的具体情况实现车辆的配载。

任务学习

需配送的货物的比重、体积以及包装形式各异,在装车时,既要考虑车辆的载重量,又要考虑车辆的容积,使车辆的载重和容积都能得到有效的利用。车辆配载就是要在充分保证货物质量和数量完好的前提下,尽可能增加车辆在容积和载货两方面的装载量,以提高车辆利用率,节省运力,降低配送费用。

一、车辆配载的原则

车辆配载是根据客户的配送要求按货物"后送先装"的顺序装车。但配载过程中有时为了有效地利用空间,还应考虑货物的性质(怕震、怕压、怕撞、怕湿)、形状、体积及质量等并做一些调整,如能根据这些选择恰当的装卸方法,并能合理地进行车辆配载工作,则可使货物在配送运输中货损、货差减少,既能保证货物完好和安全运输,又能使车辆的载重和容积得到充分的利用。

车辆配载时应遵循以下原则。

(1)轻重搭配。车辆装货时,重不压轻,大不压小,轻货应放在重货上面,包装强度小的应放在包装强度大的上面。必须将重货置于底部,轻货置于上部,避免重货压坏轻货,并使货物重心下移,从而保证运输安全。

(2)大小搭配。如到达同一地点的同一批配送货物,其包装的外部尺寸有大有小。为了充分利用车厢的内容积,可采取不同尺寸大小的货物在同一层或上下层的合理搭配方式,以减小厢内留有的空隙。尽量做到"后送先装"。后开门的厢式货车,先卸车的货物应装在车厢后部,靠近车厢门,后卸车的货物装在前部。

(3)货物性质搭配。拼装在一个车厢内的货物,其化学属性、物理性不能互相抵触。由于在交运时托运人已经包装好货物而承运人又不得任意开封,因此,厢内货物性质抵触而发生损坏,由此造成承运人损失者,托运人应负赔偿责任。为减少或避免差错,把外观相近、容易混淆的货物分开装载。不将散发臭味的货物与具有吸臭性的货物混装,不将散发粉尘的货物与清洁货物混装;切勿将渗水货物与易受潮货物一同存放。

(4)到达同一地点的适合配装的货物应尽可能一次积载。

(5)确定合理的堆码层次及方法。可根据车厢的尺寸、容积、货物外包装的尺寸来确定。包装不同的货物应分开装载,如板条箱货物不要与纸箱、袋装货物堆放在一起;具有尖角或其他突出物的货物应和其他货物分开装载或用木板隔离,以防止包装破损。

(6)装入货物总重量不允许超过车辆所允许的最大载重量。

(7)货物堆放要前后、左右、上下重心平衡,以免翻车。

(8)应防止车厢内货物之间碰撞、沾污。货与货之间、货与车辆之间应留有空隙并适当衬垫,防止货损;装货完毕,应在门端处采取适当的稳固措施,以防开门卸货时,货物倾倒造成货损或人身伤亡。

技能训练: 指出下图车辆配载时违反了哪些原则。

二、影响车辆配载的因素

从理论上讲,只要将货物按照"后送先装"的顺序装车即可,但为了有效利用空间还要考虑其他因素,灵活地做出调整。影响车辆配载的因素主要归纳如下。

(1)货物特性。如轻泡货物,由于车厢容积的限制和运行限制(主要是超高)而无法装足吨位。

(2)货物包装情况。如货物包装容器的体积不与车厢容积成整倍数关系,则无法装满车厢。

(3)不能拼装运输。应尽量选派核定吨位与所配送的货物数量接近的车辆进行运输;按有关规定必须减载运行的,如有些危险品货物必须减载运送才能保证安全,则必须减载。

(4)装载技术的原因,造成不能装足吨位。

三、车辆运载特性——吨位利用率

(一)吨位利用率的含义

吨位利用率通常反映了车辆在重载运行中载运能力的利用程度。车辆按核定吨位满载运行时,表示车辆的载运能力得到了充分的利用。而在实际工作中,不同货物配送的流量、流向、流时、流距及运行中的某些问题,常常造成车辆不能按核定吨位满载运行。吨位利用率的计算公式如下:

吨位利用率=(实际完成周转量/载运行程载质量)×100%

配送运输车辆的吨位利用率应保持在100%,即按车辆核定吨位装足货物,不要亏载而造成车辆载重能力的浪费;但超载或严重超载也是不合理的。

(二)提高配送运输车辆吨位利用率的办法

1.合理调配使用运输车辆

合理调配使用运输车辆的主要方法有以下几种。

(1) 配送运输车辆与货物配合。从生产的角度来看,要使配送运输车辆与货物配合,应尽最大努力做到按货配车;而从货运工作来看,应做到按车配载,重质货物装大型车,轻泡货物装小型车。但若有多种配送运输车辆要装运多种货物时,则需进行综合优化。

(2) 配送运输车辆种类和流向适合货物流向。根据货流特点,合理安排配送运输车辆,提高载重量总的利用率,保证主要货流方向达到充分满载;装车考虑卸后利用,组织好车辆回空,降低空载率。

2. 巧装满载

巧装满载就是千方百计地改进装载方法,增加配送运输车辆的装载量。

(1) 改善货物包装及其状态。通过机械打包、包装标准化、机械解体等方法使货物的比重和状态与通用运输工具相适应。

(2) 货物轻重配装。避免轻泡货物装满整个车厢,但载重量却不足;或装载重质货物虽达到车辆的额定载重量,但车厢空间仍大量空置。装载时应先装重质货物,后装轻泡货物。

3. 合理装载货物

主要方法有紧密装载,设法减少货物之间的空隙;多层装载(按层次码放)与起脊装载(多针对敞开式的散装货物,呈脊状码放,防止滚落,有利于苫盖篷布),充分利用空间;正确配置货物,增加装载量。货物在载运工具内配置方法不同,载运工具容积的利用效率不一样,选择最好的方法能增加装载量。

四、配载的计算

根据送货作业本身的特点,送货作业一般采用汽车送货。由于货物的重量、体积及包装形式各异,所以具体车辆的配载要根据客户要求结合货物及车辆的具体情况综合考虑。多数情况下主要依靠经验或简单的计算来设计配载方案。

车辆的配载计算要在一定的前提假设条件下进行,通常假设如下:

(1) 车辆容积和载重量的额定限制;

(2) 每一个客户都有确定的一个送货点,有相应的驾驶时间到此送货点或从此送货点到下一个客户的送货点;

(3) 每一份订单都包括货物的特定数量,每种货物的包装都可以测出长度、宽度;

(4) 每种包装的货物不超过公路运输包装件的尺寸界限;

(5) 货物的包装材料相同,且遵循配装的原则。

配载过程中由于货物特征千变万化,车辆及客户要求也各有不同,因此装货人员常常根据以往积累的装货经验来进行配载。采用经验法配载时,也要用简单的数学计算模型来验证装载的货物是否满足车辆在载重量及容积方面的限制。数学计算模型如下:

$$MAX \sum_{i=1}^{n} x_i \qquad (式1)$$

$$st. \quad \sum_{i=1}^{n} v_i x_i \leqslant V_车 \qquad (式2)$$

$$\sum_{i=1}^{n} w_i x_i \leqslant W_{车} \quad \text{(式3)}$$

$$x_i \in \{0,1\}, i = 1,2,\ldots,n \quad \text{(式4)}$$

模型中各参数含义如下：

v_i：第 i 个客户货物的总体积；

$V_{车}$：配送车辆的有效容积；

w_i：第 i 个客户的货物总重量；

$W_{车}$：配送车辆的额定载重量；

n：需送货客户点个数。

式(1)表示配载目标函数，即装入尽可能多的客户个数的货物，x_i 代表客户的个数；式(2)表示装入货品的总体积不超过车辆的有效容积；式(3)表示装入货物的总重量不超过车辆额定载重量；式(4)表示 x_i 是 0～1 的变量，即当 $x_i = 1$ 时，表示第 i 个客户的货品装载入车，否则不装载（即该客户的订单上的货物要么一次性全部装入；如果不能一次性全部装入则完全不装，等待与下一车次的货物配装）。

除经验法外，在货物种类较少、货物特征明显及客户要求相对简单的情况下，可以尝试用容重配装简单计算法来进行车辆配载。

在车辆装载过程中，一般容重大（密度大）的货物（如五金类货物）往往装载到车辆最大载重量时，车辆的容积空间剩余还较多；容重小（密度小）的货物（如服装、箱包等）装满车厢时，车辆的最大载重量还没有达到。这两种情况都会造成运力的浪费。因此，采用容重法将两者进行配装是一种常用的配载装车方法。

假设有两种需要送货的货物，A 货物容重为 $R_A \text{kg/m}^3$，单件体积为 $V_A \text{m}^3$，B 货物容重为 $R_B \text{kg/m}^3$，单件体积为 $V_B \text{m}^3$，车辆额定载重量为 G 吨，车辆最大容积为 $V \text{m}^3$。

A、B 两种货物尺寸的组合不能正好填满车辆内部空间以及装车后可能存在无法利用的空间，故设定车辆的有效容积为 $V \times 90\%$。计算方案如下：

在既满载又满容的前提下，设货物 A 装入数为 x 件，货物 B 装入数为 y 件，则可得到方程组：

$$\begin{cases} xV_A + yV_B = V \times 90\% \\ xR_AV_A + yR_BV_B = G \end{cases}$$

求解这个方程组，得到 x、y 的数值即为 A、B 两种货物各自装车的数量。

这个方程组只适用于两种货物的配载。如果配装货物种类较多、车辆种类也较多，可以先从所有待配载的货物中选出体积（或重量）最大和体积（或重量）最小的两种货物进行配载；然后根据剩余车辆载重与空间，在其他待装货物中再选出体积（或重量）最大和体积（或重量）最小的两种进行配装。以此类推，直至车辆满载或满容。

在实际工作中常常不可能每次都得到最优的配载方案，只能先将问题简单化，节约计算时间，简化配装要求，然后逐步优化，找到接近最优方案的可行方案。这样可以加快配载装车速度，通过提高配载的效率来弥补可行方案与最优方案之间的成本差距，体现综合优化的思想。

以上是将经验法结合简单计算法来进行配载方案设计的方法。

解决车辆配载问题,在数据量小的情况下可以手工计算;但当考虑到不同客户的具体送货要求、货物的多种特征以及送货车辆的限制时,计算的数量将极为庞大,依靠手工计算几乎不可能。这就需要用数学的方法总结出数学模型后,使用开发出的车辆配载软件将数学模型中的相关参数输入电脑,然后由软件自动计算出,并进行图形化模拟。

同步练习

一、单项选择题

1. 中国国内配送中心、物流中心的配送有效距离在（　　）公里以内。
   A. 30　　　　　　B. 50　　　　　　C. 80　　　　　　D. 100
2. 配送路线的选择与确定工作的核心目标应该是（　　）。
   A. 效益最高　　　B. 准时性最高　　C. 成本最低　　　D. 劳动消耗最低
3. 由配送中心向一个客户进行专门送货，这种情况一般是针对（　　）。
   A. 需要紧急的客户　B. 需求平稳的客户　C. 临时客户　　　D. 优质的主要客户
4. 下列哪种方法最适合一对一的配送运输（　　）？
   A. 最短路径法　　B. 表上作业法　　C. 节约里程法　　D. 图上作业法
5. 节约里程法适合于（　　）的送货方式
   A. 一对一　　　　B. 一对多　　　　C. 多对多　　　　D. 多对一
6. 节约里程法的基本思想是（　　）。
   A. 三角形两边之和大于第三边　　　B. 各点间运送的总里程最短
   C. 各点间运送的总用时最少　　　　D. 服务的客户数量最多
7. 在节约里程法计算过程中，客户之间的距离越近，而且他们距离配送中心越远，则节约的里程（　　）。
   A. 越多　　　　　B. 越少　　　　　C. 视客户需求而定　　D. 不确定
8. 节约里程法计算过程中，当计算出两两客户之间的可节约里程后，下一步应该做的是（　　）。
   A. 按节约里程多少两两连接各客户之间的路线
   B. 按节约里程从多到少顺序进行排列
   C. 按节约里程多少安排送货顺序
   D. 按节约距里多少安排送货车辆的类型
9. 合理配载是提高运输工具（　　）的一种有效形式。
   A. 装载效率　　　B. 运输效率　　　C. 装载率　　　　D. 实载率
10. 在采用经验法进行配载时，也要用简单的数学计算来验证（　　）。
    A. 货物的数量
    B. 是否按客户要求装载了需要的货物
    C. 装载的货物是否满足车辆在载重量及容积方面的限制
    D. 装载时间是否满足要求

二、填空题

1. 配送路线对_____影响最大。
2. 常用的数学计算方法中，确定配送路线设计的两种方法是_____和_____。
3. 配载作业过程中，装货人员最常采用的配载方法是_____。

4.行驶作业记录管理的方式主要有＿＿＿＿＿、＿＿＿＿＿、＿＿＿＿＿。

5.送货作业的进行需要与＿＿＿＿＿、＿＿＿＿＿相匹配。

三、简答题

1.配送路线可以采用哪些方法进行选择和优化？

2.简述节约里程法的基本思想及其适用条件。

3.影响车辆配载的因素有哪些？

4.车辆配载中应遵循的基本原则有哪些？

四、计算题

某一配送中心 P 向 10 个客户配送货物，其配送网络如图所示。图中括号内的数字表示客户的需求量(T)，线上的数字表示两节点之间的距离。配送中心有装载量为 2 吨和 4 吨的两种车辆可供使用，试制订最优的配送方案。

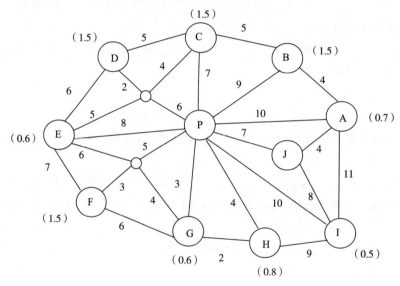

任务实训

实训项目　车辆配载

实验目的

能根据客户的要求，综合考虑货物的外形尺寸、特殊的装载要求（如仅能立放、叠压限制等）及货车车厢的尺寸、额定载重量等具体情况，规划配载方案。

实训内容

(1)根据客户要求及车辆货物的具体情况，设计配载方案。

(2)了解数学模型的建立方法。

实训资料

某连锁超市的配送中心接到 5 个门店的送货请求后，已将货物分拣完毕，现在货物都在出货月台上等待装车送货。目前，配送中心其他车辆都已外出送货或正在装车准备送货，未分配送货任务的只剩一辆普通厢式货车,其车厢有效容积为 20 立方米(长 5 米×宽 2 米×高 2 米),最大载重量为 4 吨。分拣人员已经把货物的重量、体积测算出来并上报给了调度人员。现在,调度人员要根据门店送货的要求安排一个配载方案。

待送货物的基本情况如下表。

待送货物的基本情况

门店名称	送货顺序	货物名称	总重量(kg)	件数(托盘)	外形尺寸(米)长×宽×高
新大路店	1	食用油	1200	15	0.3×0.3×0.3
中河路店	2	液晶电视(仅可立放)	500	5	1×0.5×0.8
富邦广场店	3	瓶装饮料	900	10	1.2×1×0.5
星中路店	4	袋装大米	1000	10	0.5×0.5×0.5
天目山路店	5	盒装鸡蛋(可叠压4层)	300	50	0.2×0.2×0.3

说明:此处"件数"是指包装之后的整体,外形尺寸是单件的尺寸。装车时只能以整数"件"装车,不能把"件"拆开分装。当需要考虑货物的特殊装载要求时,设定"液晶电视"仅能立放,盒装鸡蛋只能叠压4层。

实训步骤

(1)根据现有车辆情况及货物情况,学生依据配载的一般原则进行模拟配载。货物可以用纸板制成的纸盒替代,摆放后的尺寸不能超出车厢的尺寸。

(2)寻求更好和更便捷的装车方案。考虑是否可以利用数学模型来安排(本操作为可选步骤)。

实训报告

记录实训的过程,总结配载过程中需要考虑哪些因素。

项目七
补货与退货作业管理

> **学习目标**
>
> **知识目标**
> 1. 理解补货的概念;
> 2. 掌握配送中心退货流程;
> 3. 掌握退货的原因。
>
> **技能目标**
> 1. 掌握补货方式;
> 2. 掌握补货的时机;
> 3. 正确处理退货。

任务一 补货作业管理

> **案例导入**

　　JDA 软件集团公司 2018 年 7 月 16 日宣布,中国最具规模的零售连锁企业之一华润万家选择 JDA®需求预测、JDA®补货计划及 JDA®订单优化解决方案,更精准地把握消费需求,及时补货,提高订单满足率,为消费者提供更好的服务。华润万家是华润集团旗下优秀零售连锁企业集团,创立于 1984 年。2017 年华润万家全国自营门店实现销售额 1036 亿元,自营门店总数达到 3162 家。旗下拥有华润万家、苏果、Ole、blt、V+、乐购 express、Voi_la! 等多个著名品牌。

　　2014 年华润万家与 TESCO 中国业务合并,实现民族零售品牌与国际接轨,开启跨越式发展。随着门店以及全渠道业务的快速发展,华润万家决定进一步提升供应链能力,提高服务水平和消费者满意度。华润通过引进 JDA 预测与补货系统,自动生成精确的需求预测,有效连接门店与 DC 以及上游供应商,进行分时段的全网络自动补货,提高订单满足率和消费者满意度。

　　华润万家 CIO 李敬尧表示:"我们目前有两套不同的预测补货系统同时运行,组织体系内的沟通协同相对不足。JDA 的预测模型非常强大,我们希望通过这次合作,打通企业内部的沟通壁垒,优化关键流程,同时提高预测准确性,正确把握促销时机,并实现全渠道范围内的快速补货,改善供应链相关指标。"

JDA亚太区总裁Amit Bagga表示:"华润万家是我们在中国的代表客户,也是JDA品类管理系统的现有用户。非常感谢华润万家的再次信任,进一步开展在供应链计划端的合作。新零售模式的发展,对连锁企业对市场需求的把控以及供应链的响应速度提出了更高要求。对于连锁大卖场,尤其是拥有生鲜和易变质商品业务的零售商,谁能更精准地把握消费需求,管理全渠道订单,灵活快速地科学补货,谁将能更好地服务客户,赢取市场。"

任务目标

通过本项目的学习,了解补货概念,能够选择合适的补货时机,熟练运用补货方法,掌握补货技术。

任务学习

一、补货的概念

广义上的补货包括从外界采购,向供应商订货。在配送流程中,补货作业是指将货品从保管区域移到拣货区域,并进行相应的信息处理,以保证拣货区有货可拣,满足拣货作业的需求。本节主要讲述配送意义上的补货,补货作业流程如图7-1所示。

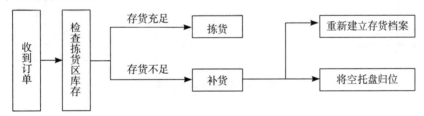

图7-1 补货作业流程

二、补货的方式

补货的安排与拣货作业直接相关,补货除了要确保拣货区有货物可配,还要保证将待配货物放置在存取方便的位置。补货方式一般有以下几种:

1. 整箱补货

以整箱为单位,由货架保管区补货到流动货架动管区。整箱补货,保管区为货架储存区,动管区为两面开放的流动货架,适合体积小、少量多样的货品补货。

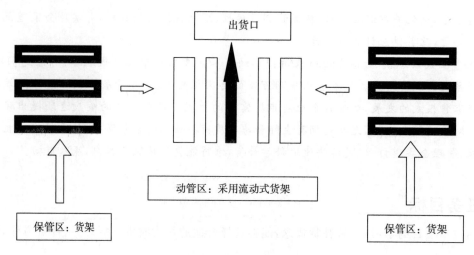

图 7-2 整箱补货示意图

2. 托盘补货

以托盘为单位进行补货,当存货量低于设定标准时,立即补货,把整托货物由地板堆放保管区运至地板堆放动管区进行补货,如图 7-3 所示。也可由地板堆放保管区运至货架动管区进行补货。托盘补货适合体积较大或者出货量多的物品。

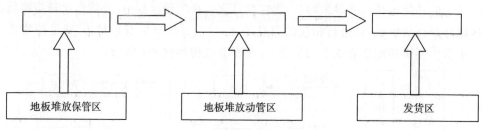

图 7-3 托盘补货示意图

3. 货架上层至下层补货

这种补货方式,保管区和动管区安排在同一货架,货架的上上层为保管区,货架中下层为动管区。当中下层货物存量低于设定标准时,利用叉车将货物由上层保管区搬至中下层动管区进行补货,如图 7-4 所示。这种补货方式适合体积不大、每品项存货量不多、出货量也较小的物品。

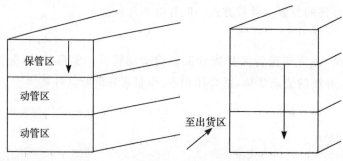

图 7-4 货架上层至下层补货示意图

4. 自动仓库补货

在自动仓库中，机械自动化将货物送至旋转货架补货。如图 7-5 所示。

图 7-5　自动仓库补货示意图

5. 直接补货

需要补货的货物不经保管区转运，货物入库时即贴好标签送至补货线，直接搬到动管区。

6. 复合制补货

该方式中动管区的货物采取相同种类相邻位置放置方式，保管区采取两处两个阶段的复合补货方式。第一保管区为高层货架仓库，第二保管区为动管区旁的临时货物保管处。进行第一阶段补货时先由第一保管区的高层货架把货物运至第二保管区，动管区内的其中一个托盘拣取完毕后，就把空托盘移出，后续托盘依次往前推进，第二保管区再将补货托盘移至动管区，如图 7-6 所示。

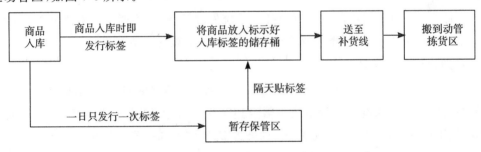

图 7-6　复合制拣货示意图

三、补货时机

是否补货主要由拣货区的货物量多少而定。为避免拣货过程中才发现动管区存量不足，影响出货时间，需要注意补货时机。补货时机可参考以下三种情况。

1. 批次补货

由计算机算出当天所需货物的总拣取量，再查看动管区各类存货量是否满足需求，经计算得出补货量，在拣货前一次性补足，满足全天拣货量。批次补货适合需求较为稳定，每天作业量变化不大，紧急插单不多的情况。

2. 定时补货

把一天划分为几个时间段，作业人员在每个时段内检查动管区货品存量，发现存货量低于设定标准时，立即进行补货。定时补货适合分批拣货，时间固定且紧急订单较多的配送中心。

3. 随机补货

设定专门的补货人员，随时检查动管拣货区的货物存量，一旦低于设定标准马上补货。随机补货适合每批次拣取量不大,但紧急插单多,需求不稳定,每天拣取量不易事先掌握的情况。

四、补货系统

1. 人工视觉检测补货系统

人工视觉检测补货系统通过人工目视直接检查现有存货的数量,决定是否补货,相对简单。使用这种方法,只要对动管区存货进行定期的视觉检查,并事先确定补货的规则,就可以进行补货了。例如,事先确定的补货规则为存货箱半空或只有两托存货时就应补货,那么巡视人员在检查中首先应将发现应当补货的存货种类挑出来,然后开始补货流程。一般来讲,对数量小、价格低、前置期短的产品,使用人工视觉检测补货系统非常有效。人工视觉检测补货的优势是简单易行,存货记录和人员培训的成本小;劣势是没有定期检查,有可能缺货,随机反应迟钝。

2. 双箱补货系统

双箱补货系统是一种固定数量的补货系统。存货放到两个箱子,或其他形式的容器里,其中一个放在分拣区,另一个放到库房存储区保存起来。当分拣区的箱子空了,库存区的箱子就被运至分拣区来满足客户订单需求。空容器起到了补货的驱动器的作用。每箱所要求的数量不低于等待期的最小库存。双箱补货系统处理简便,但不能及时对需求变化做出反应。该系统适用于成本低、数量大或体积小、补货前置期短的产品。

3. 定期检测补货系统

在定期检测补货系统中,每一种产品都有一个固定的检测周期,检测结果确定了下一步的产品补货决策。定期检测补货系统不需要连续作存货记录,成本也不高,可采用人工操作,不必使用计算机,用于一些总量巨大、种类繁多的存货,如一些零配件。

任务二　退货作业管理

案例导入

在大促期间,买家风风火火下单的盛况是卖家喜闻乐见,但大促后的退货高峰期也能让卖家分分钟"扑街",类似于 Prime Day 这般规模的促销日,背后处理退货的辛苦更是一言难尽。那作为亚马逊卖家,究竟该如何从容应对大促后可能面临的退货大军呢?

1.记录电子邮件通知

例如,客户发出 Prime Delivery 订单的退货请求,亚马逊将即刻向其发出退款,而无须等待退货。亚马逊随后会通知客户退款已经发出,这意味着卖家无权决定是否需要向买家发放退款或提供其他补救措施。

卖家需要整理并记录这些退款电子邮件通知。

亚马逊允许卖家跟踪退货请求的退款去向,验证退货是否发生在 45 日之内。

2.为得到卖家反馈,与买家联系

发起退货请求的买家可能会在卖家的主页留下反馈,他们的反馈取决于他们的购物体验。由于他们可能是因糟糕的购物体验而要求退货,所以有可能会留下负面反馈。对于亚马逊卖家来说,客户反馈非常重要,因为它对卖家的业务起到了决定性的作用。所以卖家需要找出解决问题的方法,避免因退货请求而造成损失。卖家须遵循亚马逊的规则,并与亚马逊合作以建立诚信关系。

例如,卖家可以与有退货意向的买家取得联系,为给他们带来不愉快的购物体验道歉并采取措施,避免他们留下负面评价。如果卖家已经收到了负面评价,那么可以发送电子邮件并尝试给买家留下良好的印象,以便他们作出删除差评或修改评价的决定。

3.将已退回货物送回仓库

通常,退回的物品将被送回仓库。商品必须带有序列号或UPC,才符合退货条件。如果是FBA卖家,仓库工作人员将对退回商品进行二次销售检查,并根据以下标准进行分类:

- 未开封
- 包装完好无损
- 非商品缺陷原因而退货

如果符合以上条件,那么商品将返回正常的库存中。但如果商品已拆封或退回商品属于瑕疵品,则无法进行二次销售。如果商品已退回仓库或第三方仓库,卖家可以自行检查或请第三方仓库工作人员检查。

4.找出退货原因

卖家可以获取报告以找出退货原因。具体步骤如下。

登录亚马逊卖家中心—选择Report下的Fulfillment,选择Customer Concessions选项,然后单击Returns—选择生成报告的时段,卖家可以获取30天,甚至更长时间段内的报告—检查报告中的相关项目,并确定退货原因。但并非所有的退货原因都会显示在报告中。在这种情况下,卖家需要向亚马逊卖家中心询问具体的退货原因。

5.检查退货商品

退货商品被送回仓库后,如果是FBA卖家,将由亚马逊仓库工作人员对退货进行检查和分类。他们虽然工作迅速,但可能并不像卖家那样熟悉产品,因此他们可能会错过某些重要细节,所以建议卖家自行检查退货。

以下是退货商品分类:

①未开封商品

如果退回商品处于未开封状态,则不影响二次销售,会再次进入正常库存。这类商品的退货原因可能是买家无意间拍多了或者不想要了。此时,买家需要自行支付退货运费。

②已被买家拆封的商品

如果退回商品已被拆封,卖家更需要慎重检查。找出买家的退货原因,并确定是否存在质量问题或其他问题,比如该产品的实际状况与网站上的产品描述不符,或者尺寸/颜色不适合买家。卖家需要仔细检查以确定是否可以再次出售。如果商品本身存在问题,请确定它是否会影响二次销售和未来的账户运行状况。

③因商品缺陷退货

当买家选择"因商品缺陷退货"这个退货选项时,他们可能是为了避开支付退货运费。卖家在收到退回商品时,要格外注意检查,并及时验证真伪,看是否存在被"掉包"的可能。

检查商品是否已被拆封,如若该商品尚未拆封,或者卖家在对其进行测试后发现一切都符合标准,则必须采取措施以提高卖家评分,避免买家恶意评价的操作。

如果卖家确实遇到这种情况,则需要向亚马逊卖家中心开具凭证,包括退回商品的照片和退货装箱单。确保单据上的数字和测试结果清晰可见。及时向亚马逊平台反馈,并对该买家的行为意图提出疑问,维护自己的权益。

但如果在对退回商品进行检查后发现产品瑕疵属实,就需要承认问题,承担责任,并及时采取措施停止销售有缺陷的产品。

6.优化退货政策

卖家还需要反思自己店铺退货政策是否存在瑕疵或漏洞,能否通过优化退货政策以提供更好的客户服务。在大促日可能会获得大量订单,但也意味着要面临比平日更高的退货请求风险。为了提供更好的服务,卖家可以扩展退货政策条目或根据需要进行改进,确保所有消费者都能理解店铺的退货政策。

任务目标

通过本项目的学习,了解退货管理的含义及现状,认识退货管理的重要性,能够按照正确流程处理退货,掌握退货的理赔以及退回商品的有效处理。

任务学习

一、退货管理概述

(一)退货的概念

退货是指买方将不满意的商品退还给卖方的过程。配送中心在完成配送的过程中,不可避免会遇到交货中或将货物送至用户后,由于货物包装破损、商品损坏、商品质量不好、商品保质期快到或已过期、送交的商品与要求的商品不相符等问题,客户将货物退回公司的情况。商品退货会减少公司的营业额,降低利润,影响公司信誉,因此企业要了解退货的原因,加强管理,提高运营绩效。对配送中心来说,做好退货管理工作,才能让客户对配送中心有信任感、依赖感,建立客户忠诚。

退货管理是指客户方由于对配送物品存在异议而要求退货过程中,企业进行的退货流程、商品检查、运输及退货善后处理等一系列活动的组织过程。

退货物流是指企业收到退货请求后,组织货物运回企业或者直接运至供应商处的物流活动。

一般而言,现代退货管理涵盖下列三项任务:

(1)尽可能减少或消除退货情况;

(2)退货流程处理;

(3)退货的再分配。

(二)退货的原因

1. 按照协议退货

这种情况下,双方事前签订的协议允许客户退货,如零售企业和供应商代销商品、试销商品,协议允许季节性退回。表 7-1 为某企业退货协议。

表 7-1 某企业退货协议

退货协议
甲方(购货方):   乙方(销货方): 地址: 地址: 邮编: 邮编: 电话: 电话: 法定代表人: 法定代表人:
第一条 货物描述 货物名称规格型号 单位 数量 单价 金额 税率 税额 价税 合计:(大写)(小写) 第二条 退货原因 季节性退货。 第三条 双方责任 (一)甲方责任:按约定退还货物。 (二)乙方责任:退还已付的货款。 如有未尽事宜,由双方另行商定。 第四条 协议生效、中止与结束 (一)本协议需经双方签字认可后有效,生效日期以甲乙双方中最后一方签字(或盖章)的日期为准; (二)以货款两讫之日起,结束本协议关系。 第五条 纠纷解决方式 因执行本协议发生的或与本协议有关的一切争议,甲乙双方应通过友好协商解决,如双方协商仍不能达成一致意见时,则提交仲裁机构。 第六条 双方单位所提供的退货协议和附送资料内容真实、完整、准确,并对此承担相应法律责任。
甲方签字: 乙方签字: (公章) 年 月 日   (公章) 年 月 日

2. 质量问题退货

货物本身具有缺陷,如零部件缺陷、鲜度不佳、含量达不到要求等瑕疵商品要求退货,配送中心应予以配合。

3. 运输、搬运途中损坏退货

货物在运输、装卸搬运过程中受到颠簸震动,造成产品破损或包装污损,客户要求退货。

4. 次品召回

商品在设计、制造过程中存在缺陷,商品销售以后,客户或厂商发现重大缺陷,必须立即全部或部分召回。召回制度是针对已经流入市场的缺陷产品而建立的。所谓缺陷产品,是指因产品设计上的失误或生产线某环节上出现的错误而产生的,大批量危及消费者人身、财产安全或危害环境的产品。由于缺陷产品往往具有批量性的特点,因此,当这些产品投放到市场后,如不加以干预,其潜在的危害是巨大的,有可能对消费者的生命、财产安全或环境造成损害。如果不及时采取措施,就会延误消除隐患的时机,使危害进一步扩大。因此,有必要制定相关法律和行政规定,监督缺陷产品的生产者,使之对其生产和消费的缺陷产品进行收回、改造等,并采取措施消除产品设计、制造、销售等环节上的缺陷,以维护消费者权益。

5. 积压或滞销或过期商品退回

大多数商品有保质期限规定,如食品、药品等,通常配送中心与供应商有协定,一旦超过有效期或者临近有效期,就予以退货或换货。尤其在消费者维权意识日益强烈的今天,过期的商品绝对不能再销售,必须进行销毁处理。过期商品的处理浪费人力、物力、财力,大大增加了成本,为此,配送中心必须做到适量订货,准确预测商品需求,多次少量订货,注意先进先出。

6. 商品错送退回

商品品项、规格、条码、重量、数量、细数等与订单不符,都需要配合客户进行退换。

(三)退货管理的重要性

退货管理对公司有着重要意义,直接影响企业的物流和经营成本,以及客户对企业的评价。现代企业的竞争手段多种多样,竞争的基础已不仅是产品本身,更是产品的外延——售后服务。提供商品的退换货服务,是配送中心售后服务中的一项基本任务。做好商品的退换货工作是配送中心扩大市场份额、维系老客户、吸引新客户的有效手段,对搞好配送中心的工作有着积极的推进意义。

1. 做好商品退换货工作,可以满足客户需要,赢得顾客忠诚度,吸引大量订单

在客户驱动的市场经济条件下,客户价值是决定企业生存发展的关键因素。现代消费者的购买能力较强,需求多变性的特征表现明显,了解消费倾向,对经营者来说越来越困难。不能准确地洞悉市场变化、预测市场不准确导致进货量失误、产品开发时间过短导致产品缺陷等种种对经营者不利的现象屡屡发生,为维护自身利益,经营者往往希望上述问题能够得到妥善解决。配送中心对配送的货物若能做到及时退换,就能为经营者解决后顾之忧,从而提升客户满意度、赢得客户信任,吸引大量的配送订单。

2. 做好商品的退换货工作,可以建立良好的企业形象,提高企业竞争力

配送中心的工作主要是提供服务,服务的无形性决定了人们在感知它时具有不确定性。服务的内容能否被需要它的人接受,要看其满足需要的程度。配送中心对所发出的有问题商品进行及时的退换货处理,可保证广大客户的利益,进而增强自己对于客户的亲和力,建立良好的企业形象,提高企业竞争力。

3. 保障正向物流的顺畅,提高资源利用率

配送中心进行退换的商品并不都属于有问题商品。除过期商品严格执行销毁政策以外,退换下来的商品有些是某地区销售过季产品,但商品本身并不存在任何问题,可在另一地区继续销售;有些是因某一经营者的经营范围、销售能力有限,无法在商品保质期内全部销售完毕,若适当调配,可在其他地区短期内销售殆尽的商品;有些是有一定质量问题,但经修理或者更换零部件可正常使用的商品。对于此类商品,配送中心可利用自己的信息系统,将其及时调配到合适的经营地点,充分发挥这些商品的效用,提高社会资源利用率。

4. 提高潜在事故的透明度

不管是什么原因的退货,都说明了企业在管理中存在一定问题。在实行退货管理的情况下,企业在退货中暴露出的产品质量问题,通过退货管理信息系统及时地传递到有关管理层,使得厂商更快地发现和解决问题,不断改进产品质量和服务质量,这样也可使分销商更早地发现有问题的厂商,减少可能造成退货的隐患。退货促使企业不断完善品质管理体系,退货中暴露出来的问题倒逼管理层重视生产、重视服务,消除隐患。

(四)退货管理环节

一般的退货管理主要分成三个阶段:事前阶段——退货控制管理;事中阶段——退货流程管理;事后阶段——退货后管理。

1. 退货控制管理

退货控制管理,即从源头上控制退货,退货管理不论采取何种形式,其前提都是尽可能避免退货。在目前的市场经济条件下,为了吸引客户,零售企业必须对客户制定一个简单易行的退货制度,但应明确规定期限、地点和手续。通过良好的退货政策,公司对退货成本和客户服务水平进行平衡。另外,在良好的退回检验控制下,公司对客户的退货授权进行检验,避免错误的、超越权限的退货,这样可以大大节约退货的数量和处理成本。

2. 退货流程管理

退货流程管理的目的在于缩短处理周期,增加退货商品的再售机会,提高效率。

在正向物流中,人们非常清楚速度的重要性,因此总可以看到正向物流以极快的速度运行。但是,往往在同一个系统中,退货速度极慢。退货客户本来就抱着不满心态,此时更希望退货请求能够得到迅速处理,他们并不愿意等上几个星期货款才退回。但是即使在市场经济比较发达的美国,也有约一半的退货请求需要一两周才能处理,而另有25%左右的退货请求甚至需要经过一个多月的漫长等待。合理的退货流程管理可以大幅度提高对退货请求进行处理的效率,相对来说,物流配送与其他零售渠道相比有更高的退货率,必须通过改善退货过程的管理,缩短处理周期。同时,迅速处理,也可以使货物最快退到配送中心或供应商处,增加退货再售机会。

为了达成以上目标,需要实现退货处理的标准化、自动化,减少作业人员在面临决策时的时间成本,增加作业人员处理退货要求的权利。

3. 退货后管理

对于企业而言,一次退货成功绝对不意味着退货管理的结束,退货管理应该渗透可持续发展的思想,将其贯穿始终。退货管理的目的不是成功处理本次退货,而是吸取教训,采取针对性措施,避免同类退货现象的再次发生。因此,要有详细的退货管理记录,要对退货数据进行统计分析,包括横向比较和纵向比较两个方面。横向比较是与传统的销售渠道比较,纵向比较是针对历史记录进行分析比较,目的在于发现退货规律、找到退货原因,以有效地预测退货的高频次商品和高发时间,合理安排退货作业人员,并通过和上游企业建立长期合作的战略伙伴关系,协商制定能达到双赢目标的退货政策。

二、退货处理

(一)退货处理原则

配送企业在处理客户退货请求时,不论是何种原因的退货,都必须遵循一定的原则。

1. 责任原则

商品发生退换货时,应先明确责任,确定问题的责任方是谁,是产品本身存在质量问题,还是配送过程出了问题,或者是客户在使用过程中出现问题。如责任不容易分清,需由国家认可的或双方协商认定的相关机构鉴定后依据鉴定结果明确责任。

2. 费用原则

退换货需要企业付出大量的人力、物力,如果不是配送企业自身原因导致的退换,一般会在实施退换货过程中对客户加收一定费用。

3. 条件原则

退货规定具体明确,配送企业应当规定接收何种程度的退货,或者在何种情况下接收退货,并规定具体期限,如"最高允许销售额10%以内的退货""仅在不良品情况下退货""不影响二次销售,7天无理由退货"等。

4. 凭证原则

客户按照规定,根据已存在事实,凭有效凭证办理退换货。

5. 法律原则

双方退换货,都应以有关方面的法律法规为依据,不得存在欺诈、强迫等违法行为。

（二）退货处理方法

针对不同原因,退换货的处理办法也各不相同:

1. 按订单发货发生错误

针对这一原因的退换货要求,配送企业应快速处理、无条件重新发货,以弥补自身错误。收到退换货请求后及时同发货人联系,由发货人重新调整发货方案,将错发的货物调回,按正确的订单重新发货,中间产生的所有费用由配送企业承担。

流程处理结束后,核查产生问题的原因,如订单错误、拣货错误、出货错误、出货单贴错、装错车等,找到原因后应立即采取有效的措施,如在常出错的地方增加控制点,防止同样问题再次出现。

2. 运输途中货物受到损坏

先给客户以赔偿,安抚客户,接着依据退货情况,由发货人确定所需的修理费用或赔偿金额,然后由运输单位负责赔偿;重新研究包装材料的材质、包装方式,搬运过程中各项装车、卸货动作,找出真正的原因并加以改善,降低运输货损率。

3. 客户订货有误

收取费用并重新发货。按客户新订单重新发货,但是退货所有费用由客户承担。

4. 货物本身缺陷

重新发货或提供替代品。配送企业接到退货要求后,物流人员应安排车辆收回退货,并将被退货物集中到仓库退货处理区进行处理。货物回收结束后,配送企业应督促发货方及时采取措施,用没有缺陷的同类货物或替代品重新向收货人发货。

5. 销售积压退货

换取更新产品或替代品。根据经销商要求,安排车辆将积压商品收回,履行正常的商品检查和单据处理手续。根据经销商要求或建议,更换同类更新产品或替代品。

（三）退货处理流程

在开始具体的作业流程前,配送企业已经有完善准备,包括人员准备和制度准备。

1. 设立退货与换货处理组

一般配送中心应设置退换货管理组,或者明确规定由营业管理组或客户服务组来处理退换货。接到客户的退货信息后,应安排车辆回收退货商品,再集中到配送中心退货处理区进行清点整理,然后根据所退货物的状况和退货的原因,按有关退货制度处理。以上岗位由于配送中心的规模、作业内容、服务对象不同,其岗位的设置也会有所不同。

2. 制定退货政策

退货管理最重要的目的就是减少退货。但配送企业不可能完全阻止客户退回他们所购买的产品,因此对自己的产品和体制设计必须能使退货情况最少化。预防的措施可包括对产品的质量测试,与零售商、分销商的退货协议,以及增值的客户服务等。在实际运行中,退

货政策一般包含以下内容。

(1)退货价格设计

退货价格政策有全额退款和部分退款之分。全额退款是对零售商的退货按照原先的批发价进行全额退款,而部分退款则是按批发价打一定的折扣。部分退货政策使得零售商的退货具有一定成本,会降低零售商的盈利水平,因此会增强零售商的风险意识,促使其加大销售力度,从而降低退货率。

(2)退货比率约束

公司给零售商一个合适的退货比率,并予以退货处理的相关指导。这样的政策通常伴随着对零售商的折扣。这项政策事实上是把退货的责任转移给了零售商,从而减少了生产商和经销商的费用,但是不利的一点是生产商失去了对商品的控制权。为了减少退货,有些公司采取了比较严格的退货政策。但是,在同行业中如果其他公司有相对比较宽松的退货政策,这样做会使客户转向他们。一些厂商及零售商开始重新考虑退货政策以平衡由此产生的成本和收益。制定退货政策的初衷,就是免除或减轻销售风险,鼓励零售商大批量进货、客户大量购买,以增加产品扩大销售的机会。因此,客户的满意度会受到退货政策相当程度的影响,这种影响在网上购物中尤其明显。合理的退货政策能够平衡成本和企业的竞争优势。

(3)退货的合同管理

退货过程中商品的权责归属不明确,是实际运行中常见的一个问题,这是由合同管理的缺失引起的。极端的情况下,一家为连锁集团服务的第三方物流公司,供应商和零供商之间对退货责任的理解不一,导致产品大量地堆积在其仓库中,引起运营困难;同时大量高价值的退货,因为没有相关方面处理而只能在原处等待,直到过期或彻底损坏。退货问题在合同的签订过程中常常被一笔带过甚至被彻底忽视。但是,退货作为加快企业资金周转、充分挖掘剩余价值的方式,必须在合同订立之初就慎重考虑,在合同中签订详细而明确的退换货条款,这样能避免将来纠纷的出现。

有了上述人员和制度准备后,配送企业一般按照以下流程进行退货处理。

1. 接受退货

配送中心的销售部门接到客户传来的退货信息后,要尽快将退货信息通知质量管理及市场部门,并主动会同质量管理部门人员审核客户是否有相关退货凭证、什么时候购买的、所购商品是否属于不可退换商品。确认退货的原因,结合国家法律、公司政策及客户服务的准则,灵活处理,说服客户达成一致的看法;如不能满足客户的要求而客户予以坚持,应请上一级管理层处理。若客户退货明显为公司的原因,如货号不符、包装损坏、产品品质不良等,公司应迅速整理好相关的退货资料并及时帮助客户处理退货事宜,不允许压件不处理。若退货责任在客户,销售人员应会同质量管理部门人员向客户说明判定责任的依据、原委及处理方式。如果客户接受,则请客户取消退货要求,并将客户退货资料由质量管理部门储存管理;如果客户坚持退货,销售、质量管理部门人员须委婉向客户做进一步的说明,若客户仍无法接受时,再会同市场部门做深层次的协商,以"降低公司损失至最小,且不损及客户关系"

为原则加以处理。

配送中心接受客户退货请求时,销售部门要主动告知客户有关退货规定及应当准备的相关资料,协助客户将货品退回。若该批退货商品经销售部门与客户协商需要补货,还需将补货订单及时传递给采购或库存部门,迅速拟订补交货计划,与客户沟通补送货物的型号、时间、数量,避免客户停工受损。

2. 重新入库

对于客户退回的货品,配送中心的销售部门要进行初步的审核,由系统生成销货退回单,详细记录货物编号、名称、规格型号、货主编号、货主名称、仓库编号、区域、储位、批次、数量、单位、单价及金额等信息。销售人员接到退货单后,核对相关资料,确认无误的情况下交由企业的库存部门将退货商品重新入库。

3. 重新检验

配送中心将客户退回的商品重新入库时,要通知质量管理部门按照新品入库验收标准对退回的商品进行新一轮的检查,以确认退货品的品质状况。验收合格的商品办理入库手续,填写收/验/入库单,具体包含商品名、数量、存放位置、批号、保质期等信息,然后送入指定的商品存放区的库位中,增加系统中的现有库存量。将符合标准的商品储存备用或分拣配送;对于客户退货的有问题商品,在清点数量与"销货退回单"标识相符后,将其以"拒收标签"标识后隔离存放。

质量管理部门在确认退货品的品质状况后,应通知储存部门安排拣货人员进行重新挑选,或降级使用,或报废处理,以加速资源利用,使公司减少库存呆滞品;储存部门要重新挑选,确保有问题商品不再流入客户的生产线及经营之中,并于重新挑选后申请质量管理部门重验库存;质量管理部门需依据出货"抽样计划"严格检验,重验有问题商品,合格产品加贴合格标识后重新安排到正品仓库内储存,根据客户需求再出货,凡未经质量管理部门确认合格的商品一律不得再出货。

4. 退款估算

退换货作业虽然满足了客户的需要,但却给配送中心日常配送工作带来诸多不便,造成浪费。例如,退换货打乱配送中心购销计划,增加了运输作业量,变更了分拣、备货等操作,给配送中心的工作带来了更多不确定因素。同时,销货和退货的时间不同,同一货物价格在购买时的价格和退货时的价格可能不同,同质不同价、同款不同价的问题时有发生,故配送中心的财务部门在退货发生时要进行退回商品货款的估价,将退货商品的数量、销货时的商品单价及退货时的商品单价信息输入企业的信息系统,并据销货退回单办理扣款业务。

5. 质量管理部门的追踪处理

追踪处理主要包括客户沟通和退货记录分析两方面。

客户退货时,常常伴随着抱怨及不满。质量管理部门应追踪销货退回的处理情况,并将追查结果予以记录,并及时通知客户。与此同时,质量管理部门应冷静地倾听客户抱怨,抓住抱怨的重点,分析退货发生的原因,找出解决方案。在本次退货完成后,还要对客户加强后续服务,主动保持沟通,在客户心中树立起良好形象。

将退货资料及相关处理状况进行存档记录,了解产品存在的问题。退货记录内容应包括品名、批号、规格、数量、退货单位和地址、退货原因、日期、处理意见等。退货的原因多种多样,企业可根据具体问题实施改进措施。企业应着眼于自身问题,如产品质量问题、质量事故、差错(如贴错标签等)、市场动作方式不当、服务质量(运输破损等)等,立即采取措施予以改进,把退货记录作为今后配送工作改善及查核的参考资料。

(四)配送商品返仓的具体操作

下面以商业连锁企业门店商品返仓为例,说明商品退货处理时的具体操作流程、要求、会计处理、注意事项等。

1. 配送商品的返仓流程

门店申请退货返仓→录入系统并上传总部→订货部审批→审批信息返回门店→获批后门店整理返仓商品→返仓商品交接→配送验收合格并增加系统库存→系统审核冲减门店库存。

2. 具体要求

(1)门店申请返仓单内容:返仓申请单一式两联,信息部、商品部各留一联,内容包括申请退货商品编码、品名、数量、退货原因,即明确退什么、退多少、为什么退。

(2)系统录入并上传总部:当天营业结束后立即上传。

(3)订货部审批:审批结果分为同意与不同意,不同意时要说明理由。

(4)审批信息返回门店:随其他数据一起下发至对应门店。

(5)获批后门店整理返仓商品:分类整理,清点封箱,确保品种数量无误。

(6)返仓商品交接:返仓单据内容清楚,核对无误。

(7)配送验收合格并增加系统库存:当场清点,如符合退货要求则验收入库,修改库存数据,返仓信息传输至门店。

(8)系统审核冲减门店库存:当天审核,减少门店库存。

3. 返仓相关规定

配送商品返仓分为正常返仓和异常返仓。

(1)正常返仓

① 采购中心通告的统一返仓。

② 季节性、时令性商品的返仓。

③ 门店正常申请,订货部同意并批准后的返仓。

④ 配送中心错拣错发造成的返仓。

⑤ 运输途中破损的商品,经司机确认的商品的返仓。

(2)异常返仓

① 超出规定时限的返仓:门店不在返仓通知规定时间内的返仓。

② 申请原因与事实不符的返仓。

③ 带有赠品的商品,在返仓时却无赠品的返仓。

④ 商品包装损坏的返仓。
⑤ 商品无条形码或条形码污损,无法核实商品品名、价格的返仓。
⑥ 商品配件不全或已损坏的返仓。
⑦ 商品超过保质期的返仓。
⑧ 门店返仓申请单上商品数量、品种与配送中心验收数量、品种不符的返仓。
⑨ 单货不同行、不一致的返仓。
⑩ 没有经过审批同意的返仓,或未经系统处理的返仓。

(3)返仓原因及代码(表7-2)和处理意见及代码(表7-3)

表7-2 返仓原因及代码

代码	返仓原因	代码	返仓原因
01	滞销	02	过期清退
03	季节性清退	04	时令商品清退
05	商品人为破损	06	商品自然破损
07	缺配件	08	套装缺损
09	保质期内变质	10	无计划要货或计划错误
11	总部通知返仓	12	其他

表7-3 处理意见及代码

代码	处理意见
01	同意退回配送中心
01	直退供应商
03	超期无法退回,门店自行处理
04	门店自行处理
05	暂不退
06	异域供应商联系,请门店进行大力促销

4. 返仓退货的会计流程

(1)验收部门填写验收单。收到退货后,验收部门依据验收单,清点退回商品的数量,进行质量验收。

(2)信用部门核销退货。信用部门收到验收单后,根据验收报告核准返仓退回,可防止有关人员不按规定作业流程私自退换货。

(3)开单部门编制通知单。通知单主要包括货物编号、名称、规格型号,货主编号、名称,货物数量、单价、金额等信息。

(4)会计部门记账存档。会计部门收到通知单后,经核对无误,修改应收账款明细和存约。

(5)月底计入总分类账。财务部门人员每月月底核对,记录总账。

5.返仓退货注意事项

(1)所有进到门店的货,就应该在门店销售完。其他多余的处理都会提高营运成本,减少利润。

(2)所有的退货决定都必须以整个企业集团利益为第一核心进行考虑。

(3)业务人员对退货负有直接责任,而直属主管必须担当起督导连带责任。

(4)所有的退货都会引致损失,因此责任人必须承担相应的责任。

(5)退货的数量、原因及退货的性质,都能说明企业经营的质量,所以应予以高度重视。

项目小结

退货是逆向物流的重要组成部分,是正向物流形态组织过程中不可避免的一种物流现象或组织过程,加强退货管理有着不可忽视的重要作用。如何做好退货的流程指导、成本控制、政策运用及退货比例控制,是我们研究退货管理的重心。

在当今以客户为中心的市场中,客户可以在任何时候买到想要的任何商品,付款方式也可以自己选择,因此仅仅在产品的供应和价格上竞争已经不再是最有效的策略,想客户所想,从首次接触到售后服务时刻关注客户的体验,才是超越其他公司的关键。一个企业要想拥有稳定的客户群和较低的运营成本,在激烈的竞争中处于优势地位,就必须拥有一个高效的退货系统。

同步练习

一、单项选择题

1. 补货作业是将货物从（　　）搬运至（　　）。
   A. 月台　仓库　　　　　　　　　B. 仓库　配送中心
   C. 保管区　补货区　　　　　　　D. 保管区　拣货区

2. 适合体积大或出货量多的商品的补货方式是（　　）。
   A. 由货架保管区补货至流动货架的拣选区
   B. 由地板堆叠保管区补货至地板堆叠拣选区
   C. 由地板堆叠保管区补货至货架拣选区
   D. 货架上层向货架下层补货

3. 适合体积不大、每品项存货量不高，且出货多属中小量的货品的补货方式是（　　）。
   A. 由货架保管区补货至流动货架的拣选区
   B. 由地板堆叠保管区补货至地板堆叠拣选区
   C. 由地板堆叠保管区补货至货架拣选区
   D. 货架上层向货架下层补货

4. 由于客户订货有误要求退货而产生的物流费用应该由谁承担？（　　）
   A. 供货商　　　　B. 中间商　　　　C. 客户　　　　D. 买卖双方

二、多选题

1. 补货方式主要有（　　）。
   A. 由货架保管区补货至流动货架的拣选区
   B. 由地板堆叠保管区补货至地板堆叠拣选区
   C. 由地板堆叠保管区补货至货架拣选区
   D. 货架上层向货架下层补货

2. 补货时机通常有哪些情况？（　　）
   A. 批次补货　　　B. 定时补货　　　C. 随机补货　　　D. 定量补货

3. 退货管理的重要性主要包括（　　）。
   A. 提高了潜在事故的透明度　　　　B. 赢得顾客忠诚度
   C. 提高企业竞争力　　　　　　　　D. 保障了正向物流的畅通

4. 一般的退货管理主要分为（　　）。
   A. 退货控制管理　　　　　　　　　B. 退货流程管理
   C. 退货中管理　　　　　　　　　　D. 退货后管理分析

三、简答题

1. 补货技术有哪些？
2. 可选什么时机补货？
3. 列出常见的退货原因及处理办法。

4. 以商业连锁企业为例，说明配送商品的返仓流程。

5. 说明配送中心的退货策略。

6. 试分析退货管理的意义。

四、案例分析

网购现已成为必不可少的购物方式，它方便、快捷的服务可谓俘获了众买家的芳心。

但是，有些顾客利用"7天无理由退货"的服务规定，将穿过的衣服申请退货……开淘宝店的李先生，就遇到了这样一位顾客。

买家一次拍下18件衣服　几天后竟要求全部退货

4月25日，一位顾客在李先生的网店拍下18件衣服，总价4600余元。两天后，该顾客签收了这18件衣服。可是5月5日下午，对方突然发起了退货请求。

李先生："我一看，一件都不留，全部退货，理由是不喜欢。"

服务规定为"7天无理由退货"，经计算，李先生发现已经超过7天，于是驳回了买家的退货申请。

这名顾客马上进行了第二次申请，后来平台客服介入，判定买家赢。

李先生想着顾客不喜欢，就接受了对方的退货决定。但因为心里委屈，他就通过顾客的手机号添加了顾客微信，想要了解原因。可点开对方朋友圈后，他有些吃惊。

李先生："她朋友圈里都是这些天在西藏旅游的照片，她和她的小姐妹穿的就是这次在我们家买的衣服，我当时看，大概穿了4件。"

买家回应：愿意道歉

4月11日，买家黄小姐通过微博回应此事。黄小姐表示，用不喜欢的衣服拍了照片确实不对，她愿意真诚道歉。"道歉是由于确实不该抱侥幸心理穿不喜欢的衣服拍照片，但不是由于一开始想退单，因为我从来没有这样想过。"

根据最新进展，小黄已购买朋友圈晒过的衣服，退回其他衣服。

记者也就此事咨询了律师，律师表示：这位买家在"7天无理由退货"规则下要求退货，不存在法律责任，但却有失诚信。

律师介绍，"7天无理由退货"的意思是，签收货物后7天内，且货物不影响卖家二次销售的情况下，如因主观原因不愿意完成本次交易，可以提出"7天无理由退换货"的申请。因而在该事件中，买方利用规则的行为不存在法律责任，但却有失诚信，因为穿着新衣服旅游拍照实质上是认可衣服的品牌与质量，只是利用规则使用7天。

对于这种利用平台规则的恶意购买行为，律师建议，平台方可以借此发布诚信榜，公布不守诚信的顾客，并在此基础上适当修正"7天无理由退货"的适用范围，对诚信失分的买家加以制裁。

也有网友表示，"7天无理由退货"本身是一个对消费者来说非常有利的规定，若是消费者长期滥用权利，最终只会让法律条文逐渐缩小权利的空间和边界。

思考题

1. 你觉得买家的行为合理吗？为什么？

2.如果你是卖家,你会如何制定自己的退货政策?

任务实训

实训项目　退货流程实训

实训任务

1.在淘宝网上了解网店的退货规定。

2.找一个实体店铺了解其退货规定。

3.通过上面两个调查,分析以下内容:

(1)退货受理和退货申请单填写;

(2)退货原因分析,判断是否允许退货;

(3)退货处理方案制订;

(4)退货验收和重新入库;

(5)退货货款结算;

(6)退货反馈及跟踪处理。

项目八
配送中心运营管理

学习目标

知识目标

1. 了解配送中心管理信息系统的构成及其主要功能；
2. 了解库存管理的概念和目标，熟悉配送中心常用的库存控制技术；
3. 了解配送成本的构成，掌握配送中心成本核算和控制的方法；
4. 熟悉配送中心作业绩效评价指标体系。

技能目标

1. 会使用常用的库存控制技术进行库存管控；
2. 能够使用标准成本控制法、作业成本法进行配送成本核算和分析；
3. 可以进行配送中心运作绩效评价。

任务一 配送中心管理信息系统

案例导入

Gillion公司开发的吉联仓储管理系统（简称G-WMS）是面向现代仓储管理数据集中化、管理个性化的要求，从精细化的管理出发，对货物存储和出入库进行动态管控，实现货物生命周期的智能管理，适用于电商、冷链、汽配、商超、制造业、3PL、供应链金融等行业。

市场中，像Gillion公司一样开发企业信息管理系统的公司还有很多。Gillion公司承诺通过使用其公司开发的仓储管理系统可以为企业提高30%以上的工作效率，释放25%的耗损成本，提升18%的仓库运转率。

在当今社会高度信息化的背景下，越来越多的企业开始使用信息管理系统，物流企业也不例外。配送中心信息管理系统的建设将进一步提高物流信息的处理速度和传递速度，使物流活动的效率和快速反应能力得到提高，为客户提供更人性化的服务，完善实时物流跟踪，减少物流成本。

项目八 配送中心运营管理

任务目标

通过本项目的学习,了解配送中心信息系统的发展阶段,掌握配送中心管理信息系统的构成以及了解各子系统的内容。

任务学习

一、配送中心管理信息系统概述

配送中心作业除了进货、储存、保管、分拣、配货、配装、送货、流通加工等物流功能作业活动,还包括信息流活动。而系统处理信息流的平台则是配送中心管理信息系统,它为配送中心经营管理政策的制定、商品路线的开发、商品营销政策的制定提供参考。

(一)配送中心信息流的形式

配送中心的信息具有信息量大而广、种类多、来源多样化以及动态性高等特征。总的来说,配送中心的信息流主要有两种形式:一种是配送中心内部不同功能和组织之间的信息流;另一种是配送中心和外部组织进行交互作用的信息流。

1. 内部信息流

内部信息流主要包括订单信息、订单处理信息、库存信息、采购及补货信息、配送信息、预测决策信息等。

2. 外部信息流

外部信息流主要包括客户订单、合作方信息、供货信息、市场变化、竞争对手信息等。

(二)配送中心管理信息系统的发展阶段

配送中心管理信息系统的发展主要经历了以下几个阶段。

1. 人工阶段

在这个阶段,配送及其相联系的各项活动均以手工作业为主,各项事务管理均由经营管理者按其迫切需求而产生,各项作业没有固定的管理单证,配送活动没有固定的作业流程。

2. 计算机化阶段

伴随着管理理论和计算机技术的发展,企业开始引进计算机和机械设备来解决人工作业进度缓慢、统计不准确等问题,配送中心管理逐步规范化和标准化,开始建立标准作业,规范信息载体。这一阶段最主要的特征有:作业单据、表格与账表等规范化和标准化,使用计算机制表、汇总和统计数据,配送中心作业逐步合理化,但各功能区域计算机系统相互独立,只管理各自的数据库。

3. 自动化信息集成阶段

配送中心的设备由机械化转为自动化,如出现自动仓储系统、自动输送搬运系统、自动拣货系统等自动化设施设备,这时,配送中心的作业数据处理量和处理速度成为整个配送系统运行的关键。因此,配送中心管理信息系统逐步迎来自动化信息集成阶段。这一阶段的特征是:企业的计算机软硬件开始整合并开始建立数据库管理系统,配送中心管理信息系统能够与外部网络连接,接受、存储外部信息并进行数据格式转换,对数据进行一定的统计分析并辅助制定各种决策。

在这个阶段,配送中心管理信息系统的主要作业内容有:供应商管理、销售预测、订单处理、商品管理、配送优化、绩效管理;计算机与自动化设备进行数据传输及处理控制;各计算机信息系统整合与连接;实现银行间自动转账;等等。

4. 智能化信息集成阶段

随着现代通信与信息化技术、计算机网络技术、物流行业技术、智能控制技术等的不断发展,智能化的概念迅速渗透到物流行业。当配送中心各项作业及管理实务实现计算机网络化、自动化管理后,配送中心企业开始引进人工智能与机器学习、专家系统等技术来简化经营管理者的管理分析推理,开始实现计算机辅助制定运营决策,并通过使用人工智能技术减少人工作业的错误,从而提高配送系统的运行效率和准确性。

智能化信息集成阶段实现的作业内容主要有:配送中心、仓库、转运站数量及位置确定;多库资源分配、配送,配送动态分析;软硬件设备、人力使用分析;后勤支援系统建立等。

二、配送中心管理信息系统的内容

配送中心管理信息系统是配送中心所属企业信息管理系统或物流信息系统的一个重要组成部分,也可以是单独开发应用的一个信息系统,主要包含以下几个子系统,其内容框架如图8-1。

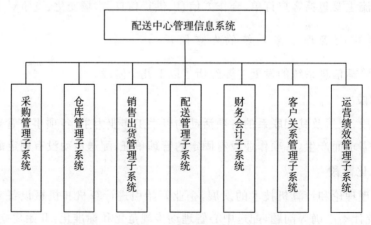

图8-1 配送中心管理信息系统的内容框架

(一)采购管理子系统

采购管理子系统是采购申请、采购订货、进料检验、仓库收料、采购退货、购货发票处理、供应商管理、价格及供货信息管理、订单管理,以及质量检验管理等功能综合运用的管理系统,主要包括供应商管理模块、采购进货管理模块及采购评价及退货处理模块。

1. 供应商管理

供应商管理属于采购管理中的一个重要模块,有时也可单独设立为一个子系统。供应商管理模块能够实现供应商档案、供应商准入、供应商年度监察、供应商业绩评价、供应商质量统计分析等功能,具体如下。

(1)供应商信息管理

该系统提供了一个实时的信息库,帮助组织维护所有供应商的基本信息以及重要的业务信息。包括:供应商的基本信息如名称、代号、地址、联系方式;供应商的产品与服务信息;合约与订单信息;供应商财务信息等。

(2)供应商品信息管理

建立并提供供应商的商品等有关信息,如供应商品的名称、规格、数量、质量、价格、性质、交货时间、供货历史记录等。

(3)供应商的开发、资格审核与分类管理

进行供应商的开发、选择、评价、分类分级及供货合同管理,对供应商的合同执行情况、供货质量和数量、信誉度、重要度等做出评价。常见的供应商分类管理等级有:尚未进行资格审核、合格、不合格、黑名单、高满意度。

2. 采购进货管理

采购进货管理是对向供应商订货和采购品入库前的系列活动的信息管理,主要包括采购资料处理与计划、请货指示、订货下单、进货指示、购货付款几个方面。

(1)采购资料处理与计划

采购资料包括采购商品的价格、数量、运费、性质、厂家、时间、流程、合同等历史资料,通过对采购资料进行分析处理,结合客户需求、在运量、库存量、数量折扣等条件,预测各物品的订货量,制订采购计划,确定订货需求和订货时期。

(2)请购指示

根据实际需要按进货计划的物品品名、型号、数量等信息填好请购单,在系统中备案,经审核后即可进行进货处理。经处理后的请购单会有"已处理"标识,防止重复操作。所有的请购单可以按时间、部门进行分类汇总及查询。

(3)向供货厂商下采购订单

确定订货价格、交货时间之后,将规范格式的订单通过网络传给供应商并确定订货成功。

(4)进货指示

将订货商品信息和到货时间等情况与要求传达给配送中心各部门,以便及时接货、检验和入库。

(5)购货付款

在接到供应商销货发票和确认所购物品的数量与质量后,通知财务部门进行订货付款。

3. 采购评价及退货处理

对采购成本、效率及负责人员进行评价;对质检部门提出的退货要求,与供应商协商,确认退货。退货单中必须注明请购单号、采购单号和进货单号,以进行相关操作。

(二)仓储管理子系统

一个完整的仓储管理系统包含进收货管理、库存管理、订单管理、拣货与补货管理、库内作业与越库操作、配送与月台管理等众多内容。仓储管理子系统作为配送中心管理信息系统的一个部分,主要包括以下四个方面的功能模块。

1. 仓库管理

仓库管理包含两大部分,一部分为硬件机械设备的应用规划、使用管理及设备本身的保养维护,比如托盘装卸方式规划与叠放方式设计、燃料耗材管理等;另一部分则包含使物流配送中心有效利用既有空间的区域规划布置,包含仓库规划布置计划、拣货区规划、包装区规划、仓储区规划等。

2. 物品管理

物品管理不仅包括在库商品基本信息的维护、查询及数据分析,如商品的周转率、畅销与滞销状况分析,还包括物品跟踪信息处理,通过商品标签管理及终端扫描仪器实现物品在库的全程跟踪。

3. 入库与出库作业管理

入库时识读物品上的条形码标签,同时录入物品的存放信息,将物品的特性信息以及存放信息一同存入数据库,并在存储信息时自动检查是否有重复录入,实现数据的无损传递和快速录入。出货时,系统根据配送单或出货单生成出库单,选择相应物品进行出库。为出库备货方便,可根据物品的特征进行组合查询,查询结果可打印生成以便移动终端快速读取。物品出库后,系统应更改其库存状态。

4. 库存及盘点管理

当入库和出库时,系统自动生成每类产品的库存数量,方便查询。通常,当库存数量不满足某一个量时,还可以系统报警。另外,工作人员可以随时通过系统盘点仓库,生成盘点报告。

此外,在一些特殊作业需求下,仓储作业管理系统还可以实现不同库区的调拨管理以及越库管理。

(三)销售出货管理子系统

配送中心作业的最终目的是按客户要求,完成销售出货订单的配送活动,因此配送中心的运作是以销售出货订单为核心展开的。在配送中心管理信息系统中销售出货管理系统是非常重要的一个子系统,主要作业包括:销售合同管理,出货订单管理,发货及开票处理,销售统计、销售分析与预测等。

1. 销售合同管理

建立和维护销售合同档案是该系统的基础性工作。系统可以提供客户的历史购货信息和信用度等资料,或将新客户列入客户档案。

2. 出货订单处理

与客户协商好要货价格和交货时间后,接受订货、分配存货,并依据订货信息转换成拣货单据。

3. 发货及开票处理

根据客户合同、交货期和商品库存情况制订发货计划,并打印发货单和发票。

4. 销售统计、分析与预测

对以往销售的历史数据自动进行分类和汇总,进行商品流量和流向分析(包括客户、地区、销售数量等信息)以及销售周期、季节变动、市场动态和市场趋势的预测,以便为物流管理决策提供科学依据。另外,还可以对销售和出货效率、人员工作绩效进行评价。

(四)配送管理子系统

配送管理子系统主要实施与出库商品实际的运输交付过程相关的派车、配载、运输、签收等作业活动的管理,主要包括以下几个方面。

1. 配送计划管理

配送计划是配送中心在一定时期内编制的生产计划,主要依据出货商品数量、性质、交货条件和客户位置,进行配送时间、车辆类型、货物装载及配送路线、配送顺序等的具体选择。

2. 车辆调度管理

根据配送计划,依照制定的行车路线,排定车型、辆次、司乘人员、出车地点、运行路线和时间等,做好用车预约和派车计划,合理组织车辆调度,使车辆在一定的约束条件下,有序地通过一系列装货点和卸货点,达到诸如路程最短、费用最低、耗时最少等目标。

3. 配送装车管理

根据配送中心的出库单,生成货物装车明细清单,并购买运输保险。

4. 在途监控管理

根据监控计划中设定的沿途监控点,对车次进行跟踪,记录运输过程中的各种情况。运输过程中如发生意外,向总部调度或配送业务员反馈情况,以确定下一路段能否继续运输。沿途有装货和卸货时,记录沿途所进行的装货与卸货作业的起止时间。

5. 配送签收管理

配送车辆按派车单要求,将货物运至目的地,收货人核查实际到货数量,确认并签收。签收单是收货人对所收到货物的实际情况进行验收记录的单据,也是运输人向承运人出示的货物运抵凭据。

(五)财务会计子系统

财务会计子系统由财务会计部门使用,对外主要以仓储管理子系统产生的物品入库信息查询供应商所送来的应付单,并据此付款,或由销售部门取得出货单、制作应收账款请款单并收取账款。财务会计子系统也可以自动生成各种财务报表,并提供给运营绩效管理子系统作为调整运营政策的参考。其主要功能有以下几个方面。

1. 应收和应付、预付和已收账款管理

采购商品入库后,按供货厂商进行应付、预付和已收账款的统计并核对,账款支付后由会计人员将付款信息录入系统。配送完成后,进行配送费用结算,客户订单的订购数据转入应收账款数据库,财务人员于结账日前统计,并打印发票或催款单,收到的账款由会计人员确认和录入系统。

3. 人事工资管理

管理和维护每个业务部门各岗位工作人员工作量及绩效考核信息,并进行工资统计报表管理、工资单管理和编制、银行计算机转账等活动。

4. 成本分析和财务控制

成本分析是通过对各类物流作业的定量统计,取得货物进出存量、人员数等信息,然后进行物流成本分类和计算,明确物流直接费用,如运输费、包装费、保管费等的支出情况。财务控制是通过财务状况的对比分析,如同期财务状况对比、预算和决算的对比,实现财务分析、预警和控制。

（六）客户关系管理子系统

客户关系管理子系统是为维护客户关系、明确客户需求而进行的反映客户基本资料和需求情况的信息管理系统,以客户数据管理为核心,记录在市场营销和销售过程中与客户发生的各种交互行为,以及各类有关活动的状态,提供各类数据模型,为后期的分析和决策提供支持。其主要功能包括。

(1)客户信息建立和维护。这些信息包括客户名称、地址、联系人、联系方式、规模、银行账号、付款信用、类型等。

(2)客户需求资料建立和提供。如客户历史订单中的具体信息:商品名称、种类、编号、价格、需求量、使用币种、报价记录、需求量记录、交货地、服务项目种类和记录等。

(3)客户关系评价。根据以往交易中的交易量、交易额、客户付款的及时性、人员往来等一系列历史记录情况,对客户关系进行评价,将客户按照性质、地区、信誉度或规模等不同标准分类分级,并针对不同类型客户设计不同等级的服务。

(4)客户服务及反馈。能够对客户进行服务项目、服务水平和满意度的调查,并提供相关信息服务,接受客户服务反馈意见。

（七）运营绩效管理子系统

配送中心的运营绩效管理子系统主要由资源管理模块、经营管理模块和绩效管理模块来执行。该系统通过与仓储管理子系统、配送管理子系统及财务会计子系统的交互获得运营绩效信息,也可以从外部市场获得信息来制定并调整各种运营政策,再将政策内容及执行方针通知到配送中心的各个业务部门。

1. 资源管理模块

资源管理模块用于对配送中心的各种资源及经营方向、经营内容进行管理及规划。在物流配送系统中，资源管理模块涉及影响因素最多，包括客户、选址、合同、保险、车辆、驾驶人、运输人、道路、货物等。

其中，合同管理主要包括合同输入与查询、合同审核与延期、合同预警等功能；车辆管理主要包括车辆基本信息输入查询、费用支出、车辆保险与年审、交通事故、保养小修及大修、报废、月度绩效、收支平衡等功能；驾驶人管理包括驾驶人基本信息输入与查询、个人借款、违规记录、驾照年审、月度绩效、收支平衡等功能。

2. 经营管理模块

经营管理模块主要供配送中心高层管理人员使用，用以制定配送中心经营管理各类政策，比如物品采购计划和销售策略制定、配送成本分析、运费计算、车辆设备租用安排、外车管理等，偏向于投资分析与预算预测。

例如，在解决配送中心自购车和外租车的决策问题时，可利用现有系统数据，如配送需求统计、车辆调派状况、人力资源的利用率等作为车辆购买或租用的分析基础。选择租用车辆时，还可进一步分析各种租用车辆管理方案，如采用租车公司专车还是雇用个人货车，车辆及人员如何协调与管理，不同方案下的运费该如何计算等。

3. 绩效管理模块

保证配送中心的经营状况良好，除了需要各项经营策略的正确制定与实际计划的良好执行，还需要一个良好全面的信息反馈机制作为配送中心企业政策、管理及实施方法的调整修正依据，这就要求绩效管理模块发挥作用。

为了充分发挥绩效管理机制效果，该模块应包括目标管理环节、绩效考核环节、激励控制环节及评估环节，具体管理内容可包括客户管理系统、作业人员管理系统、订单处理绩效管理、出入库作业绩效管理报表、商品保管率报表、库存周转评估、人力资源及仪器设备使用情况评估系统、月台及车辆使用评估报表等。

任务二　配送中心库存管理

案例导入

让每一款产品都大卖，不积压库存，是许多零售企业的终极梦想，某快消品牌正在实现。某快消品牌在全球有几千家门店，每家门店的情况可能是不一样的，比如在广州已经热到要卖短裤了，可是东北可能还在卖棉衣。对此，不同于其他一些传统连锁店模式，在管控手段上不能简单地遵循"总部决定，分店服从"的理念。因此，某快消品牌通过在研发、设计、生产、销售各个环节上都进行颠覆性创新，从而创造出了一套独特的管理模式。譬如，某快消品牌70%的服装都是基本款，其库存量相较于其他服装企业也更少，犯错率就比较低，库存压力很轻。当然，某快消品牌对每一款服装都进行了深度开发，一款单品，往往分圆领、V

领,男女老少款全覆盖。尤其在颜色上,每个款式大多有四五种颜色。更重要的,由于款式简单,面对的消费者反而比较全面,而不是局限于某些特定人群,从而形成更大的市场规模。

"周",是某快消品牌管理周期的基本单位。7天,在某快消品牌什么都有可能发生。店长会根据每周的数据,决定增加某款短裤s码的生产量,停止生产某款T恤的黄色款,甚至去掉某款外套左胸前的口袋,或者推出某款男士大衣的女士款。这些或大或小的调整都基于消费者对商品的反应。以周为单位的管理周期,正是某快消品牌实现零库存的秘诀所在,也是迅销寄托在自己名字中的理念——迅速销售。

(资料来源于网络,作者有删改)

任务目标

通过本项目的学习,了解配送中心库存管理的含义目标,掌握库存分类管理方法以及熟悉经济订货批量模型和订货点库存控制技术。

任务学习

一、配送中心库存管理概述

(一)库存管理的含义

库存是储存作为今后按预定的目的使用而处于闲置或非生产状态的物品,广义的库存还包括处于制造加工状态或运输状态的物品。由于生产与消费之间的差异,配送中心为了保证配送的顺利进行,就必须预先储存一定数量的商品来满足订货需求。库存管理又称库存控制,是对制造业或服务业生产和经营全过程中的各种物品、产成品以及其他资源进行管理和控制,使其储备保持在经济合理的水平上。

(二)库存管理的目标

配送中心的保有库存过高或过低都会带来危害。若库存不足,配送中心企业将失去销售机会,错过配送订单,产生生产力瓶颈等;而库存过剩则意味占用了企业过多的资金和资源,这些资源如果用在别处可能会产生更大的效益。在以往的库存管理认识中,企业往往认为库存过剩看起来是这两种不良危害中影响较小的一个,事实上,如果过剩库存的情况较为严重,那么其成本是非常惊人的,当库存成本很高时企业面临的风险是很大的。

因此,库存管理的目标就是要将企业的库存控制在一个合理的范围内,这就需要考虑两方面的内容:一是要确保库存成本在合理的范围内;二是要确保库存能够满足客户需求。

(三)库存管理的作用

配送中心通过库存管理,掌握企业库存量的动态变化,适时、适量地提出订货,使企业在

项目八　配送中心运营管理

保证生产、经营需求的前提下,将库存量保持在合理的水平上。这不仅避免了超储或缺货,减少了库存空间占用,降低了库存总费用,加速了企业资金周转,还有利于企业发现生产、经营过程中的各种矛盾与问题,提高管理水平。

如果把视野从单个企业扩大到由供应商、制造商、批发商和零售商组成的供应链范围,就会发现单个企业的库存问题还会扩展到整个供应链,导致供应链各级节点企业的需求信息扭曲。

以日本丰田为代表的部分企业提出了"零库存"观点,认为库存即是浪费。他们认为追求企业零库存就是一项实现高效库存管理的改进措施,并得到了其他企业广泛认同。但是,真正意义上的零库存在现实中是不可能实现的。目前,已经出现了许多在维持或改进客户服务水平的基础上优化企业库存管理的库存控制技术与方法。

二、配送中心库存控制技术

常用的库存控制技术主要有库存分类管理法、经济订货批量模型和订货点库存控制法。

(一)库存分类管理法

当仓储物品单一或者品种较少时,不存在重点控制的问题,这时,对各类物品的库存管理可采用相同的方法。但当仓储货品种类繁多时,为有效使用仓储企业的有效资源,应该对仓储物品进行分类,对重点的物资采用较为严格的管理,对一般的物资进行一般的管理。这时就需要用到库存分类管理法。

常用的库存分类管理法有 ABC 分类管理法和关键因素分析(Critical Value Analysis, CVA)法。

1. ABC 分类管理法

1879 年,意大利经济学家帕累托在研究人口与收入分配问题时发现占总人口 20% 的少数人的收入占了总收入的 80%,而占总人口 80% 的多数人的收入却只占了总收入的 20%。ABC 分类管理法就是根据帕累托曲线揭示的"关键的少数和次要的多数"的规律在管理中加以应用的,又称重点管理法。将 ABC 分类法引入库存管理就形成了 ABC 库存分类管理法。

通常,在库存分类管理中,ABC 分类的标准如表 8-1 所示。

表 8-1　ABC 分类标准

类别	库存金额所占比例(%)	库存品种所占比例(%)
A 类	60~80	5~20
B 类	15~35	15~30
C 类	5~15	50~70

在 A、B、C 三类存货中,各类存货的重要程度不同,因此管理控制时可采取不同的方法,如表 8-2 所示。

表 8-2 库存分类管理比较

比较项目	A 类	B 类	C 类
订货点确定方法	技术计算	现场核定	经验估算
检查频率	每天检查	每周检查	季度年度检查
统计管理	详细统计	一般统计	按金额统计
控制程度	严格控制	一般控制	按金额总量控制
安全库存量	较少	较大	较大
是否允许缺货	不允许	允许偶尔	允许一定范围内

通过上表可看出,企业对 A 类物资,应计算每个项目的经济订货量和订货点,并尽量缩短供应间隔时间,增加订购次数,严格控制库存量;对 B 类物资,企业也应予以重视,适当控制库存量,在采购时,其订货数量可适当照顾到供应企业,确定合理的生产批量及选择合理的运输方式;对 C 类物资,可进行一般控制,并适当增加订货数量,减少全年订货次数。

2. 关键因素分析(Critical Value Analysis,CVA)法

CVA 法的基本思想是把库存按照重要程度进行分类,一般分为 3~5 类。这种方法比 ABC 分类法有着更强的目的性,也弥补了 ABC 分类管理法中容易忽视价值小却对生产经营非常关键的关键性物资的不足。因此,将 CVA 法和 ABC 分类法结合使用,可以达到分清主次、抓住关键环节的目的。

通常,CVA 法的分类等级如表 8-3 所示。

表 8-3 CVA 法分类等级及其描述

类别	描述
最高优先级	关键性物资,不允许缺货
较高优先级	生产经营活动的基础性物资,允许偶尔缺货
中等优先级	比较重要的物资,允许合理范围内的缺货
较低优先级	经营需要物资,但可替代性高,允许适当缺货

CVA 法因其分类标准不像 ABC 分类法那样非常明确,往往需要依靠经验丰富的专家人员进行讨论制定,因此应用起来较 ABC 分类法更加烦琐。

(二)经济订货批量模型

1. 经济订货批量的概念

经济订货批量(Economic Order Quantity,EOQ)是建立在理想化库存体系的基础上,对一类库存产品的总库存相关成本进行优化从而求得最优订货数量的一个量化模型。在 EOQ 模型中,库存成本主要考虑库存保管费用、固定订货成本和采购成本,而缺货成本在该模型中不考虑。EOQ 模型通过成本分析得到库存总成本最低时的每次订货批量,用于解决独立需求物品的库存控制问题,这个订货批量也就是经济订货批量。

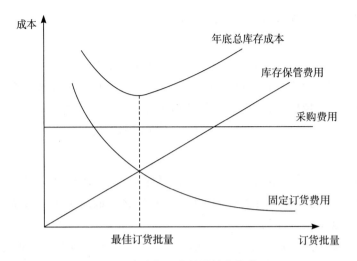

图 8-2　成本与订货批量的变化关系

2. 经济订货批量模型

经济订货批量模型是目前应用最广泛的订货模型之一,有基本模型和扩展模型两种。在经典的经济订货批量模型基础上还可以扩展出"允许缺货的经济批量模型""批量折扣的经济批量模型""连续补货的经济批量模型"。这里,只介绍 EOQ 模型的基本模型。

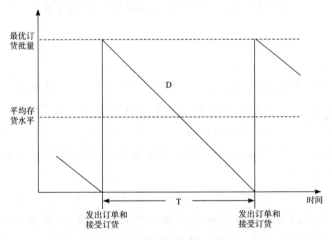

图 8-3　一个订货周期内库存变化的表示

理想的 EOQ 模型是建立在以下一些假设之上的:物品需求是均匀的,即确定的、稳定的以及在时间上连续;订货提前期为零;不考虑缺货;固定订货费用与订货数量无关,产品单价与订货批量无关;每次采购的订货数量完全相同。

(三)订货点库存控制法

订货点库存控制法主要有定量订货法与定期订货法。

1. 定量订货法

定量订货法是以固定订货点和订货批量为基础的一种库存控制方法,即在库存消耗过程中不断检查库存,当库存减少到固定订货点的库存时,就发出一个订货批量为一定比例的订货指令。

安全库存量＝(预计日最大需求量－日正常需求量)×平均订货提前期

在定量订货法中,确定了订货点库存量后,每次的订货批量可以按照企业不同的情况来选择,比如选择经济订货批量、某一时间单元内企业的物品需求量、某种保证单元或运输单元的额定容量的整数倍或批量生产型物品供应周期内的需求量。

2. 定期订货法

定期订货法是通过设定固定订货周期和最高库存量,从而达到库存控制的目的。它按规定时间检查存量并随即提出订购计划,补充至库存储备最高定额。物品订购时间是预先固定的,每次订购批量是可变的。

其中,最高库存量的设置应能保证配送中心在订货提前期和查库周期内的消耗,并保证一定的安全库存。因此,可以这样确定:把订货提前期与订货周期相加后,与库存平均消耗速率相乘,再加上安全库存量。

一般情况下,定量订货法适用于品种数量少、平均占用资金多、需重点管理的A类商品;而定期订货法更适用于品种数量大、平均占用资金少、只需一般管理的B类和C类商品。

任务三　配送中心成本管理

案例导入

京东,中国自营式电商企业,旗下设有京东商城、京东金融、拍拍网、京东智能、O2O及海外事业部等。其中,京东商城是中国电子商务领域最受消费者欢迎和最具影响力的电子商务网站之一。其经营范围涉及数码产品、大小家电等10多个领域。但提到京东,人们首先想到的就是它自建自营的物流体系。强大的物流能力带来的良好购物体验,一直是京东吸引并抓住客户的金字招牌。

有资料表明,近些年,京东商城的物流成本成功降低了50%以上,这也许是一种比例上的描述,是说京东物流的最基本单位的平均成本下降了。那么,像京东一样的众多电商企业,如果都建立自己的配送中心,巨额固定资产投入会不会成为包袱?电商企业如何降低物流成本,增加企业利润?这些都是值得思考的问题。

任务目标

通过本项目的学习,了解配送成本的构成,熟悉作业成本法的基本原理和实施步骤,熟悉标准成本控制法的内容,能够进行成本差异计算和分析。

一、配送成本概述

（一）配送成本的概念

物流成本，是物流活动中所消耗的物化劳动和活劳动的货币表现（国家标准《物流术语》GB/T 18354—2006）。配送成本即是在配送活动的备货、储存、分拣以及配货、配装、送货、送达服务即配送加工各环节所产生的各项费用的总和，是配送过程中所消耗的各种活劳动和物化劳动的货币表现。

配送成本主要来自配送中心和配送运输两个环节。其中，配送中心运作成本是指在配送中心的运营过程中出入库、装卸搬运、仓储、配送、包装、流通加工及信息处理等环节的运营管理活动消耗的成本。

（二）配送成本的构成

进行配送成本的核算，首先要明确从哪个角度去分析配送成本的构成。

1. 按支付形态分类

主要以财务会计工作中产生的费用为基础，通过乘以一定比率来加以核算。

表 8-4 配送成本的构成——按支付形态分类

分类	描述
材料费	因物料消耗而产生的费用，如燃料费、消耗性工具费用等。
人工费	因人力劳务消耗而产生的费用，如员工工资、奖金、福利等。
公益费	向电力、煤气、自来水公司等提供公益服务部门支付的费用。
维护费	土地、建筑物、机械设备等固定资产使用、运转和维护产生的费用。
一般经费	相当于财务会计工作中的一般管理费，如员工交通费、会议费等。
特别经费	采用不同财务会计计算方法计算出来的配送费用，包括按实际使用年限计算的折旧费和企业内利息等。
对外委托费	企业对外支出的运费、报关费、包装费、出入库装卸费、委托配送加工手续费等业务费用。
其他企业支付费用	商品购进时采用送货制时的运费等其他费用。

2. 按功能分类

按上述支付形态分类，虽然可以得出费用总额，却无法充分说明配送的各个功能、环节中是否有浪费，不能针对性地控制成本。因此，可以通过观察配送费用是由配送的哪种功能产生的而进行成本核算。

表 8-5 配送成本的构成——按功能分类

分类	描述
物品流通费	为完成配送过程中商品、物资的物理性流动而产生的费用,一般包括备货费、保管费、分拣及配货费、短途运输费和配送加工费。
信息流通费	因处理、传输相关配送信息而产生的费用,包括与储存管理、订货处理、客户服务有关的费用。
物流管理费	进行配送计划、调整、控制所需要的费用,包括作业现场的管理费和企业有关管理部门的管理费。

3. 按适用对象分类

通过分析产生不同配送成本的对象,能够分别掌握针对不同产品、地区、客户产生的配送成本,以便做出促进企业未来发展的决策。

表 8-6 配送成本的构成——按适用对象分类

分类	描述
按分店/营业单位计算	算出各营业单位配送成本与销售金额或毛收入,用以了解各营业单位配送中存在的问题。
按客户计算	可分为按标准单价计算和按实际单价计算两种方式,用以作为确定目标客户和服务水平等营销战略的参考。
按商品计算	把按功能计算出来的成本,以各自不同的基准,分配给各类商品,以此计算配送成本。这种方法可用来分析各类商品的盈亏,进而为确定企业的产品策略提供参考。

二、配送中心成本核算与控制

(一)作业成本法

1. 作业成本法的概念

作业成本法(Activity-Based Costing,ABC),也称活动成本法或 ABC 分析法,是基于作业的成本核算方法,以成本动因理论为基础,通过对作业进行动态追踪、确认和计量来评价业绩和资源利用情况的一种方法。

产品消耗作业,作业消耗资源并导致成本产生。作业成本法突破了产品这个界限,而使成本核算深入到作业层次,以作业为单位收集成本,并把"作业"或"作业成本库"的成本按作业动因分配到产品中。

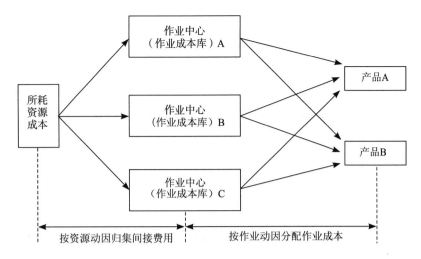

图 8-4 作业成本法的基本原理

2. 作业成本法的相关概念

(1) 作业

在作业成本法中,作业就是指企业为提供一定量的产品或劳务所消耗的人力、技术、原材料、方法和环境等的集合体。也就是说,作业是企业为提供一定的产品或劳务所发生的,以资源为重要特征的各项业务活动的统称。

(2) 成本动因

成本动因按照其对成本的形成及其在成本的分配中的作用可分为资源动因和作业动因。

① 资源动因:作业成本计算的第一阶段动因,主要用于在各作业中心内部或本库之间分配资源。作业量的多少决定着资源的耗用量,资源耗用量的高低与最终产品量的多少没有直接关系,资源耗用量与作业量的这种关系称为资源动因,也叫资源驱动器。

② 作业动因:作业成本计算的第二阶段动因,主要用于将各成本库中的成本在各产品之间进行分配,显示的是各项作业被最终产品消耗的原因和方式,反映产品消耗作业的情况。

(3) 作业中心和作业成本库

① 作业中心:成本归集和成本分配的基本单位,由一项作业或一组性质相似的作业组成。一个作业中心就是生产流程的一个组成部分。作业中心的设立是以同质作业为原则的,是相同的成本动因引起的作业的集合。

② 作业成本库:作业消耗着资源,伴随着作业的发生,作业中心就成为了一个资源成本库,也称为作业成本库。

3. 作业成本法的核算程序

(1) 界定物流系统涉及的各项作业。
(2) 界定物流系统所涉及的资源。
(3) 确认资源动因,将资源分配到作业中。
(4) 确认成本动因,将作业成本分配到产品或服务中。

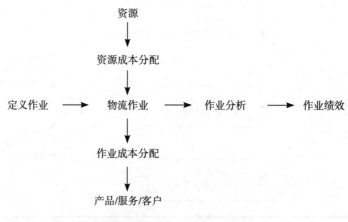

图 8-5　作业成本法核算逻辑

4. 作业成本法的分析与实施

作业成本法不仅是一种成本核算方法,还是成本计算与成本控制的有机结合。使用作业成本法分析成本时,首先要定义业务和成本核算对象,如果两种产品满足的是客户的同一种需求,那么在定义业务时,选择客户要比选择单个产品更加恰当。其次,要确定每种业务的成本动因,即成本的决定因素,如订单的数量。最后,将成本分配给每一成本核算对象,对各对象的成本和价格进行比较,从而确定其盈利能力的高低。其具体实施步骤如下。

①设定作业成本法实施的目标、范围,成立实施小组。

②调查企业的运作流程,收集汇总相关信息。

③建立适合企业的作业成本核算模型。

④选择或开发作业成本实施工具系统。

⑤核算作业成本。

⑥分析解释作业成本的运行结果,并采取措施。

(二)标准成本控制法

1. 标准成本控制法概述

标准成本控制法于 20 世纪 20 年代在美国产生,是泰勒的科学思想在成本管理中的具体体现。标准成本控制法将成本计算和成本控制相结合,是一种包括制定标准成本、计算和分析成本差异、处理成本差异三个环节的完整系统。

实施标准成本法的步骤如下。

①制定单位物流服务的标准成本。

②根据实际产量和成本标准计算物流服务的标准成本。

③计算物流服务实际成本。

④计算标准成本与实际成本的差异。

⑤分析成本差异发生的原因。

⑥评价成本目标执行结果。

2. 标准成本的制定

标准成本由物流服务的直接材料、直接人工和间接费用三部分组成。

① 直接材料标准成本：直接材料的标准用量乘以直接材料的标准价格。

直接材料的标准用量是指在现有物流运作条件和经营管理水平下，提供单位物流服务所需要的材料数量。标准价格是指事先确定的购买材料、燃料和动力应付的价格标准，是取得材料的完全成本。

② 直接人工标准成本：单位物流服务所需消耗的各种人工的标准工时数乘以相应的标准小时工资率。

标准工时数是指在现有物流运作条件和经营管理水平下，提供单位物流服务所需要的工作时间。标准工资，也就是每一标准工时应分配的工资；工资率标准应按现行工资制度所定的工资水平计算确定。

③ 间接费用的标准成本：单位物流服务标准工时数乘以事先确定的标准分配率。

制定间接费用的标准成本时，标准工时数是指在现有物流运作条件和经营管理水平下提供单位物流作业所需的直接人工时数（或机器时数）。

3. 成本差异的计算

成本差异就是实际成本与标准成本之间的差额。因此，按成本项目可将成本差异分为直接材料成本差异、直接人工成本差异和间接费用差异。直接材料成本差异和直接人工成本差异属于变动成本差异，间接费用差异可分为变动间接费用差异和固定间接费用差异。

① 直接材料成本差异

直接材料成本差异又可以分为用量差异和价格差异。

例题：某运输企业制定某物流服务直接材料的标准用量为 150 kg，材料标准单价为 1.2 元；在实际提供该物流服务时，实际耗用的材料量为 158kg，材料实际价格为 1.25 元。

解：依题意可得：

直接材料成本差异＝实际成本－标准成本＝实际数量×实际价格－标准数量×标准价格

$158×1.25－150×1.2＝17.5$（元）

价格差异＝实际数量×（实际价格－标准价格）

$158×(1.25－1.2)＝7.9$（元）

数量差异＝（实际数量－标准数量）×标准价格

$(158－150)×1.2＝9.6$（元）

② 直接人工成本差异

直接人工成本差异又可以分为效率差异和工资率差异。

例题：某公司制定送货作业标准工时为 10 小时，标准小时工资率为 5 元。作业中实际送货时间为 9.5 小时，实际小时工资率 5.2 元，送货次数 520 次。求直接人工成本差异、效率差异和工资率差异。

解：依题意可得：

直接人工成本的差异＝实际成本－标准成本

$520 \times 9.5 \times 5.2 - 520 \times 10 \times 5 = -312$(元)

工资率差异＝业务量×实际工时×(实际工资率－标准工资率)

$520 \times 9.5 \times (5.2 - 5) = 988$(元)

人工效率差异＝业务量×(实际工时－标准工时)×标准工资率

$520 \times (9.5 - 10) \times 5 = -1300$(元)

③间接费用差异

间接费用差异可分为变动间接费用差异和固定间接费用差异。变动间接费用差异的形成是由于实际工时分配率脱离标准、实际工时脱离标准。其差异取决于耗费差异和效率差异。

变动间接费用耗费差异＝实际工时×(实际工时分配率－标准工时分配率)

变动间接费用效率差异＝(实际工时－标准工时)×标准工时分配率

固定间接费用差异分析法有二因素分析法和三因素分析法。二因素分析法将固定间接费用差异分为耗费差异和能量差异。

固定间接费用耗费差异＝固定间接费用实际数－固定间接费用预算数

固定间接费用能量差异＝固定间接费用预算数－固定间接费用标准成本

三因素分析法将固定间接费用差异分为耗费差异、闲置能量差异和效率差异三部分。三因素分析法与二因素分析法相同的是耗费差异的计算,不同的是要将二因素分析法中的"能量差异"进一步分为闲置差异和效率差异。

闲置差异＝(预算工时－实际工时)×固定间接费用标准分配率

效率差异＝(实际工时－标准工时)×固定间接费用标准分配率

以上无论哪项成本差异,实际成本超过标准成本所形成的差异为不利差异、逆差或超支,实际成本低于标准成本所形成的差异为有利差异、顺差或节约。在确定了成本差异后,就应进步一步分析差异产生的具体原因及其责任归属,采取有力的措施,消除不利差异,发展有利差异,以实现有效的成本控制。

（三）配送成本控制策略

1. 差异化策略

当企业拥有多种产品时,不能对所有产品都按照统一标准的客户服务水平来配送,应当根据产品的特点、销售水平来设置不同的配送作业,提供差异化的顾客服务。差异化可以体现为设置不同的库存、安排不同的储存地点、选择不同的配送方式等。

2. 混合法策略

混合法是指配送业务一部分由企业自身完成,另一部分外包给第三方物流公司完成。尤其是经营的产品类型多、业务量大的配送中心,采用单一配送策略一旦超出一定范围不仅不能取得规模效益,反而会适得其反。采用混合配送的策略,通过合理安排企业自身配送和外包给第三方物流配送,则既能最大限度利用企业和社会的配送资源,又能使配送成本实现最低化。

3. 合并法策略

合并包括配送方法的合并和共同配送。配送中心在安排车辆完成配送任务时,应充分利用车辆的容积和载重量,做到满载满装,这是降低配送成本的重要途径。共同配送是一种产权层次上的共享,也称集中协作配送。它是几个企业联合,集小批量为大批量,共同利用同一配送设施的配送方式。其标准运作形式是,在中心机构的统一指挥和调度下,各配送主体以经营活动(或以资产)为纽带联合行动,在较大的地域内协调运作,共同对某一个或某几个客户提供系列化的配送服务。

4. 标准化策略

标准化策略就是要求企业尽可能多地采用标准零部件、模块化产品,尽量减少因品种多变而导致的附加配送成本,促使企业实现规模经济。

5. 延迟策略

延迟策略的基本思想就是对产品的外观、形状及其生产、组装、配送尽可能推迟到接到客户订单后再确定,一旦接到订单就可以快速反应。配送中心延迟策略可分为生产延迟(或称形成延迟)和物流延迟(或称时间延迟)两种。比如,在具体操作时,形成延迟可设计在贴标签、包装、装配等作业过程中,时间延迟可设计在发送等领域中。

任务四　配送中心作业绩效评价

案例导入

顺丰是国内的快递物流综合服务商,经过多年发展,已初步形成为客户提供一体化综合物流解决方案的能力,不仅提供配送端的物流服务,还延伸至价值链前端的产、供、销、配等环节,从消费者需求出发,以数据为牵引,利用大数据分析和云计算技术,为客户提供仓储管理、销售预测、大数据分析、金融管理等一揽子解决方案。在绩效管理方面,顺丰为自己设定了一系列的评价指标,既包括经济效益评价指标,也包括一系列的社会效益评价指标,另外,还建立了绩效考核、人员测评两个相对独立的评价体系。

绩效评价是企业管理者完成其利润和战略目标的重要工具之一。绩效评价体系能使管理者平衡利润增长和成本控制之间的矛盾,平衡不同群体之间期望值的矛盾,平衡机会和注意力之间的矛盾,平衡不同激励方式之间的矛盾。连续的绩效评价,可以检测企业发展的状况,把握企业当前的总体情况,促进企业采取更有效的方法与措施提高市场竞争力。

任务目标

通过本项目的学习,了解配送中心作业绩效评价的含义及目标,熟悉配送中心作业绩效评价指标体系的构成,了解评价体系中各评价指标的计算及其含义。

任务学习

一、配送中心作业绩效评价概述

配送中心的作业绩效评价是配送中心物流管理的一个重要组成部分。

（一）配送中心作业绩效评价的含义

1. 配送中心作业绩效

配送中心作业绩效是配送中心依据客户订单在组织配送运作过程中的劳动消耗和劳动占用与所创造的物流价值的对比，或者是配送运作过程中配送中心投入的配送资源与创造的物流价值的对比，反映了在一定的经营期间内企业的经营效益和经营者的业绩。

2. 配送中心作业绩效评价

配送中心的作业绩效评价是指运用数量统计和运筹学的方法，通过建设特定的评价指标体系，对照统一的评价标准，按照一定的程序，通过定量、定性分析，对配送中心各项作业的经营效益和经营者的业绩，做出客观、公正和准确的综合判断。配送中心的作业绩效评价是对配送中心企业物流价值的事前计划与控制以及事后的分析与评估，可以衡量配送中心配送系统和配送活动全过程的投入与产出状况。

（二）配送中心作业绩效评价的目标与意义

1. 配送中心作业绩效评价的目标

配送中心作业绩效评价应可以综合、全面地评价配送中心的经营效益和经营业绩，为管理者提供决策依据，促进企业业绩和效益的持续提升。总的来说，配送中心作业绩效评价应达到以下几个目标。

（1）通过评价配送中心作业绩效，及时了解配送中心空间、人员、设施、物品、订单、时间、成本、品质、作业规划等各要素的状况，为评价配送企业整体运行效果以及为管理者拟定和调整企业战略、目标、计划、投入预算等提供决策依据。

（2）通过评价配送中心的客户服务水平和配送成本，并与以往评价结果进行比较分析，为管理者和客户提供绩效评估报告。

（3）评价配送中心各业务部门和人员的工作绩效，评价员工和团队对企业的贡献，为企业实施奖惩、调整薪酬、变动职务等提供客观依据，同时激发员工潜能，达到激励员工、实现更高的配送运作效率的目的。

2. 配送中心作业绩效评价的意义

绩效评价就是通过一定的指标和评价标准，对企业在一定经营期间内的经营效益和经营者的业绩，做出客观、公正和准确的综合判断。配送中心作业绩效评价具有以下意义。

（1）实现配送中心物流活动的事前分析与实施控制。

（2）对整个配送中心的运行效果做出评价，判断配送中心目标的可行性和完成程度，进而调整物流目标。

(3) 促进企业绩效持续提升。

(4) 是企业内部监控的有效工具和方法,评价结果可用于企业人力资源安排。

(5) 分析和评估配送中心资源素质与能力,确定配送中心发展战略。

二、配送中心作业绩效评价指标体系

为科学、客观地反映配送中心作业的状况,应考虑建立与之相适应的配送中心绩效评价方法,建立一个科学、全面、客观、操作性强的绩效评价指标体系。一般而言,配送中心作业绩效评价包括对配送中心设施设备、员工、作业时间、订单效益、作业规划与管理水平等方面的评价。

在这里,笔者将配送中心作业绩效评价指标分为进出货作业绩效评价指标、储存作业绩效评价指标、盘点作业绩效评价指标、订单处理作业绩效评价指标、拣货作业绩效评价指标、配送作业绩效评价指标、经营管理综合评价指标几个方面。

(一) 进出货作业绩效评价指标

进出货是配送中心整个配送流程中处在两端的作业环节,这一进一出的动作是否正确有效,将直接影响着配送中心其他作业的质量。一般来说,配送中心必须设有专用的进出货平台,以达到迅速作业的目标。配送中心进出货作业绩效评价指标如表 8-7 所示。

表 8-7 进出货作业绩效评价指标

评估要素	空间利用率	人员负担和时间耗用	设备开机率
评价指标	(1) 站台使用率 (2) 站台高峰率	(1) 每人每小时处理进/出货量 (2) 进/出货时间率	(1) 每台进/出货设备每天装卸货量 (2) 每台进/出货设备每小时装卸货量

1. 站台使用率/高峰率

$$站台使用率 = \frac{进出货车次装卸货停留总时间}{站台泊位数 \times 工作天数 \times 每天工作时数} \times 100\%$$

2. 每人每小时处理进/出货量

$$每人每小时处理进货量 = \frac{进货量}{进货人数 \times 每日进货时间 \times 工作天数} \times 100\%$$

$$每人每小时处理出货量 = \frac{出货量}{出货人数 \times 每日出货时间 \times 工作天数} \times 100\%$$

3. 进/出货时间率

$$进货时间率 = \frac{每日进货时间}{每天工作时数} \times 100\%$$

$$出货时间率 = \frac{每日出货时间}{每天工作时数} \times 100\%$$

4. 每台进/出货设备每天(或每小时)装卸货量

$$每台进/出货设备每天装卸货量 = \frac{进货量+出货量}{装卸设备数 \times 工作天数}$$

$$每台进/出货设备每小时装卸货量 = \frac{进货量+出货量}{装卸设备数 \times 工作天数 \times 每日进出货时数}$$

5. 每台出货设备每小时装卸货量

$$每台出货设备每小时装卸货量 = \frac{出货量}{出货人数 \times 每日出货时间 \times 工作天数}$$

(二)储存作业绩效评价指标

储存作业是对存货物品的妥善保管。在管理上,一方面应善于利用仓库空间,有效利用配送中心的设施空间;另一方面还应加强存货管理,注重库存控制,保证存货可得性,降低存货缺货率,同时避免存货过多,减少企业资金占用,降低库存保管成本。配送中心储存作业绩效评价指标如表8-8所示。

表 8-8 储存作业绩效评价指标

评估要素	评价指标
设施空间利用率	(1)储区面积率;(2)可供保管面积率;(3)储位容积使用率;(4)单位面积保管量;(5)平均每品项所占储位数
库存周转	(1)库存周转率(按数量);(2)库存周转率(按金额)
费用	(1)库存管理费率
呆废料情况	(1)呆废料率(按数量);(2)呆废料率(按金额)

1. 储区面积率、可供保管面积率

$$储区面积率 = \frac{储区面积}{配送中心建筑面积} \times 100\%$$

$$可供保管面积率 = \frac{可保管面积}{储区面积} \times 100\%$$

2. 储位容积使用率、单位面积保管量

$$储位容积使用率 = \frac{存货总体积}{储存总容积} \times 100\%$$

$$单位面积保管量 = \frac{平均库存量}{可保管面积}$$

3. 平均每品项所占储位数

$$平均每品项所占储位数 = \frac{货加储位数}{总品项数}$$

4. 库存周转率

$$库存周转率(按数量) = \frac{出货量}{平均库存量} \times 100\%$$

$$库存周转率(按金额) = \frac{营业额}{平均库存金额} \times 100\%$$

5. 库存管理费率

$$库存管理费率 = \frac{库存管理费用}{平均库存量} \times 100\%$$

6. 呆废料率

$$呆废料率(按数量) = \frac{呆废料件数}{平均库存量} \times 100\%$$

$$呆废料率(按金额) = \frac{呆废料金额}{平均库存金额} \times 100\%$$

（三）盘点作业绩效评价指标

配送中心运营离不开对存货进行定期或不定期清点、检查盘点。通过盘点，一来可以控制存货，二来能够及时掌握损益情况，以便真实地把握经营绩效，及早发现问题，避免日后出错带来更大损失。在盘点作业中，以盘点过程中发现的存货数量不符的情况作为评估重点。盘点作业绩效评价指标主要有盘点数量误差率、盘点品项误差率和平均盘差品金额。

1. 盘点数量误差率

$$盘点数量误差率 = \frac{盘点误差量}{盘点总量} \times 100\%$$

2. 盘点品项误差率

$$盘点品项误差率 = \frac{盘点误差品项数}{盘点实际品项数} \times 100\%$$

3. 平均盘差品金额

$$平均盘差品金额 = \frac{盘点误差金额}{盘点误差量}$$

（四）订单处理作业绩效评价指标

订单处理作业绩效评价指标主要包括订单（订单货件）延迟率、紧急订单响应率、客户取消订单率、客户抱怨率、缺货率、出货短缺率。

1. 订单延迟率、订单货件延迟率

$$订单延迟率 = \frac{延迟交货订单数量}{订单总数} \times 100\%$$

$$订单货件延迟率 = \frac{延迟交货量}{订单出货总量} \times 100\%$$

2. 紧急订单响应率

$$紧急订单响应率 = \frac{未超过12小时出货订单数量}{订单总数} \times 100\%$$

3. 客户取消订单率、客户抱怨率

$$客户取消订单率 = \frac{客户取消订单数量}{订单总数} \times 100\%$$

$$客户抱怨率 = \frac{客户抱怨次数}{订单总数} \times 100\%$$

4. 缺货率

$$缺货率 = \frac{接单缺货数量}{出货量} \times 100\%$$

5. 出货短缺率

$$出货短缺率 = \frac{出货品项缺数量}{出货量} \times 100\%$$

6. 其他指标

还有一些和订单处理相关的,可以反映配送中心每日订单变化状况的评价指标,如下。

(1)日均受理订单数

$$日均受理订单数 = \frac{订单数量}{工作天数}$$

(2)每订单平均订货数

$$每订单平均订货数 = \frac{出货量}{订单数量}$$

(3)日均订单金额

$$日均订单金额 = \frac{营业额}{订单数量}$$

(五)拣货作业绩效评价指标

拣货作业是配送作业的中心环节,配送中心的拣货作业多数需要依靠人工配合机械化设备,因此必须重视拣货人员的负担及效率的评估。配送中心拣货作业绩效评价指标如表8-9所示。

表8-9 拣货作业绩效评价指标

评估要素	评价指标
人员/设备作业效率	(1)批量拣货时间;(2)拣货时间率;(3)拣货人员装备率;(4)拣货设备成本产出;(5)每人时拣取品项数、每人时拣取次数、每人时拣取材积数;(6)拣取能量使用率。
拣货成本	(1)每订单投入拣货成本; (2)每商品投入拣货成本。
拣货差错	拣误率

1. 批量拣货时间、拣货时间率

$$批量拣货时间 = \frac{每时拣货时数 \times 工作天数}{拣货分批次数}$$

$$拣货时间率 = \frac{每日拣货时数}{每日工作时数} \times 100\%$$

2. 拣货人员装备率、拣货设备成本产出

$$拣货人员装备率 = \frac{拣货设备成本}{拣货人员} \times 100\%$$

$$拣货设备成本产出 = \frac{出货品材积数}{拣货设备成本}$$

3. 每人时拣取品项数、每人时拣取次数、每人时拣取材积数

$$每人时拣取品项数 = \frac{订单总笔数}{(拣取人员数 \times 每日拣货时数 \times 工作天数)}$$

$$每人时拣取次数 = \frac{拣货单位累计总件数}{(拣取人员数 \times 每日拣货时数 \times 工作天数)}$$

$$每人时拣取材积数 = \frac{出货品材积数}{(拣取人员数 \times 每日拣货时数 \times 工作天数)}$$

4. 拣取能量使用率

$$拣取能量使用率 = \frac{订单数量}{一天目标拣取订单数 \times 工作天数} \times 100\%$$

5. 每订单/每商品投入拣货成本

$$每订单投入拣货成本 = \frac{拣货投入成本}{订单数量}$$

$$每商品投入拣货成本 = \frac{拣货投入成本}{拣货单位累计件数}$$

6. 拣误率

$$拣误率 = \frac{拣取错误笔数}{订单总笔数} \times 100\%$$

(六)配送作业绩效评价指标

适量的配送人员、合适的配送车辆、最佳的送货路线相结合才能实现有效的配送。配送作业绩效评价指标如表 8-10 所示。

表 8-10 配送作业绩效评价指标

评估要素	评价指标
人员负担	(1)人均配送量;(2)人均配送距离;(3)人均配送重量;(4)人均配送车次。
车辆负荷	(1)平均每辆车吨公里数;(2)平均每辆车配送距离;(3)平均每辆车配送重量。
配送成本	(1)配送成本率;(2)每吨配送成本;(3)每车次配送成本;(4)每公里配送成本。
配送效率及效益	(1)空车率;(2)配送车辆移动率;(3)配送平均速度;(4)配送延误率。

1. 人均配送量/距离/重量/车次

$$人均配送量 = \frac{出货量}{配送人数} \qquad 人均配送距离 = \frac{配送总距离}{配送人数}$$

$$人均配送重量 = \frac{配送总重量}{配送人数} \qquad 人均配送车次 = \frac{配送总车次}{配送人数}$$

2. 平均每辆车吨公里数/配送距离/配送重量

$$平均每辆车吨公里数 = \frac{配送总距离 \times 配送总重量}{自车数量 + 外车数量}$$

$$平均每辆车配送距离 = \frac{配送距离}{自车数量 + 外车数量}$$

$$平均每辆车配送重量 = \frac{配送总重量}{自车数量 + 外车数量}$$

3. 配送成本率

$$配送成本率 = \frac{车辆配送成本}{物流总费用} \times 100\%$$

4. 每吨/每车次/每公里配送成本

$$每吨配送成本 = \frac{车辆配送成本}{总配送重量} \qquad 每车次配送成本 = \frac{车辆配送成本}{总配送车次}$$

$$每公里配送成本 = \frac{车辆配送成本}{总配送距离}$$

5. 空车率

$$空车率 = \frac{空车行走距离}{配送总距离} \times 100\%$$

6. 配送车辆移动率

$$配送车辆移动率 = \frac{配送总车次}{(自车数量 + 外车数量) \times 工作天数} \times 100\%$$

7. 配送平均速度

$$配送平均速度 = \frac{配送总距离}{配送总时间}$$

8. 配送延误

$$配送延误率 = \frac{配送延误车次}{总配送车次} \times 100\%$$

（七）经营管理综合评价指标

其他可用于评价配送中心经营管理的指标如表 8-11 所示。

表 8-11　其他配送中心经营管理综合评价指标

评价指标	计算方法
配送中心单位面积效益	配送中心单位面积效益＝营业额（产值）/配送中心建筑面积
人员作业能力	人均作业量＝出货量/配送中心总人数 人均生产率＝营业额/配送中心总人数×100%

续表

评价指标	计算方法
直间工比率	直间工比率＝一线作业人员/(配送中心总人数－一线作业人数)×100%
固定资产周转率	固定资产周转率＝产值/固定资产总额×100%
产出与投入平衡率	产出与投入平衡率＝出货量/进货量×100%

项目小结

本项目主要介绍了配送中心管理信息系统的内容、配送中心库存管理的目标及库存控制技术、配送成本的构成、核算方法与控制途径，以及配送中心绩效评价指标体系的内容。

同步练习

一、单项选择题

1. 以下属于配送中心进出货作业绩效评价指标的是(　　)。
   A. 呆废料率　　B. 站台高峰率　　C. 订单延迟率　　D. 拣货设备成本产出

2. 直接人工成本差异的价格差异指的是(　　)。
   A. 效率差异　　B. 能量差异　　C. 间接费用差异　　D. 工资率差异

3. 以下属于配送作业绩效评价指标的是(　　)。
   A. 紧急订单响应率　　B. 设施空间利用率　　C. 每车次配送成本　　D. 出货短缺率

二、名词解释

1. 库存管理
2. 经济订货批量
3. 作业成本法
4. 延迟策略

三、简答题

1. 配送中心管理信息系统的发展有哪几个阶段？
2. 标准成本控制法的成本差异有哪些类别？其含义分别是什么？
3. 配送成本控制有哪些策略？

任务实训

实训项目　某企业配送中心成本构成与核算的实地调研

实训组织

学生分组了解某企业配送中心成本的构成及成本核算的方法，并撰写一份分析报告，制作 PPT 并汇报总结，以小组为单位进行实训活动，每 4 人为一个小组。

实训步骤

1. 通过实地调研，了解配送中心成本的构成与核算过程。
2. 会对配送中心成本核算结果进行分析，撰写调研报告。

实训考核

1. 提交调研报告。
2. 制作 PPT，并进行汇报总结。

项目九
配送技术及业务发展趋势

学习目标

知识目标

1. 了解和掌握配送新技术；
2. 熟悉城市配送概念和分类；
3. 熟悉城市配送的主要作用，了解城市配送的发展趋势。

技能目标

1. 学会配送新技术的应用；
2. 学会思考城市物流的发展趋势。

任务一 配送技术新发展

案例导入

2016年11月10日上午，一架京东M系列机型的无人机飞到西安市长安区西樊村的上空，在离地面1米高的位置悬停，送达一件包裹后迅速升空离去，等待接货的乡村配送员随即打开包裹，将一件件商品送往各户，这个场景让周围的村民惊喜不已。

进入"双11"以来，京东无人机在宿迁、西安、北京等多地同时投入运营，这意味着继2016年"618"首飞之后，京东无人机在应用领域又进了一步。京东集团CEO刘强东表示，无人机已获四省飞行许可，规划了大量的航线。京东无人机助力"双11"，不仅为广大农村客户带来便捷和惊喜，同时还体现了京东无人机技术给电商物流行业带来的巨大变革，将进一步提升，用户的购物体验有效提高物流实时效率。

任务目标

通过本项目的学习，掌握配送的新技术，熟悉新技术的构成、优势及其在物流配送中的应用。

任务学习

一、物联网技术

(一)物联网的概念

物联即万物相联。具体来说,物联网就是将互联网、传感器网络、无线射频识别(RFID)、全球定位系统(GPS)、移动通信技术和嵌入式系统等多种技术结合起来的一种新范式,其将物理世界与数字世界联系在一起,从而成为物理世界和数字世界之间的一座桥梁。物联网的主要思路就是将所有的对象都通过互联网连接在一起,形成一个由许多设备组成的庞大网络,这样就可以对任何一个物体进行远程管理和控制,甚至可以通过接收和发送信息以及感知周围环境来相互交流,并通过智能技术产生一定的反应。

(二)物联网的构成

从物联网构成系统理论的角度看,现有物联网可划分为三个层次,包括感知互动层、网络传输层、应用服务层。对应地,每个层次简称感知层、网络层和应用层。

1. 感知层

物联网最外侧的感知层,类似人的皮肤和五官。感知层由很多具有感知识别功能的传感器设备构成。在任何位置、任何环境之中都可以部署感知层设备,比较关键的是被感知与识别的对象不受任何限制。它的主要作用是识别物体,采集并抓取信息。

2. 网络层

物联网中间的网络层,类似人的大脑。网络层由各种通信网络与互联网构成相互融合的网络,依托公众移动、电信、联通通信网,也可以借助专业通信网络。它是促进物联网技术发展的关键基础设施。

3. 应用层

物联网应用层对应人类的社会分工。物联网应用层通过现代网络将信息技术与行业相关技术进行深度融合,进而实现智能网络的方案设计,最终实现物联网应用于现实具体行业中,对社会自动化、智能化发展起到促进作用。应用层同时是实现信息安全共享的关键因素。物体的全面感知、信息的可靠传送、信息的智能化处理技术是物联网应用层的主要作用。

设计一个功能复杂、数据识别系统庞大的综合信息系统,需要涉及三个层面中的关键技术。物联网前端感知层和用户应用层相关技术是物联网系统的关键,也是各个研究机构和高校、学术界、产业界关注的焦点。物联网构成的几个关键技术是射频识别技术、智能识别技术、WSN 技术、纳米技术。

(三)物联网技术在物流配送中的应用

目前配送中心设备虽然多,但是整体技术水平不是很高,很多作业流程还处于半人工化状态,而且作业流程不连续,配送中心的信息采集、数据处理和动态管理还无法实现,配送中心的管理系统也仅限于内部使用,很难实现与外部系统的对接。物联网技术的应用可以很好地解决上述问题,下面对物联网技术在配送中心具体作业流程中的应用进行介绍。

1. 收货

传统的配送中心的收货工作大都是由人力完成,不仅效率低下,且容易出错。但是应用物联网技术,特别是射频识别技术和智能穿梭车技术之后,收货工作就变得简单有效,而且节省了大量的人力物力和时间,优化了作业流程,提高了效率。具体的应用过程如下:在货物配送之前,每个货物都会贴上相应的标签,上面记录了货物的目的地、种类、数量等信息。当货物配送到目的地之后,收货人员只需要使用相应的识别设备例如手持终端,扫描每个货物上的标签,相应的信息便会传递到物流配送系统,然后物流配送系统会自动分配相应的智能穿梭车完成收货并更新数据。

2. 分拣

现代物流配送不同于传统的每种货物单独配送,现代物流配送具有共同性和混载性,配送方式多样,更多偏向于多品种、小批量配送。所以分拣这一环节的工作内容复杂而且工作量很大。而传统的分拣作业已经无法适应现代物流的发展,既浪费人力物力,又浪费时间,还容易出错。物联网下的自动分拣技术可以很好地解决这个问题。在收货完成后,货物被送到自动分拣机上进行分拣作业,分拣设备通过读取货物标签上的信息,对各类货物进行分拣,由配送系统对货物的储位进行下一步安排。

3. 仓储

由于"零库存"在很多物流供应链都很难实现,所以仓储也是配送中心不可或缺的环节之一。现代物流配送中心仓储货物种类繁多而且流动量非常大,因此传统的仓储水平已经无法满足现代物流配送的需要。物联网技术的应用可以实现物流配送仓储环节的自动化、智能化和集约化。在物流配送中心可以用到的物联网技术有托盘标签、货物标签、储位标签、工作人员终端、温度传感器标签、光传感标签、读取设备等。通过这些技术的应用,结合物联网建立的物流配送系统,可以实现整个仓储过程的可视化、智能化与自动化,完成货物的合理调配、人员的合理分配,实现资源的合理配置。在配送中心的每个储位也可以应用标签,通过搜集每个储位的信息数据,利用配送中心的仓储系统计算出储位最佳利用方案,实现储位的优化配置。对于一些特殊货物,如易腐的产品或者易碎的产品,由于它们对温度、湿度和存放环境都有一定的要求,所以可以通过一些传感器来实时感知这些特殊货物的状态,并将获取的数据传递至配送系统,保证货物的安全完好。

4. 出货

可以在配送中心的主要出货大门处安装固定式识读系统,这样可以保证在货物经过时,快速大批量地识别货物上的标签,从而实现全自动的物品快速确认、校验。一般固定式识别系统应用于配送中心出入口、快速通道以及货物装卸点等。物联网技术在配送中心到配送点之间转运中的应用主要涉及配送路线的选择、配送过程中对配送车辆及货物的实时监控跟踪中对配送车辆的调度指挥以及对整个配送过程的管理。通过物联网技术在物流运输过程中的集成应用,可以实现整个物流配送过程的可视化、智能化实时动态监管。首先是技术在每个运载工具上的应用,可以实时获取运载工具的位置和状态,结合技术、技术以及技术,可以对运输状态、运输线路和运输时间进行实时跟踪管理,实现配送路线的调整优化,对货物到达的时间进行预估。

物联网技术在配送过程中的具体应用如下。

(1)车辆跟踪及调度指挥:车载定位终端自动进行定位,并按照预设的发送间隔频率自动上传定位信息,结合和技术,准确定位车辆所在位置,记录过去一段时期车辆行驶路线,实施跟踪车辆行驶情况。管理人员通过计算得出最优配送路线之后,可以通过物流运输系统给车辆驾驶员发送调度指挥信息,驾驶员通过车载通信系统接受信息并执行指令,可以确保运输安全高效准确。

(2)货物运输状态跟踪:货物的安全问题是现代物流配送要面临的重要问题,所以利用物联网技术,在车辆内安装无线数据采集器,同时在每一个货物上配备标签,这样管理人员就可以通过系统实时地获取车载货物的状态,确保货物的安全。

(3)智能追溯生产出成品以食品为例,从食品的原材料到生产、转运、流通、加工,再到生产出成品销售给客户的这一系列过程中,通过物联网技术中的 RFID、GPS、WSN、激光扫描等信息传感设备、网络设备、网络系统,对食品的实时状态进行记录、存储、监控,构成一个可以追溯的系统。当我们发现食品有任何问题,包装不合格、变质等时,就可以在其到达消费者手中之前,回收处理掉。这对于商家来说有利于商家信誉的维护,对于消费者来说有利于保护其身体健康。

二、无人机配送技术

(一)无人机与无人配送

通过遥控器操作或者通过设定好的编程运行的无人,比如驾驶的飞行器叫作无人机。旋翼式无人机是最为常见的一种无人机,根据不同的标准有多种分类。根据旋翼数,可分为单旋翼无人机、三旋翼无人机、四旋翼无人机、六旋翼无人机;按照飞行高度区间,可分为超低空无人机、低空无人机、中空无人机、高空无人机。而无人配送是通过无人机在一定区域进行货物配送的方式,相对于普通的陆地配送方式,这种配送方式更加便捷省时,通过对天空资源的利用,降低了人力成本和运输成本。

(二)无人机投放系统的基本组成

无人机投放系统由地面基站、无人机和用户三部分构成。

1. 地面基站控制中心

地面基站控制中心作为处理器,它的主要工作是接收、统计、处理信息。每一架无人机的运行数据,它的空间位置、电量、所需到达地方的地理位置等各种信息在地面基站都有备份。

2. 无人机

无人机主要由以下几个部分组成：(1)能源系统。锂电池使整体质量更小，由两块组成：一块是高电压，给引擎供电。一块是低电压，给其他装置供电。(2)引擎。作为整体的关键，合适的能源以及引擎本身的轻重和运行能力都需要考虑。无换向器电动机是最常用的引擎，由于性价比较高，故是无人机的优先选择。(3)旋翼。由于载物，所以无人机上升时旋翼会受到比平时飞行更大的阻力。碳纤维具备与其他材料复合的能力，其产物具有高强度、小比重、刚性好的特点，可以改善这一情况。此外在运行过程中，桨叶的旋转会导致无人机的不稳定，这就要求旋翼各部分全部相同。

(三)无人机配送的优势

1. 具有强大的技术优势，可以精准定位

怎样将物品送到消费者手中，完成"最后一公里"配送，一直是快递配送的难题。尤其是在地广人稀的农村地区、道路崎岖难行的山区、交通拥堵管制复杂的城市中心地区，人力配送要快捷、及时、经济地完成任务都是非常困难的。载货无人机根据精准定位选择最短行进路线，可以在空中飞行，完全不受地面道路和交通情况影响，是农村、山区、城市中心配送的最佳选择。

2. 灵活性强，创造时间价值

在末端配送中使用的无人机，体形较小，载货量小，即使是一张订单也可以经济灵活地进行配送，不用汇总订单后集中配送，减少了消费者的等待时间。例如，京东的无人机时速可以达到100 km，可以运送5 kg~15 kg的货物，接到订单后立即执行配送任务，迅速抵达预定位置，大大提升消费者的购物体验。特别是对于餐饮外卖行业来说，无人机配送的优势无可比拟。

3. 优化末端配送流程，提升效率

无人机在配送中大量使用必将减少配送的中间环节，快递包裹到达配送站后，无须再次分拣装车，而可以直接使用无人机送货到家。2012年，顺丰速运的总裁王卫曾提出过建立"大型有人运输机＋支线大型无人机＋末端小型无人机"三段式空运链条，实现36小时通达全国的物流网络。相信未来无人机应用的发展将引发末端配送方式的变革。

4. 节约人力，缓解企业用工压力

当前我国的人力成本已处于较高的水平，劳动密集型的配送企业生存压力很大，严重影响了企业未来的发展。用无人机代替人力进行配送，既降低了配送企业的人力成本，又提升了配送企业的技术水平。

三、自动分拣技术

分拣作业是物流配送中的一个关键环节，依据客户的订货要求，分拣设备快速、准确地将商品从相应区域分拣出来，按照物流过程进行分类，等待装配。该环节是物流中心工作量最大、最烦琐、需要人力最多的环节。自动分拣系统的出现有效解决了这一问题。自动分拣系统是现代先进配送中心的核心技术，具有非常高的分拣效率和极低的分拣误差率，每小时可分拣上万件物品，而误差率甚至不到万分之一。该系统是提高分拣效率的一项关键技术。

(一)自动分拣系统的主要组成

自动分拣系统种类繁多，因各行业应用范围不同而异。但系统基本上由收/出货输送机、投放输送机、分拣扫描设备、合流设备、分拣输送机、分拣卸货滑槽、上位机和PLC等设备组成。

1. 收/出货输送机

集装箱车收/出货时，由于货物量多，为满足分拣中心吞吐量大的要求，宜采用收/出货输送机和车辆衔接。这些输送机多为滚筒式输送机、皮带输送机、升降式拖板和伸缩式输送机。根据货物的类别和大小，可选择不同类型的输送机，以提高卸货效率，降低工人的劳动强度。

2. 合流/回流输送机

分拣数量众多的物品需要大型分拣系统。大型分拣系统通常有3条以上的输送机来输入被拣的物品。它们各自扫描后，还须经过合流装置。合流装置通常由滚筒式输送机和皮带式输送机组成，它能让汇合处的物品依次通过。通常，由多条输送机输送来汇合处的物品，经过合流装置输出，再交由计算机程序控制。按照"谁先到达谁先走"的原则，如果同时到达，按照"排队控制先后走"的原则进行控制。

3. 投放输送机

物品在经过自动分拣机前，需要经过投放输送机。其作用包括：一是使物品保持一定的前后间距，最小距离为250毫米，让物品均衡的进入分拣转盘；二是使物品加速到分拣转盘的主速度，该段输送机速度的设计通常是6米/秒。要保证最后投放到分拣转盘的输送机的速度和分拣转盘的速度完全一致。分拣转盘的驱动采用直流电动机无级调速，由速度传感器将输送机的实际速度反馈到控制器上，进行实时调整。这是自动分拣机成功工作的关键之一。

4. 分拣扫描设备

自动分拣机上的物品向哪个道口自动分拣，通常取决于上面的条形码标签。标签上的信息由计算机统一管理，我们称其为仓储信息管理系统(简称WMS)，它可利用激光扫描仪自动识读物品的条形码。扫描器的速度极快，通常为100~120次/秒，可以与分拣机的速度同步，分拣效率是5000件以上，差错率低。但条形码扫描还有不足的地方，即被扫描标签要求正确粘贴在指定的位置，如果粘贴不规范或标签丢失，物品就不能被正确地分拣出来。因此，无线射频识别(简称RFID)应运而生。RFID可以在物品的任何位置粘贴，能够被识别器快速识别和扫描出来，且可以重复使用，各项技术功能远优于条形码标签。在不久的将来，RFID技术将会被广泛应用。

5. 分拣传送装置及分拣机构

分拣传送装置和分拣机构是分拣机的主体,前者的作用是将被分拣的物品传送到分拣道口位置,后者的作用是把被分拣的物品推入分拣道口。两者的主要区别在于不同的分拣机,采用不同的传送工具(例如钢带式输送机、皮带输送机、托盘式输送机、滚筒式输送机等)和不同的分拣机构(例如推出器、翻盘式、皮带式、滑鞋式等)。

6. 分拣卸货道口

分拣卸货道口是用来接纳分拣机构送来的被分拣货物的装置。形式有很多种,主要取决于分拣方式和场地空间的不同。一般采用斜滑道,它被看作物品汇集的地方。当斜滑道物品满载时,光电传感器会通知控制器,暂时停止物品进入满载的滑道,直到滑道上的满载指示被解除才会再次开始工作。其间,如果满载滑道上的物品不能被暂时移出则开启备用滑道,将堆积的物品从分拣转盘上移出。

7. 上位机和 PLC 控制器

控制整个分拣系统的指挥中心。自动分拣的操作过程是把分拣信号传送到指定道口,并指示启动分拣装置,将被拣的物品投放到指定的滑道里。分拣机控制通常采用脉冲信号跟踪法。送入分拣转盘的物品,经过跟踪定时检测器,再根据控制箱的存储信息,计算出到达分拣滑道的距离和脉冲数。分拣转盘上安装的脉冲信号发生器,产生脉冲信号并开始计数,当与控制箱的脉冲信号一致时,马上输出启动信号,使分拣机开始作业,物品被迫进入相应的分拣滑道口。

(二)自动分拣系统的特点

第一,自动分拣系统的各阶段能够实现灵活的无缝对接。不管是第一部分的供件系统、第二部分的分拣机、第三部分的下件系统,还是第四部分的控制装置,都能够实现自动化、智能化、无人化的分拣。分拣系统在各种存储站、运载工具、机器人等物流设施设备之间实现对物品的分配和管理。

第二,大幅度降低劳动强度,提高效率。物流自动分拣系统的广泛投入使用,可大幅度降低人工分拣、物流堆置的劳动强度,工作人员不需要对物品的动向进行实时的报告和登记。如分拣小黄人的使用,可以减少70%的劳动力,只需要少量的人工进行设施设备的维护保养、上游的收件、下游的派件工作。人力的大量减少,可以有效降低企业经营成本,提高效益。

第三,分拣准确,差错少。由于系统性能优越、设备高效,相较于传统人工分拣作业,在自动分拣环节,设备可以平稳、安全运行。同时,条码自动识别设备的使用,可以对物品进行精准识别,一物一条码,减少物品损坏和物料分类错误,避免出现派件错误,缩短分拣时间,为客户创造出更多的经济价值,减少了分类错误造成的经济损失和信誉损失,也为物流企业和公司创造出更多的利润。

第四,自动分拣系统采用模块化、标准化的零件,组装方便,具有灵活布局的特点,维修保养方便,成本较低。设备使用者只需要进行相应的培训,便可以对常规故障进行排查和检修。设备使用范围广泛,受场地因素影响小。

任务二　城市配送

案例导入

据商贸物流发展规划,我国应初步建立一套与商贸服务业发展相适应的高效通畅、协调配套、绿色环保的现代商贸物流服务体系。其中果蔬、肉类、水产品冷链运输率需要大幅提升;立体仓库的总面积占仓库总面积的40%;物流企业机械化、自动化、标准化、信息化水平显著提高;商品库存周转速度明显加快,流通环节物流费用占商品流通费用的比例显著下降,城乡高效配送网络全面完善。

在城市配送装备领域,随着国家新的汽车标准的出台,随着各大城市对城市物流用车技术的规范和对进城车辆管理的加强,城市配送车辆性能及排放标准要求越来越高、新能源配送车辆越来越多,适应城市配送的中小型专用配送车、即时配送电动摩托车和快递三轮车也越来越规范。此外,车辆的装车与卸车技术及装备得到快速发展,具有较大市场需求。建立在物联网基础上的城市"最后一公里"的无人配送小车、智能自提柜、社区智能配送塔、无人驾驶技术等新兴技术正处在研发和突破阶段,在全世界都得到重视。

在城市配送信息系统领域,智慧车联网系统、货物追踪追溯系统、配送终端的手持终端等订单自动处理和收货自动处理设备,越来越得到普及。

任务目标

通过本项目的学习,熟悉城市配送的概念、作用及分类,了解城市配送的发展趋势。

任务学习

一、城市配送的概念

作为一种综合的物流活动形式,配送几乎包括物流的全部职能,从某种角度上讲,配送是物流活动的缩影,或是在特定范围内全部物流功能的体现。通俗地讲,城市配送可以描述为:在特定区域内,按客户的订货要求,以现代送货形式,在城市配送中心或其他物流据点进行货物配备,以合理的方式送交客户,实现资源的最终配置的经济活动。

二、城市配送的分类

城市配送作为一种现代城市的流通组织形式,集城市商流与物流于一身。但由于配送的主体、对象、客户和环境不同,它可以按不同的标准进行分类。

1. 基于配送主体划分

(1)大型生产厂商主导型配送

这指的是规模较大、有着分布较广的营销网络的生产厂商,直接将产品按零售商的时间、地点等要求送至零售商的一种配送方式。随着零售商高频度、少批量订货要求的增多和生产厂商越来越重视使其产品和服务靠近消费者的营销战略,传统大型生产厂商通过批发、代理等中间流通渠道进行商品销售的方式开始大大弱化,零售商通过互联网直接向生产商订货,生产厂商根据各零售商的订货要求直接配送已经逐渐成为一种主流。如知名企业海尔、联想、宝洁、长虹、康佳、TCL、科龙、美的等纷纷在其营销网络的基础上建设自己的物流配送体系,其中海尔、联想、宝洁等企业已通过与第三方物流公司的合作开展网上销售与产品配送业务。

(2)大型连锁企业自组型配送

连锁企业由于统一采购、统一库存、统一配送而统一管理,外加高新技术装备的应用,从而降低了经营管理成本,取得了规模经营效益。而随着门店的增加,能否始终保持有效的配送,往往成为影响连锁企业业务发展的重要因素。世界500强企业之一的美国沃尔玛堪称零售配送的典范。沃尔玛在本土有30家配送中心。这些配送中心分别服务于18个州2500家商店,拥有2000多辆长途运输卡车和1.1万辆以上的配送车辆,并拥有私家卫星和完善的货物采购、跟踪、库存、配送等管理系统。正是通过其先进的物流系统,沃尔玛能将其3000多家分店所需物品在规定的时间,安全、准确地送达。

(3)批发企业主导型配送

大型或中型批发商从各生产企业批发购入商品,并将其批发配送给区域内的小型超市、便民店、百货店等中小零售企业。

(4)专业物流企业社会化配送

主要指由原大型生产厂商、批发、零售企业等储运部门脱离母体单独分化出去(如海尔物流、中远物流等),或者通过不同企业间储运部门的联合兼并共同成立的物流公司,以及从公路运输、仓储企业转化而来的专门从事社会化第三方物流服务的物流企业。在这种模式中,从事配送业务的企业,通过与上游(生产、加工)建立广泛的代理或买断关系,与下游(零售店铺)形成较稳定的契约关系,从而用高效的信息系统将生产、加工企业的商品或信息进行统一整合处理,按客户的要求、快速、稳定、高效、低成本地配送到客户处。

(5)以交通运输业为主体的货运转型配送

从事交通运输业的航运、港口、铁路和公路等企业依托港口、货运站、集装箱堆场、公路枢纽、机场及后方集疏运网络通道,将货物迅速地配送给客户,而不是等待客户自行提取(如中铁快运)。

2. 按照配送的客体特征划分

(1)按照物流配送的产品类型划分

主要有家电配送、化妆品配送、药品配送、农产品配送、食品配送、商用车配送等。

(2)按照货物的种类和数量差别划分

①少品种大批量配送模式:一般为生产和批发企业所采用,配送成本低。

②多品种少批量配送模式:一般应用于生产线上的零件配送和商业连锁超市配送,具有客户多、批次多、频率高和组织难度大等特点,是一种高水平、高技术方式,符合现代消费和需求多样化的趋势。

③配套(成套)配送模式:只按照企业的生产需求,将其所需要的多种商品配备齐全后,直接送达企业的配送模式。这既是定时配送的一种形式,又能收到多品种、少批量和准时配送的效果。

3. 按照服务方式划分

按照配送的服务方式,以及配送时间和配送数量的不同,可划分为下列类型:定时配送模式、定量配送模式、定时定量配送模式、定时定量定路线配送模式、即时配送模式和JIT配送模式等。具体内容如表所示。

表 9-1 按服务方式划分的物流配送模式对照表

名称	特征	优势	缺点	常见形式
定时配送模式	按照规定的时间间隔进行货物配送	便于配送企业安排工作计划和运输工具	要求的配送数量变化较大时,运力安排将出现困难	小时配送、日配送
定量配送模式	按规定的数量在一个指定的时间范围内配送货物	配送的品种、数量固定,备货作业较为简单	要求收货人有一定的仓储能力	
定时定量配送模式	按规定的时间、品种、数量进行配送作业	结合了定时和定量配送的特点,服务质量、水准较高	通常仅适用于生产稳定、产品批量较大的客户	
定时定量定线路配送模式	在规定的线路上按照时间表进行物品配送	有利于安排车辆和驾驶人员,可避免配送组织的困难	通常只适用于消费者集中,配送数量、品种和时间等都相对稳定的地区	连锁商店、便利店等的配送活动
即时配送模式	随叫随到	可以满足客户急需,减少客户的库存	组织难度较大、配送组织效率较低	
JIT配送模式	根据客户的要求,按所需品种、质量、数量、时间等将货物配送到指定地点	实现零库存、零废品,实现最大节约	对供应链要求较高,一个环节出现问题,整个产业链将受影响,损失较大	

三、城市配送的主要作用

1. 城市配送是体现城市服务功能的重要有机组成部分

城市应在符合自然环境承载能力的基础上,具备满足内部居民的各种需求,服务于区域经济社会发展的功能。城市配送是城市功能集合的有机组成部分,是城市实现物资对外交换和内部循环的重要保证,是城市正常运行的"循环系统",它保证城市最基本的生产生活物资供应,为城市居民提供便捷的"门到门"服务。相对于城市居民出行,城市配送是"物的配送",与居民出行居于同样重要的地位;同时,完善、高效的城市配送体系不仅是保障城市正常生产、生活、消费等活动得以顺利实现的前提,也是缓解交通拥堵、减少空气污染、避免城市"肠梗阻"等通病,保证"货畅其流",促进城市可持续发展的有效手段。

2. 城市配送成本的降低是提升人民群众消费水平的重要基础

城市配送关系广大城市居民的生产生活需求,是重大的民生工程。随着我国城市化进程的加速、城市人口数量的不断增长,以及城市商业流通模式的变革,特别是电子商务、连锁经营等新型流通业态的发展,多样化、个性化的配送需求不断增加,城市居民对配送的时效性、便捷性的期待日益提高,城市配送已成为保障和改善民生的重要内容。

3. 城市配送效率的提高是解决城市交通拥堵问题的重要途径

在我国城市化进程中,城市机动车保有量急速增长,交通拥堵已经成为大多数城市面临的共性问题。由于缺乏更加科学有效的交通管理措施,且配送组织方式较为落后、基础设施不完善等,很多城市的物流配送车辆面临进城难、行驶难、停靠难等问题,客观上影响了城市交通资源的优化配置。城市配送效率的提升将成为缓解交通拥堵,改善城市环境的重要措施。

4. 城市配送对创新商业模式具有重要的作用

城市配送在商业竞争的任何阶段都扮演着重要角色,商业业态的发展和更替都对配送提出了新要求,现代物流配送的发展又促进了商业业态的创新。现代配送已不再是仓库加运输的概念了,在虚实结合创造出更多新商业模式的当今,现代配送开始向供应链的两端延伸,一端伸向供应商乃至工厂,另一端伸向零售末梢乃至个体消费者,贯穿了原料、生产、供应、门店和消费个体。现代物流配送与电子商务和企业信息管理融为一体,正在成为以物流配送为核心的未来商业服务平台,在这个平台上加载新商业模式。以现代物流配送为基础的城市配送,不仅支撑着连锁业,而且联系着电视购物、网络购物、邮购、电话营销、直销、网络与实体虚实结合所创造出的所有商业模式。

四、城市物流配送的发展趋势

近年来,在以人为本、节能环保、提高效率、可持续发展等理念的引导下,出现了社区配送、绿色配送、共同配送等新的配送形式和趋势。

(一)社区配送

社区配送是在社区服务的基础上逐步发展起来的,是城市化、社会化大生产和社会分工专业化的产物。它是各类社会主体共同兴办的以满足社区成员的生活需要和扩大就业、拉动经济发展、保持社会稳定为宗旨,以基层社区为依托的具有经营性、地缘性的多元化服务体系。因此,社区配送成为城市物流配送未来发展的一个方向。

在我国,社区配送是指地方政府倡导,以街道居民委员会、小区物业等基层性质社区组织为依托,由特定城市物流配送企业为社区成员的多种日常生活需要提供的物流配送服务。

社区配送有如下特征。

1. 它是社区服务的一个重要的载体,是其中重要的服务内容

社区服务以大社区网络资源为依托,以社区居民为服务对象,提供家政、维护、教育、医疗服务咨询、社区配送、法律咨询、社区服务产品开发、政务信息咨询等一系列关系居民生活的服务,它是随着城市居民生活水平的提高而新兴的一种第三产业的服务形式。社区配送作为其中的重要内容,服务内容有很多,如门到门投递礼品、奶制品、蔬菜、报刊及国家许可的广告宣传品等。因此,社区配送往往以区域性社区服务物流中心或者专业的社区物流服务商的形式而存在。

2. 社区配送需要建立一种全新的服务方式

社区配送是物流过程"真正的最后一百米",其运作应该考虑居民生活的习惯、居民对待社区服务的意愿、物流利润的切入点以及物流价值链的构建,因而需要构筑全新的物流运作方式。

3. 社区配送需要新的物流技术平台的支持

社区配送是深入居民生活网点的一种配送方式,它的服务对象较传统的配送方式更广,接触的层次更宽,因此,需要新的物流技术平台的支持。例如,社区配送需要专门的城市小型车配送,有些甚至需要人力配送。

4. 社区配送是一种"小"物流,需要与其他物流进行良好的衔接

社区配送是末端物流。不同于区域干线物流,社区配送物流量比一般的城市物流配送物流量要小得多。它通常都是根据居民个体的需要而进行的,如配送蔬菜、鲜花、牛奶、报刊等。这种"小"物流更需要做好与其他大物流的衔接,消除各种物流系统之间的摩擦,降低交易成本,使其成为一个完整的整体,真正实现社区物流配送反应快速化、信息电子化、操作规范化等目标。

社区配送是城市发展的必然产物,也将有力地支持城市经济的发展。

(二) 绿色配送

人类可持续发展的需要使得人们越来越重视环保问题。一方面,物流配送是城市经济发展和消费生活多样化的支柱,但物流配送的发展也会对城市环境带来不利影响,如运输和配送工具的噪声污染、尾气排放污染等。另一方面,物流配送所产生的废弃物品,如不及时处理也会对环境造成污染。绿色配送是城市物流配送发展的必然趋势。

绿色配送具有如下特征。

1. 学科交叉性

绿色物流是物流管理与环境科学、生态经济学的交叉。由于物流与环境之间的密切关系,在研究社会物流与企业物流时必须考虑环境问题和资源问题;又由于生态系统与经济系统之间的相互作用和相互影响,生态系统也必然会对经济系统的子系统——物流系统产生作用和影响。因此,必须结合环境科学和生态经济学的理论、方法进行物流系统的管理、控制和决策,这也正是绿色物流的研究方法。学科的交叉性,使得绿色物流的研究方法复杂,研究内容十分广泛。

2. 多目标性

绿色物流的多目标性体现为企业的物流活动要顺应可持续发展的战略目标要求,注重对生态环境的保护和对资源的节约,注重经济与生态的协调发展,追求企业经济效益、消费者利益、社会效益与生态环境效益四个目标的统一。系统论观点告诉我们,绿色物流的多目标之间通常是相互矛盾、相互制约的,一个目标的实现或许以另一个或几个目标的放弃为代价,如何达成多目标之间的平衡是绿色物流要解决的问题。从可持续发展的理论看,生态环境效益的保证将是前三者效益得以持久保证的关键所在。

3. 多层次性

首先,从对绿色物流的管理和控制主体看,可分为社会决策层、企业管理层和作业管理层等三个层次的绿色物流活动。社会决策层的主要职能是通过政策、法律法规、文化环境建设等手段实施与传播绿色理念。它们对绿色物流的实施将起到约束作用或推动作用。企业层的任务则是从战略高度上与供应链上的其他企业协作,共同规划和控制企业的绿色物流系统,建立有利于资源再利用的循环物流系统。作业层主要是指物流作业环节的绿色化,如运输的绿色化、包装的绿色化、流通加工的绿色化等。

4. 时域性和地域性

时域性指的是绿色物流管理活动贯穿于产品的生命周期全过程,包括从原材料供应,生产内部物流,产成品的分销、包装、运输,直至报废、回收的整个过程。绿色物流的地域性体现在两个方面。一是指由于经济的全球化和信息化,物流活动早已突破地域限制,呈现出跨地区、跨国界的发展趋势。相应地,对物流活动绿色化的管理也具有跨地区、跨国界的特性。二是指绿色物流管理策略的实施需要供应链上所有企业的参与和响应。例如,欧洲一些国家为了更好地实施绿色物流战略,规定了托盘的标准、汽车尾气排放标准、汽车燃料类型等,其他国家不符合标准要求的货运车辆将不允许进入该国。跨时域、跨地域的特性也说明了绿色物流系统是一个动态的系统。

在美国,长距离运输,特别是散货,也采用铁路运输。美国铁路已经把运输市场细分化为整车运输市场和集装箱运输市场。铁路运输具有其节约能源、对环境污染小的特点。多式联运成为美国具有代表性的绿色化运输方式,它是使用多种运输方式,利用各自的内在经济,在最低的成本条件下提供综合性服务。所有这些基本运输方式的组合都在降低运输经济成本的同时,降低运输所产生的环境和资源成本。可以说,在解决一定目标下经济成本和环境成本的矛盾时,多式联运起到了很好的作用。

日本由于国土面积很小,道路密度大,汽车运输在其运输业中占据极为重要的地位。汽车运输中的混载配装成为其发展绿色物流的主要途径。在日本,大约有30%的连锁企业在很大程度上依靠社会化的专业配送企业。在政府大力提倡下,日本各个行业,从零售业、批发业、物流业到生产企业,实现物流共同配送,发展配送网络和系统是日本物流业的一大特色。在绿色经营方面,日本的企业实现商品开发、技术开发等工作必须符合环境维护的要求,即各项生产经营活动必须符合省能源、省资源、低环境负荷的要求。为此,日本制定了一系列减少废弃物、推动资源再循环、参加企业外环境保护活动,以及赞助海外环境保护活动的政策措施,并以此作为整个企业经营的支柱与核心,在环境保护方面取得了巨大成就。

（三）共同配送

共同配送,又叫协同配送、联合配送,是由多个企业联合组织实施的配送活动。几个中小型配送中心联合起来,分工合作,对某一地区客户进行配送。它主要是针对某一地区的客户所需物品数量较少、运输配送使用车辆不满载、配送车辆利用率不高等情况。

目前,共同配送的实现模式大致可分为委托统一配送和配送中心统一配送。

委托统一配送模式是指参与共同配送的企业各自拥有自己的物流配送中心、运输装卸工具等基础设施设备。它们根据企业在某一区域内的货物运输量、配送距离等因素,协商划分各企业的配送区域或地段,企业间通过委托或受托的形式开展共同配送,即将本企业在某区域或地段配送数量较少的商品委托给其他企业配送,而在另外商品配送数量较多的区域,则由本企业接受其他企业委托实行统一配送。

配送中心统一配送模式,是指参与共同配送的企业,通过组建共同的物流中心或配送中心,集中处理各企业的配送任务。与委托统一配送模式相比,这种形式的共同配送统一程度和规模经济更高,但每个企业本身可能会缺乏相对的配送独立性。

一般来说,委托统一配送模式在诸如超市、商场等商业企业中使用较为普遍;而配送中心统一配送的模式对生产企业比较适宜,发达国家主要将其应用于家电产业和以冷冻食品为中心的加工行业中。

共同配送有如下特征。

1. 先进物流技术、信息技术的支撑

共同配送服务质量要求高,需要对参与共同配送服务的企业的资源进行合理利用,即需要参与共同配送的企业高度共享相关配送信息,以及相应的最优路径决策软件、客户地理位置定位软件等。

2. 多网络的有机整合,物流基础设备的合理利用

共同配送突破传统的自营配送渠道及网络,将多家连锁企业、各类企业的多种配送网络有机整合。由于共同配送较传统配送对资源的有效整合率高,因而装卸、分拣、包装等工作流程有较高的工作效率。而合理利用物流基础设施、物流搬运工具、物流装卸工具等对提高物流配送率大有裨益。

3. 长距离、高密度的商品的聚集和发散

一般配送中心的配送覆盖半径为 300 千米,共同配送的配送距离可以延伸到 300 千米以外;共同配送较一般物流中心进货入库供应商和配送上门客户数多。

项目小结

在物流新周期中,科学技术的大规模应用将是一个重要的特征。因此,物流技术的应用将很大程度上决定着物流企业的生存能力及竞争优势。本项目主要介绍了物联网技术、无人机配送技术和自动分拣技术,阐述了三项技术在现代物流配送中的应用。

城市物流配送已经成为现代城市经济、区域经济的重要组成部分,同时也是城市与城市、城市与区域乃至与其他国家和地区进行经济交流活动的桥梁。本节主要介绍了城市配送的概念、分类和主要作业,并描述了城市物流配送发展的趋势,即社区配送、绿色配送、共同配送。

同步练习

一、单项选择题
1. 下列哪项不属于物联网的层次？（　　）
   A. 感知互动层　　　B. 网络传输层　　　C. 数据分析层　　　D. 应用服务层
2. 无人机投放系统的信息处理是由（　　）完成的。
   A. 地面基站控制中心　B. 无人机信息流　　C. 客户　　　　　　D. 用户
3. 下列哪项不属于城市配送的发展趋势？（　　）
   A. 社区配送　　　　B. 绿色配送　　　　C. 自营配送　　　　D. 共同配送

二、填空题
1. 城市物流基于配送主体划分为大型生产厂商主导型配送、_____、_____、专业物流企业社会化配送。
2. 绿色配送具有如下特征：_____、多目标性、多层次性、_____。

三、简答题
1. 简述物联网技术在物流配送中的应用。
2. 简述自动分拣系统的特点。
2. 简述城市配送的主要特点。

四、案例分析

中国速递服务公司 EMS

中国速递服务公司 EMS 是中国邮政集团公司直属全资公司，主要经营国际、国内 EMS 特快专递业务，是中国速递服务的最早供应商，也是目前中国速递行业的最大运营商和领导者。公司拥有员工 20000 多人，EMS 业务通达全球 200 多个国家和地区及国内近 2000 个城市。

EMS 特快专递业务自 1980 年开办以来，业务量逐年增长，业务种类不断丰富，服务质量不断提高。除提供国内、国际特快专递服务外，EMS 相继推出国内次晨达和次日递、国际承诺服务和限时递等高端服务，同时提供代收货款、收件人付费、鲜花礼仪速递等增值服务。

EMS 拥有首屈一指的航空和陆路运输网络。依托中国邮政航空公司，建立了以上海为集散中心的全夜航航空集散网，现有专用速递揽收、投递车辆 20000 余部。覆盖最广的网络体系为 EMS 实现国内 300 多个城市次晨达、次日达提供了有力的支撑。

EMS 具有高效发达的邮件处理中心。全国共有 200 多个处理中心，其中北京、上海和广州处理中心面积分别达到 30000 平方米、20000 余平方米和 37000 平方米，同时，各处理中心配备了先进的自动分拣设备。亚洲地区规模最大、技术装备先进的中国邮政航空速递物流集散中心也于 2008 年在南京建成并投入使用。

EMS 还具备领先的信息处理能力。建立了以国内 300 多个城市为核心的信息处理平台，与万国邮政联盟（UPU）查询系统链接，可实现 EMS 邮件的全球跟踪查询。建立了以网站、短信、客服电话三位一体的实时信息查询系统。

EMS 一贯秉承"全心、全速、全球"的核心服务理念,为客户提供快捷、可靠的门到门速递服务,最大限度地满足客户和社会的多层次需求。2005 年先后荣获"中国消费者十大满意品牌""全国名优产品售后服务十佳"和"中国货运业快递信息系统和服务规范金奖"等奖项。

思考题

分析面对国内外竞争环境,EMS 应采取的发展策略。

实训项目　理解配送

实训组织

以小组为单位进行实训活动,每 4 人为一个小组。

实训步骤

1. 讨论物流配送过程中,实现仓储立体化、装卸机械化、作业无纸化、货品分拣作业自动化、车联网等标准化和现代化的必要性。

2. 分析把这些现代物流配送技术融入到物流配送过程中的作业效率和经济效益。

3. 在技术、资本的助力下,城市配送得以迅速发展,但就现实而言行业前行的障碍依旧存在,分析未来城市配送该如何继续前行。

实训考核

1. 每组 4 位成员分别就实训内容进行发言。

2. 根据组内成员的讨论表现进行打分。

后　记

本教材是2017年安徽省高等学校省级质量工程项目"安徽职教物流类系列教材（项目编号:2017ghjc400）"的研发成果之一,是我省部分高职院校长期从事——线物流专业教学研究的老师们的共同成果。本书亦是徽商职业学院高校优秀拔尖人才培育项目资助——突发疫情下生鲜电商末端配送现状调查及其优化策略研究（gxyq2021151）、2020年安徽省人文社科重点项目—新零售背景下即时配送服务质量评价与改进研究（SK2020A0902）成果。

本教材由安徽省物流与采购联合会副会长蒋宗明、徽商职业学院物流系主任王兴伟教授、安徽职业技术学院周爽担任主编,周爽编写项目二、项目八,安徽职业技术学院桂树国编写项目三（任务一）,宣城职业技术学院李萍萍编写项目三（任务二）、项目四、项目七,安徽工商职业学院方醒编写项目一、项目九,徽商职业学院武营编写项目五,徽商职业学院薛琴编写项目六。

本教材在编写过程中,编写组查阅并梳理了国内外相关文献资料和实践案例,并从各类物流专业平台搜集了大量素材,将物流配送领域最新研究成果融入教材中,保障教材内容与时俱进。在此,对本书提供参考文献的作者,我们致以特别的感谢!

在本书成书过程中,编写组成员倾注了大量的时间和精力,密切合作,反复校对。限于编写组成员自身能力水平以及成书时间仓促,书中纰漏和不足之处在所难免,敬请专家、学者、物流工作者和广大读者批评指正,为本教材的进一步修订完善,提供宝贵的意见与建议。

在本教材编写完成之际,我们还要特别感谢安徽大学出版社对本教材编写和出版过程中提供的支持和帮助。

编者

2022年3月